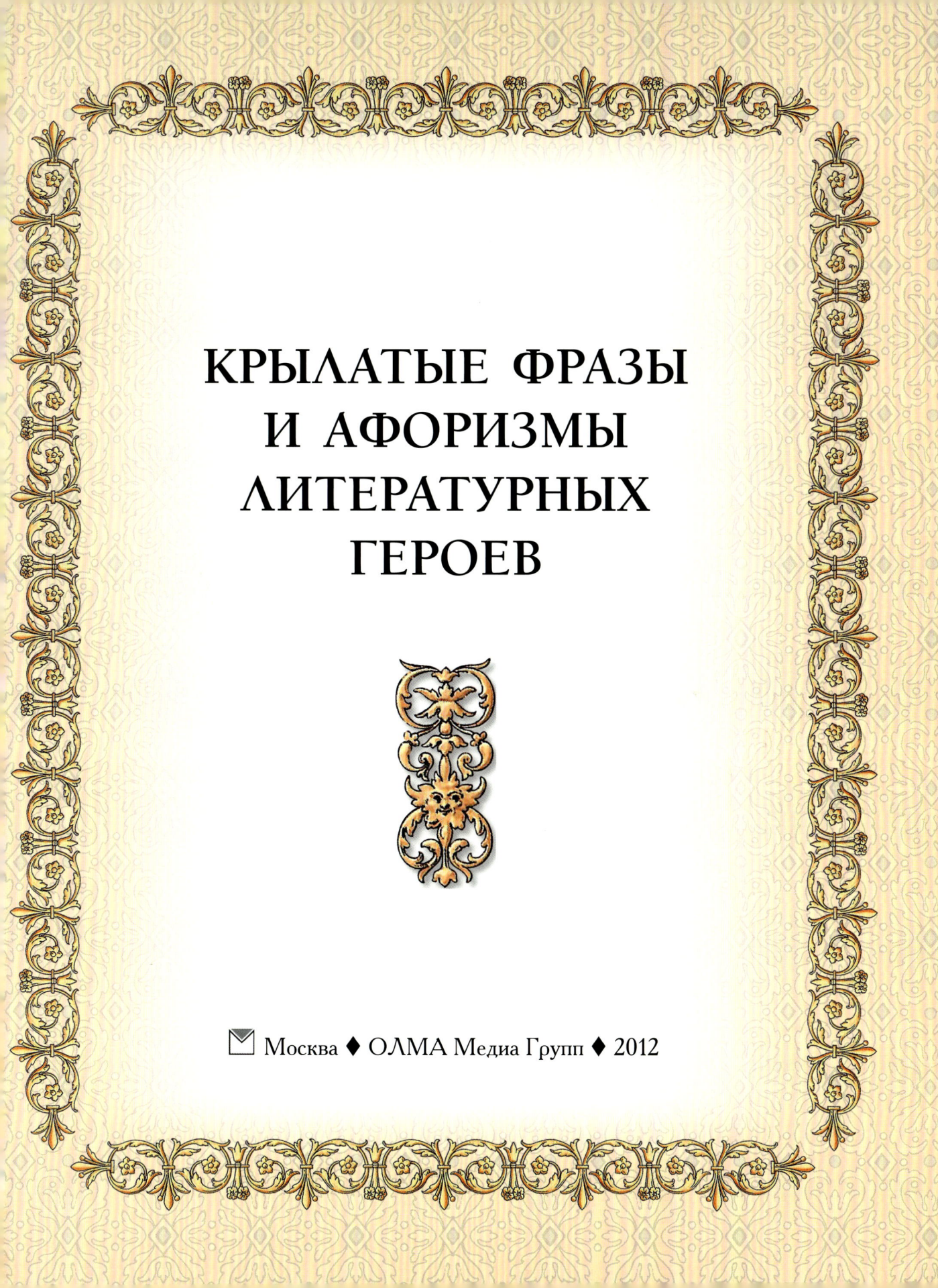

КРЫЛАТЫЕ ФРАЗЫ И АФОРИЗМЫ ЛИТЕРАТУРНЫХ ГЕРОЕВ

Москва ♦ ОЛМА Медиа Групп ♦ 2012

ББК 94.8
К58

Авторы-составители
А. Ю. Кожевников, Т. Б. Линдберг

К58 Крылатые фразы и афоризмы литературных героев. — М.: ОЛМА Медиа Групп, 2012. — 304 с.
ISBN 978-5-373-04433-2

В предлагаемой книге представлено около 1500 лучших афоризмов (высказываний литературных героев), выбранных из произведений Д. И. Фонвизина, А. С. Грибоедова, А. С. Пушкина, М. Ю. Лермонтова, Н. В. Гоголя, А. Н. Островского, И. С. Тургенева, Ф. М. Достоевского, М. Е. Салтыкова-Щедрина, Л. Н. Толстого, А. П. Чехова, М. А. Булгакова, И. Ильфа и Е. Петрова.

Издание несомненно будет полезно учащимся и преподавателям, политикам и бизнесменам, всем, кому свойственно думать и рассуждать, искать ответы на «вечные вопросы», а также просто любителям российской словесности.

ББК 94.8

© Кожевников А. Ю., Линдберг Т. Б., текст, 2011
© ЗАО «ОЛМА Медиа Групп», издание и оформление, 2012

ISBN 978-5-373-04433-2

Содержание

Денис Иванович Фонвизин 9
   «Недоросль» (1782) 9

Александр Сергеевич Грибоедов 21
   «Горе от ума» (<1824>) 21

Александр Сергеевич Пушкин. 29
   «Евгений Онегин» (1823−1831) 29
   «Борис Годунов» (1825) 31
   «Моцарт и Сальери» (1830) 38
   «Капитанская дочка» (1836) 41

Михаил Юрьевич Лермонтов 45
   «Герой нашего времени» (1840) 45

Николай Васильевич Гоголь. 73
   «Ревизор» (1836) 73
   «Мертвые души» (I т. — 1842; II т. — 1840−1845) 77

Александр Николаевич Островский 101
   «Гроза» (1859) 101

Иван Сергеевич Тургенев 109
   «Отцы и дети» (1862) 109

Федор Михайлович Достоевский. 133
   «Преступление и наказание» (1866) 133
   «Идиот» (1868) 151

Михаил Евграфович Салтыков-Щедрин. 173
   «История одного города» (1869−1870) 173
   «Господа Головлевы» (1875−1880) 183

Лев Николаевич Толстой 199
   «Война и мир» (1865−1868) 199

Антон Павлович Чехов 237
   «Палата № 6» (1892) 237
   «Вишневый сад» (1903) 249

Михаил Афанасьевич Булгаков 257
   «Собачье сердце» (1925). 257
   «Мастер и Маргарита» (1929−1940) 263

Илья Ильф, Евгений Петров 273
   «Двенадцать стульев» (1928) 273
   «Золотой теленок» (1931) 283

Список иллюстраций. 302

От составителя

В 1928 г. в статье «Как я учился писать» М. Горький признавался, что «очень много учился на пословицах, иначе — на мышлении афоризмами». По мнению основоположника пролетарской литературы, «пословицы и поговорки образцово формируют весь жизненный, социально-исторический опыт» и, соответственно, «писателю совершенно необходимо знакомиться с материалом, который научит его сжимать слова, как пальцы в кулак, и развертывать слова, крепко сжатые другими, развертывать их так, чтобы было обнажено спрятанное в них».

Представляется, что многие отечественные авторы (осознанно или подсознательно) придерживались точно таких же принципов, а именно — учились на русских пословицах: учились лаконичности, предельной сжатости и точности выражения мысли, что и помогало им оживлять речь своих героев, оттачивать индивидуальный стиль, а в общем — формировать и развивать наш «великий и могучий» русский язык, который, по мнению многих специалистов, по сути своей афористичен.

Достаточно вспомнить, например, что в комедии А. С. Грибоедова «Горе от ума» (при общем объеме 1220 строк) встречается около полусотни афоризмов, значительная часть которых воспринимается нашими современниками в качестве пословиц («*Счастливые часов не наблюдают*»; «*Блажен, кто верует, тепло ему на свете!*»; «*Грех не беда, молва не хороша*» — и многие другие). А сколько афористических высказываний в произведениях А. С. Пушкина, «Отцах и детях» И. С. Тургенева, романах Ф. М. Достоевского, в эпопее «Война и мир» Л. Н. Толстого, в знаменитой дилогии «Двенадцать стульев» и «Золотой теленок» И. Ильфа и Е. Петрова и многих, многих других.

Тем не менее в постоянно издаваемых сборниках мудрых мыслей афоризмы из классических художественных произведений представлены довольно ограниченно, что обусловлено целым рядом объективных причин.

Прежде всего, речь того или иного персонажа является одной из важнейших составляющих, при помощи которой раскрывается характер, чувства, мечты и надежды, мировоззрение и образ мыслей конкретного героя. Так, например, мы знаем, что такие афористические высказывания, как: *Порядочный химик в двадцать раз полезнее всякого поэта*; *Рафаэль гроша медного не стоит* и т. п., — были «придуманы» И. С. Тургеневым, но прекрасно понимаем, что выражают они взгляды и идеологию не самого автора, а (опять же — «придуманного» им) Евгения Базарова. Разумеется, помещать такие высказывания в привычные афористические сборники было бы не совсем корректно.

Однако многие высказывания литературных героев обрели широкую известность, часто цитируются и, без преувеличения можно сказать, вошли в нашу жизнь. Более того, в отечественной афористике они составили особый и своеобразный пласт, до сих пор, к сожалению, комплексно не представленный.

В настоящем издании предпринята попытка собрать под одной обложкой наиболее известные и лучшие афоризмы, «высказанные» героями и отдельными персонажами художественных произведений классиков отечественной литературы. Авторы-составители выражают искреннюю благодарность Наталье Юрьевне Памфиловой за идею создания такого сборника и приглашают всех желающих еще раз освежить в памяти известные, вспомнить давно забытые или же открыть новые для себя афоризмы отечественных литературных героев.

Денис Иванович Фонвизин
(1745–1792)

«Недоросль» (1782)

Разве необходимо надобно быть портным, чтобы уметь сшить кафтан хорошенько.

Простакова

Вот до чего дожили. К девушкам письма пишут! девушки грамоте умеют!

Простакова

В иного пня в десять лет не вдолбишь того, что другой ловит на полете.

Цыфиркин

Несть греха в курении табака.

Кутейкин

Не век тебе учиться. Ты, благодаря бога, столько уже смыслишь, что и сам взведешь деточек.

Простакова

Я говорю без чинов. Начинаются чины — перестает искренность.

Стародум

Отец мой воспитал меня по-тогдашнему, а я не нашел и нужды себя перевоспитывать. Служил он Петру Великому. Тогда один человек назывался ты, а не вы. Тогда не знали еще заражать людей столько, чтоб всякий считал себя за многих. Зато нонче многие не стоят одного.

Стародум

В тогдашнем веке придворные были воины, да воины не были придворные.

Стародум

Отец мой непрестанно мне твердил одно и то же: имей сердце, имей душу, и будешь человек во всякое время. На всё прочее мода: на умы мода, на знания мода, как на пряжки, на пуговицы.

Стародум

Прямое достоинство в человеке есть душа.

Правдин

Без нее [души] просвещеннейшая умница — жалкая тварь. Невежда без души — зверь. Самый мелкий подвиг ведет его во всякое преступление. Между тем, что он делает, и тем, для чего он делает, никаких весков у него нет.

Стародум

Все состоит в воображении. Последуй природе, никогда не будешь беден. Последуй людским мнениям, никогда богат не будешь.

Стародум

Если б я ранее умел владеть собою, я имел бы удовольствие служить долее отечеству.

Стародум

Увидел я, что между людьми случайными и людьми почтенными бывает иногда неизмеримая разница, что в большом свете водятся премелкие души и что с великим просвещением можно быть великому скареду.

Стародум

Прямо любочестивый человек ревнует к делам, а не к чинам.

Стародум

Чины нередко выпрашиваются, а истинное почтение необходимо заслуживается.

Стародум

Гораздо честнее быть без вины обойдену, нежели без заслуг пожаловану.

Стародум

Лучше вести жизнь у себя дома, нежели в чужой передней.

Стародум

Наличные деньги — не наличные достоинства.

Стародум

Золотой болван — все болван.

Стародум

Табакерке цена пятьсот рублев. Пришли к купцу двое. Один, заплатя деньги, принес домой табакерку. Другой пришел домой без табакерки. И ты думаешь, что другой пришел домой ни с чем? Ошибаешься. Он принес назад свои пятьсот рублев целы.

Стародум

Тщетно звать врача к больным неисцельно. Тут врач не пособит, разве сам заразится.

Стародум

Для прихотей одного человека всей Сибири мало!

Стародум

Оставлять богатство детям? В голове нет. Умны будут — без него обойдутся; а глупому сыну не в помощь богатство.

Стародум

Одно почтение должно быть лестно человеку — душевное; а душевного почтения достоин только тот, кто в чинах не по деньгам, а в знати не по чинам.

Стародум

Не хочу учиться, хочу жениться.

Митрофан

Не тот богат, который отсчитывает деньги, чтоб прятать их в сундук, а тот, который отсчитывает у себя лишнее, чтоб помочь тому, у кого нет нужного.

Стародум

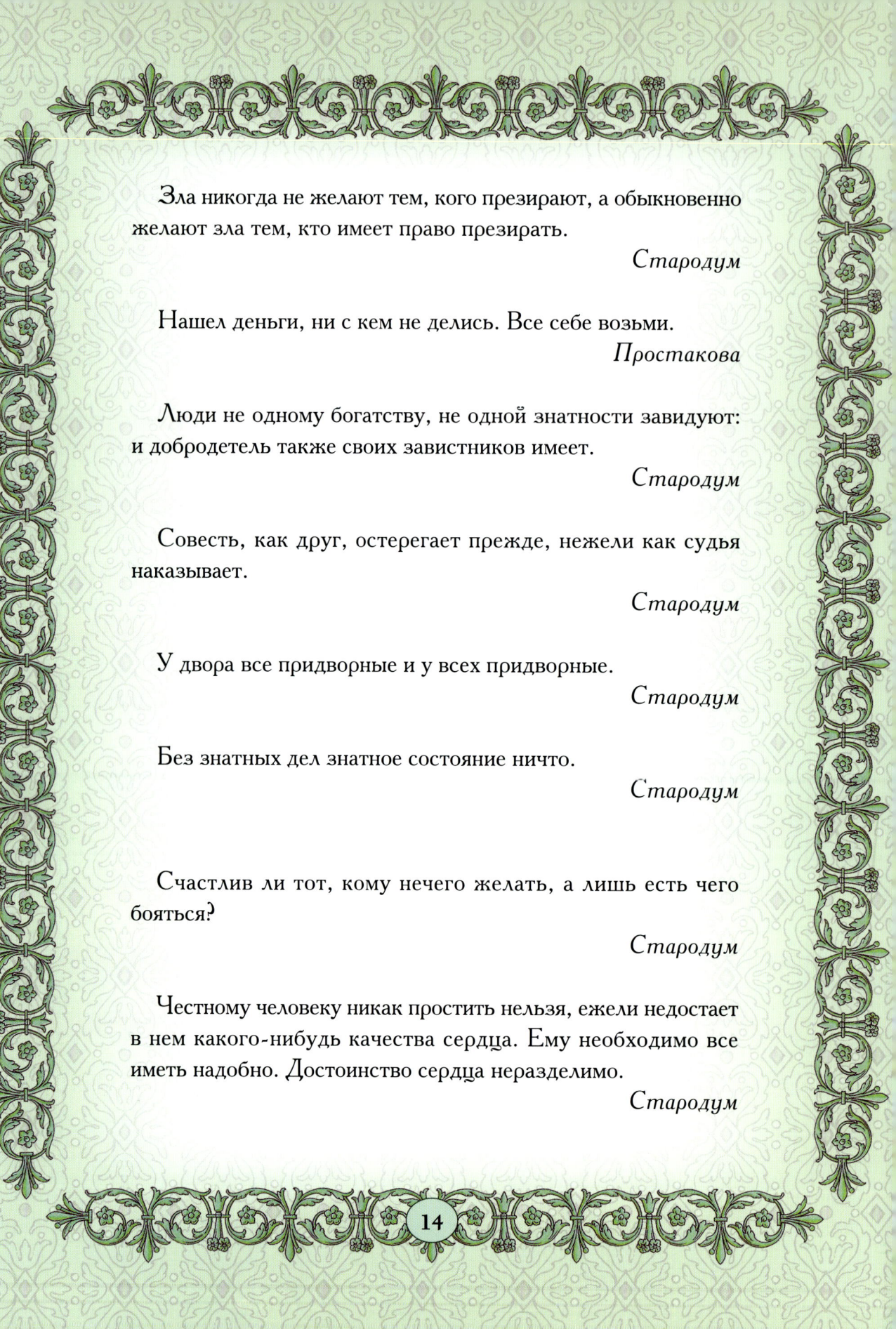

Зла никогда не желают тем, кого презирают, а обыкновенно желают зла тем, кто имеет право презирать.

Стародум

Нашел деньги, ни с кем не делись. Все себе возьми.

Простакова

Люди не одному богатству, не одной знатности завидуют: и добродетель также своих завистников имеет.

Стародум

Совесть, как друг, остерегает прежде, нежели как судья наказывает.

Стародум

У двора все придворные и у всех придворные.

Стародум

Без знатных дел знатное состояние ничто.

Стародум

Счастлив ли тот, кому нечего желать, а лишь есть чего бояться?

Стародум

Честному человеку никак простить нельзя, ежели недостает в нем какого-нибудь качества сердца. Ему необходимо все иметь надобно. Достоинство сердца неразделимо.

Стародум

Ум, коль он только что ум, самая безделица. С пребеглыми умами видим мы худых мужей, худых отцов, худых граждан. Прямую цену уму дает благонравие. Без него умный человек — чудовище. Оно неизмеримо выше всей беглости ума. Это легко понять всякому, кто хорошенько подумает.

Стародум

Разве тот счастлив, кто счастлив один?

Стародум

Умов много, и много разных. Умного человека легко извинить можно, если он какого-нибудь качества ума и не имеет.

Стародум

Честный человек должен быть совершенно честный человек.

Стародум

Подумай, что такое должность. Это тот священный обет, которым обязаны мы всем тем, с кем живем и от кого зависим. Если б так должность исполняли, как об ней твердят, всякое состояние людей оставалось бы при своем любочестии и было б совершенно счастливо.

Стародум

Люди забывают долг повиновения, видя в самом господине своем раба гнусных страстей его.

Стародум

Наглость в женщине есть вывеска порочного поведения.

Стародум

Никому и в голову не входит, что в глазах мыслящих людей честный человек без большого чина — презнатная особа.

Стародум

Добродетель всё заменяет, а добродетели ничто заменить не может.

Стародум

Не имей ты к мужу своему любви, которая на дружбу походила б. Имей к нему дружбу, которая на любовь бы походила. Это будет гораздо прочнее. Тогда после двадцати лет женитьбы найдете в сердцах ваших прежнюю друг к другу привязанность.

Стародум

Я полагаю истинную неустрашимость в душе, а не в сердце. У кого она в душе, у того, без всякого сомнения, и храброе сердце.

Милон

Храбрость сердца доказывается в час сражения, а неустрашимость души во всех испытаниях, во всех положениях жизни.

Милон

В нашем военном ремесле храбр должен быть воин, неустрашим военачальник. Он с холодною кровью усматривает все степени опасности, принимает нужные меры, славу свою предпочитает жизни; но что всего более — он для пользы и славы отечества не устрашается забыть свою собственную славу. Неустрашимость его состоит, следственно, не в том, чтобы презирать жизнь свою. Он ее никогда и не отваживает. Он умеет ею жертвовать.

Милон

Как мала душа того, кто за безделицу вызовет на дуэль, перед тем, кто вступится за отсутствующего, которого честь при нем клеветники терзают!

Милон

Дверь, котора дверь?.. Эта? Прилагательна... Потому что она приложена к своему месту. Вон у чулана шеста неделя дверь стоит еще не навешена: так та покамест существительна.

Митрофан

Слышишь, еоргафия... Да извозчики-то на что ж? Это их дело. Это-таки и наука-то не дворянская. Дворянин только скажи: повези меня туда, свезут, куда изволишь.

Простакова

В человеческом невежестве весьма утешительно считать все то за вздор, чего не знаешь.

Стародум

Мудрено истреблять закоренелые предрассудки, в которых низкие души находят свои выгоды!

Правдин

То вздор, чего не знает Митрофанушка.

Простакова

Сколько сетей расставлено к уловлению души человека, имеющего в руках своих судьбу себе подобных!

Стародум

Льстец есть тварь, которая не только о других, ниже о себе хорошего мнения не имеет. Всё его стремление к тому, чтоб сперва ослепить ум у человека, а потом делать из него, что ему надобно. Он ночной вор, который сперва свечу погасит, а потом красть станет.

Стародум

Наука в развращенном человеке есть лютое оружие делать зло.

Стародум

Просвещение возвышает одну добродетельную душу.

Стародум

Человеку нельзя быть ангелом. Да и не надобно быть и чертом.

Стародум

Александр Сергеевич Грибоедов
(1795–1829)

«Горе от ума» (<1824>)

Минуй нас пуще всех печалей
И барский гнев, и барская любовь.
Лизанька

Грех не беда, молва не хороша.
Лизанька

Когда нам скажут, что хотим —
Куда как верится охотно!
Лизанька

Кто влюблен — на все готов.
Лизанька

А вам, искателям невест,
Не нежиться и не зевать бы;
Пригож и мил, кто не доест
И не доспит до свадьбы.
Лизанька

Злые языки страшнее пистолета.
Молчалин

Частенько там
Мы покровительство находим, где не метим.
Молчалин

Мне завещал отец:
Во-первых, угождать всем людям без изъятья —
Хозяину, где доведется жить,
Начальнику, с кем буду я служить,
Слуге его, который чистит платья,
Швейцару, дворнику, для избежанья зла,
Собаке дворника, чтоб ласкова была.
Молчалин

Умный человек не может быть не плутом.
Репетилов

Счастливые часов не наблюдают.
София

Горе ждет из-за угла.
София

Если любит кто кого,
Зачем ума искать и ездить так далеко?
София

Воспоминания! как острый нож оне.
София

— Где ж лучше? — Где нас нет.
София и Чацкий

Не надобно иного образца,
Когда в глазах пример отца.

Фамусов

Что за комиссия, Создатель,
Быть взрослой дочери отцом!

Фамусов

Куда как чуден создан свет!
Пофилософствуй — ум вскружится;
То бережешься, то обед:
Ешь три часа, а в три дни не сварится!

Фамусов

Как станешь представлять к крестишку ли, к местечку,
Ну как не порадеть родному человечку!..

Фамусов

У нас уж исстари ведется,
Что по отцу и сыну честь:
Будь плохенький, да если наберется
Душ тысячки две родовых, —
Тот и жених.

Фамусов

На всех московских есть особый отпечаток.

Фамусов

Блажен, кто верует, тепло ему на свете!

Чацкий

Ну вот! великая беда,
Что выпьет лишнее мужчина!

Фамусов

Ученье — вот чума, ученость — вот причина,
Что нынче пуще, чем когда,
Безумных развелось людей, и дел, и мнений.

Фамусов

Уж коли зло пресечь:
Забрать все книги бы да сжечь.

Фамусов

Когда ж постранствуешь, воротишься домой,
И дым Отечества нам сладок и приятен!

Чацкий

Нынче любят бессловесных.

Чацкий

Служить бы рад, прислуживаться тошно.

Чацкий

А судьи кто? — За древностию лет
К свободной жизни их вражда непримирима,
Сужденья черпают из забытых газет
Времен Очаковских и покоренья Крыма;
Всегда готовые к журьбе,
Поют все песнь одну и ту же...

Чацкий

И точно, начал свет глупеть,
Сказать вы можете вздохнувши;
Как посравнить да посмотреть
Век нынешний и век минувший...

Чацкий

Свежо предание, а верится с трудом,
Как тот и славился, чья чаще гнулась шея;
Как не в войне, а в мире брали лбом,
Стучали об пол не жалея!

Чацкий

Тот скажи любви конец,
Кто на три года вдаль уедет.

Чацкий

Дома новы, но предрассудки стары.
Порадуйтесь, не истребят
Ни годы их, ни моды, ни пожары.

Чацкий

А чем не муж? Ума в нем только мало;
Но чтоб иметь детей,
Кому ума недоставало?

Чацкий

Поверили глупцы, другим передают,
Старухи вмиг тревогу бьют —
И вот общественное мненье!

Чацкий

Чины людьми даются,
А люди могут обмануться.

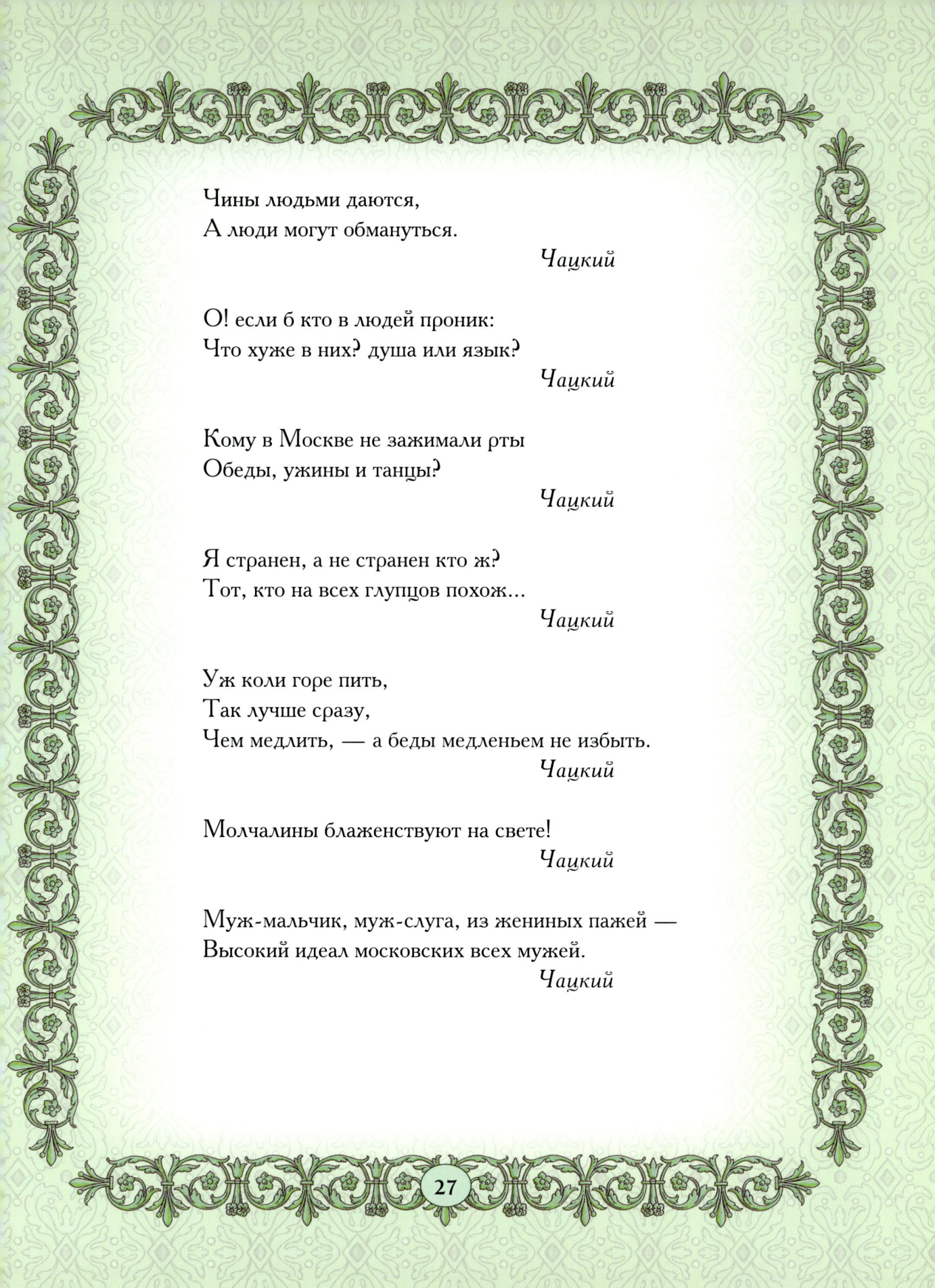

Чацкий

О! если б кто в людей проник:
Что хуже в них? душа или язык?

Чацкий

Кому в Москве не зажимали рты
Обеды, ужины и танцы?

Чацкий

Я странен, а не странен кто ж?
Тот, кто на всех глупцов похож…

Чацкий

Уж коли горе пить,
Так лучше сразу,
Чем медлить, — а беды медленьем не избыть.

Чацкий

Молчалины блаженствуют на свете!

Чацкий

Муж-мальчик, муж-слуга, из жениных пажей —
Высокий идеал московских всех мужей.

Чацкий

Александр Сергеевич Пушкин
(1799–1837)

«Евгений Онегин» (1823—1831)

Кому не скучно лицемерить,
Различно повторять одно,
Стараться важно в том уверить,
В чем все уверены давно,
Всё те же слышать возраженья,
Уничтожать предрассужденья,
Которых не было и нет
У девочки в тринадцать лет!
                            Онегин

Что может быть на свете хуже
Семьи, где бедная жена
Грустит о недостойном муже
И днем и вечером одна;
Где скучный муж, ей цену зная
(Судьбу, однако ж, проклиная),
Всегда нахмурен, молчалив,
Сердит и холодно-ревнив!
                            Онегин

Сменит не раз младая дева
Мечтами легкие мечты;

Так деревцо свои листы
Меняет с каждою весною.
Так, видно, небом суждено.
Онегин

Мечтам и годам нет возврата;
Не обновлю души моей...
Онегин

Учитесь властвовать собою;
Не всякий вас, как я, поймет;
К беде неопытность ведет.
Онегин

Куда, куда вы удалились,
Весны моей златые дни?
Ленский

Что день грядущий мне готовит?
Его мой взор напрасно ловит,
В глубокой мгле таится он.
Нет нужды: прав судьбы закон.
Ленский

Слов модных полный лексикон?..
Уж не пародия ли он?
Татьяна Ларина

Паду ли я, стрелой пронзенный,
Иль мимо пролетит она,

Всё благо: бдения и сна
Приходит час определенный...
Ленский

Благословен и день забот,
Благословен и тьмы приход!
Ленский

Чужой для всех, ничем не связан,
Я думал: вольность и покой
Замена счастью. Боже мой!
Как я ошибся, как наказан!
Онегин

Как с вашим сердцем и умом
Быть чувства мелкого рабом?
Татьяна Ларина

«Борис Годунов» (1825)

Я сам не трус, но также не глупец
И в петлю лезть не соглашуся даром.
Шуйский

Мы смолоду влюбляемся и алчем
Утех любви, но только утолим
Сердечный глад мгновенным обладаньем,
Уж, охладев, скучаем и томимся?..
Борис Годунов

Теперь не время помнить,
Советую порой и забывать.
Шуйский

Смиряй себя молитвой и постом,
И сны твои видений легких будут
Исполнены.
Пимен

Нас издали пленяет слава, роскошь
И женская лукавая любовь.
Пимен

Подумай, сын, ты о царях великих.
Кто выше их? Единый бог. Кто смеет
Противу их? Никто. А что же? Часто
Златый венец тяжел им становился:
Они его меняли на клобук.
Пимен

Живая власть для черни ненавистна,
Они любить умеют только мертвых.
Борис Годунов

Бог насылал на землю нашу глад,
Народ завыл, в мученьях погибая;
Я отворил им житницы, я злато
Рассыпал им, я им сыскал работы —
Они ж меня, беснуясь, проклинали!
Пожарный огнь их домы истребил,

Я выстроил им новые жилища.
Они ж меня пожаром упрекали!
Вот черни суд: ищи ж ее любви.
Борис Годунов

Ах! чувствую: ничто не может нас
Среди мирских печалей успокоить;
Ничто, ничто... едина разве совесть.
Так, здравая, она восторжествует
Над злобою, над темной клеветою. —
Но если в ней единое пятно,
Единое, случайно завелося,
Тогда — беда! как язвой моровой
Душа сгорит, нальется сердце ядом,
Как молотком стучит в ушах упрек,
И все тошнит, и голова кружится,
И мальчики кровавые в глазах...
Борис Годунов

Не всяко слово в строку пишется.
Пристав

Учись, мой сын: наука сокращает
Нам опыты быстротекущей жизни.
Борис Годунов

Бессмысленная чернь
Изменчива, мятежна, суеверна,
Легко пустой надежде предана,
Мгновенному внушению послушна,

Для истины глуха и равнодушна,
А баснями питается она.
Шуйский

Ох, тяжела ты, шапка Мономаха!
Борис Годунов

Терпимость равнодушна.
Григорий

Притворствовать пред оглашенным светом
Нам иногда духовный долг велит.
Патер

Вины отцов не должно вспоминать.
Григорий

Стократ священ союз меча и лиры,
Единый лавр их дружно обвивает.
Григорий

Я верую в пророчества пиитов.
Нет, не вотще в их пламенной груди
Кипит восторг.
Григорий

Нет, милости не чувствует народ:
Твори добро — не скажет он спасибо;
Грабь и казни — тебе не будет хуже.
Борис Годунов

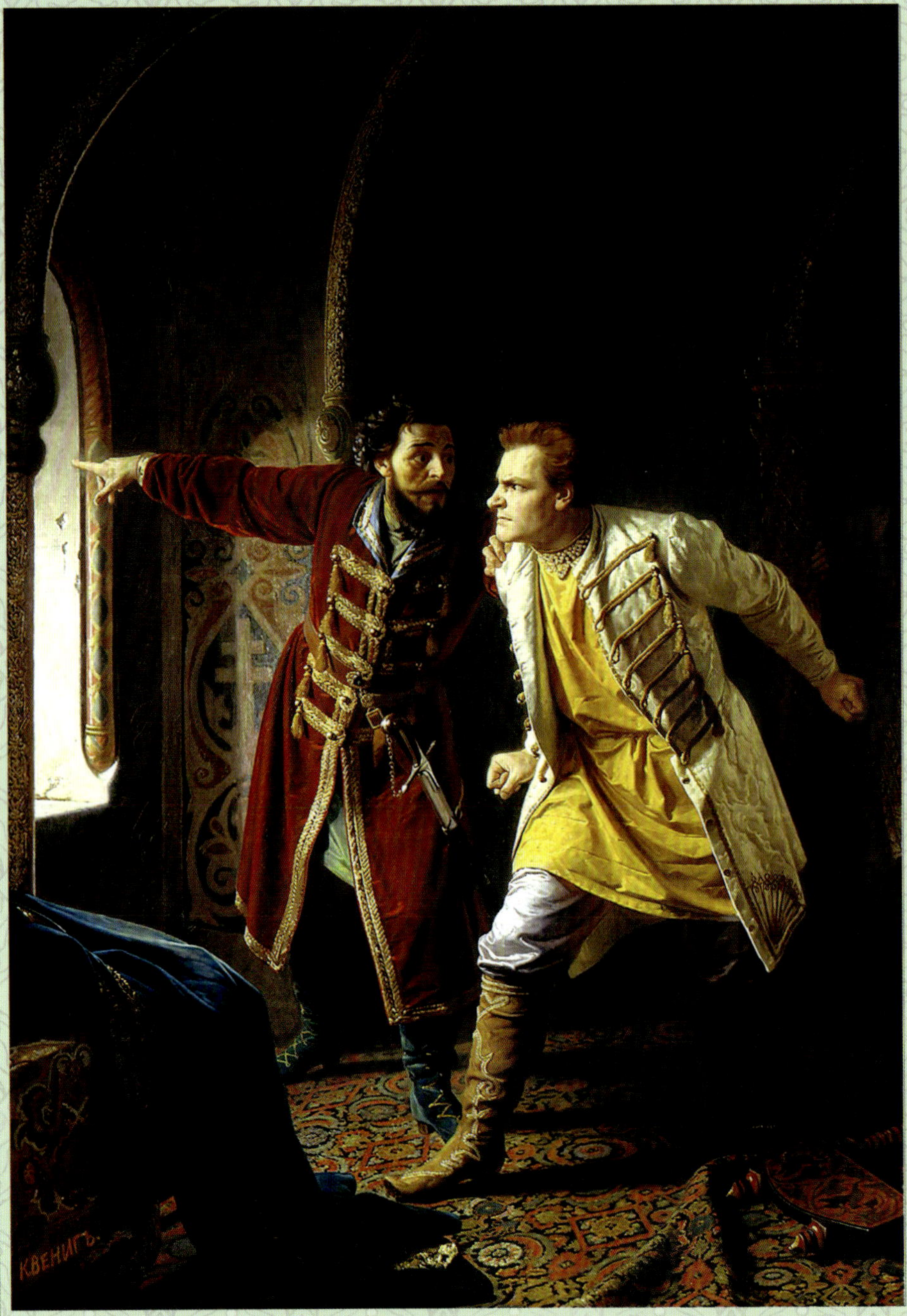
КВЕНИГЪ.

Я слышу речь не мальчика, но мужа.
                    Марина Мнишек

Всегда народ к смятенью тайно склонен:
Так борзый конь грызет свои бразды;
На власть отца так отрок негодует;
Но что ж? конем спокойно всадник правит,
И отроком отец повелевает.
                    Басманов

Лишь строгостью мы можем неусыпной
Сдержать народ.
                    Борис Годунов

Не изменяй теченья дел. Привычка —
Душа держав.
                    Борис Годунов

Будь молчалив; не должен царский голос
На воздухе теряться по-пустому;
Как звон святой, он должен лишь вещать
Велику скорбь или великий праздник.
                    Борис Годунов

Кто чувствами в порочных наслажденьях
В младые дни привыкнул утопать,
Тот, возмужав, угрюм и кровожаден,
И ум его безвременно темнеет.
                    Борис Годунов

«Моцарт и Сальери» (1830)

Все говорят: нет правды на земле.
Но правды нет и — выше.
Сальери

Где ж правота, когда священный дар,
Когда бессмертный гений — не в награду
Любви горящей, самоотверженья,
Трудов, усердия, молений послан —
А озаряет голову безумца,
Гуляки праздного?
Сальери

Мне не смешно, когда маляр негодный
Мне пачкает Мадонну Рафаэля,
Мне не смешно, когда фигляр презренный
Пародией бесчестит Алигьери.
Сальери

Как мысли черные к тебе придут,
Откупори шампанского бутылку
Иль перечти «Женитьбу Фигаро».
Сальери

Что пользы, если Моцарт будет жив
И новой высоты еще достигнет?
Подымет ли он тем искусство? Нет;
Оно падет опять, как он исчезнет:
Наследника нам не оставит он.

Что пользы в нем? Как некий херувим,
Он несколько занес нам песен райских,
Чтоб, возмутив бескрылое желанье
В нас, чадах праха, после улететь!
Так улетай же! чем скорей, тем лучше.
Сальери

Гений и злодейство —
Две вещи несовместные.
Моцарт

Когда бы все так чувствовали силу
Гармонии! Но нет: тогда б не мог
И мир существовать; никто б не стал
Заботиться о нуждах низкой жизни;
Все предались бы вольному искусству.
Моцарт

Нас мало избранных, счастливцев праздных,
Пренебрегающих презренной пользой,
Единого прекрасного жрецов.
Моцарт

Гений и злодейство
Две вещи несовместные. Неправда:
А Бонаротти? или это сказка
Тупой бессмысленной толпы — и не был
Убийцею создатель Ватикана?
Сальери

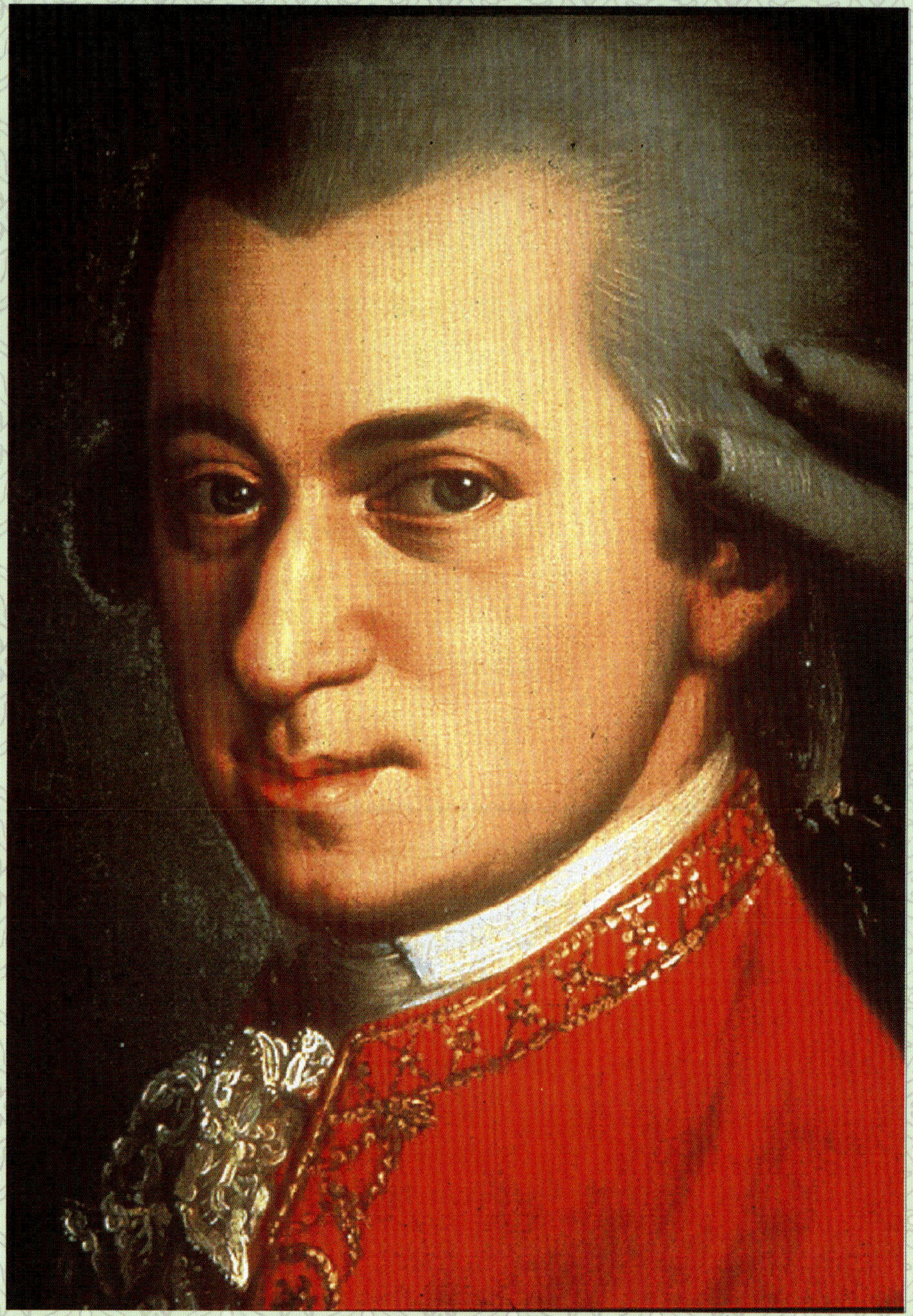

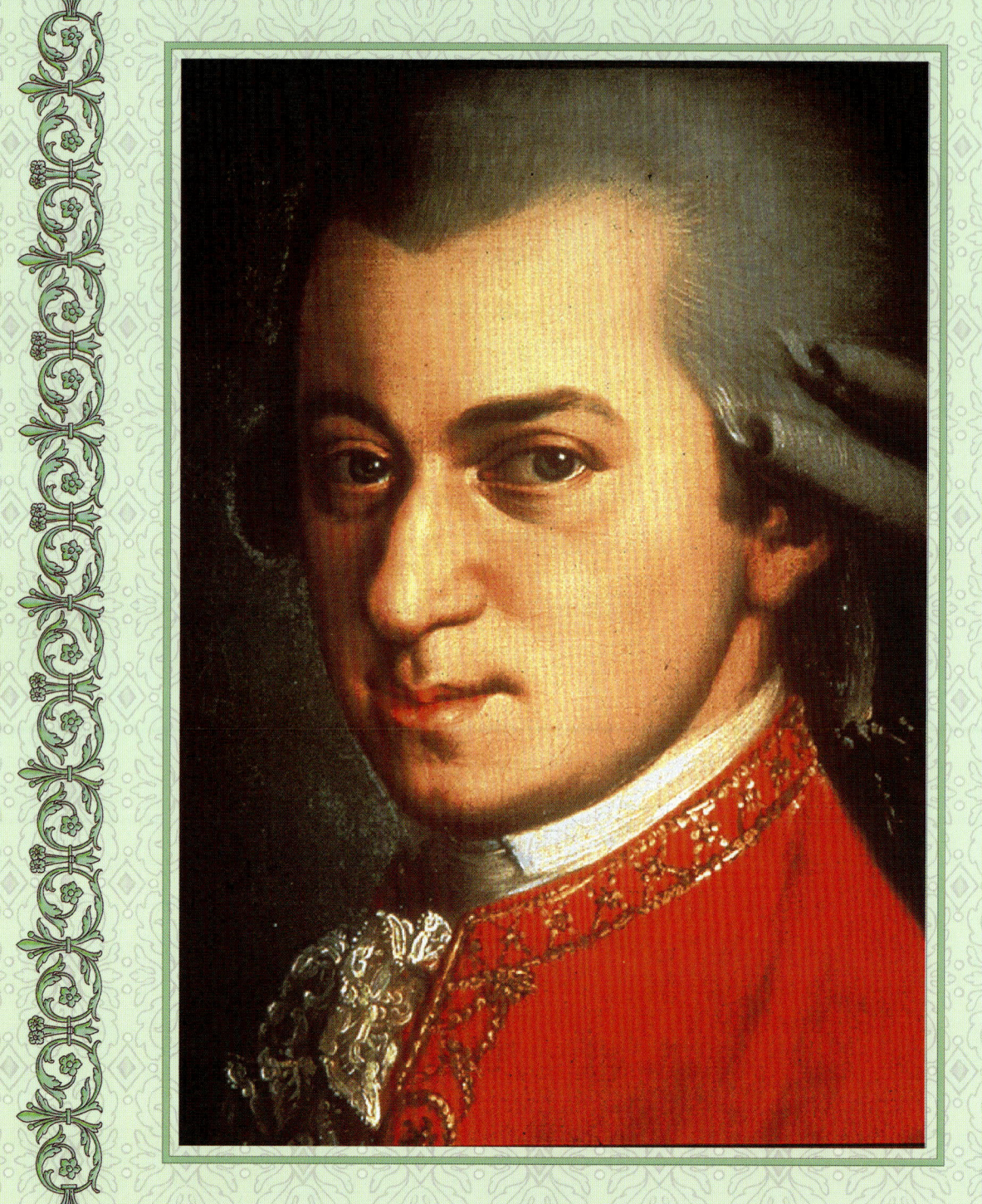

«Капитанская дочка» (1836)

Без пуншу что и служба!

Зурин

Сродно человеку предаваться суеверию, несмотря на всевозможное презрение к предрассудкам.

Петр Андреевич Гринев

Чай не наше казацкое питье.

Пугачев

Всякому давать на водку, так самому скоро придется голодать.

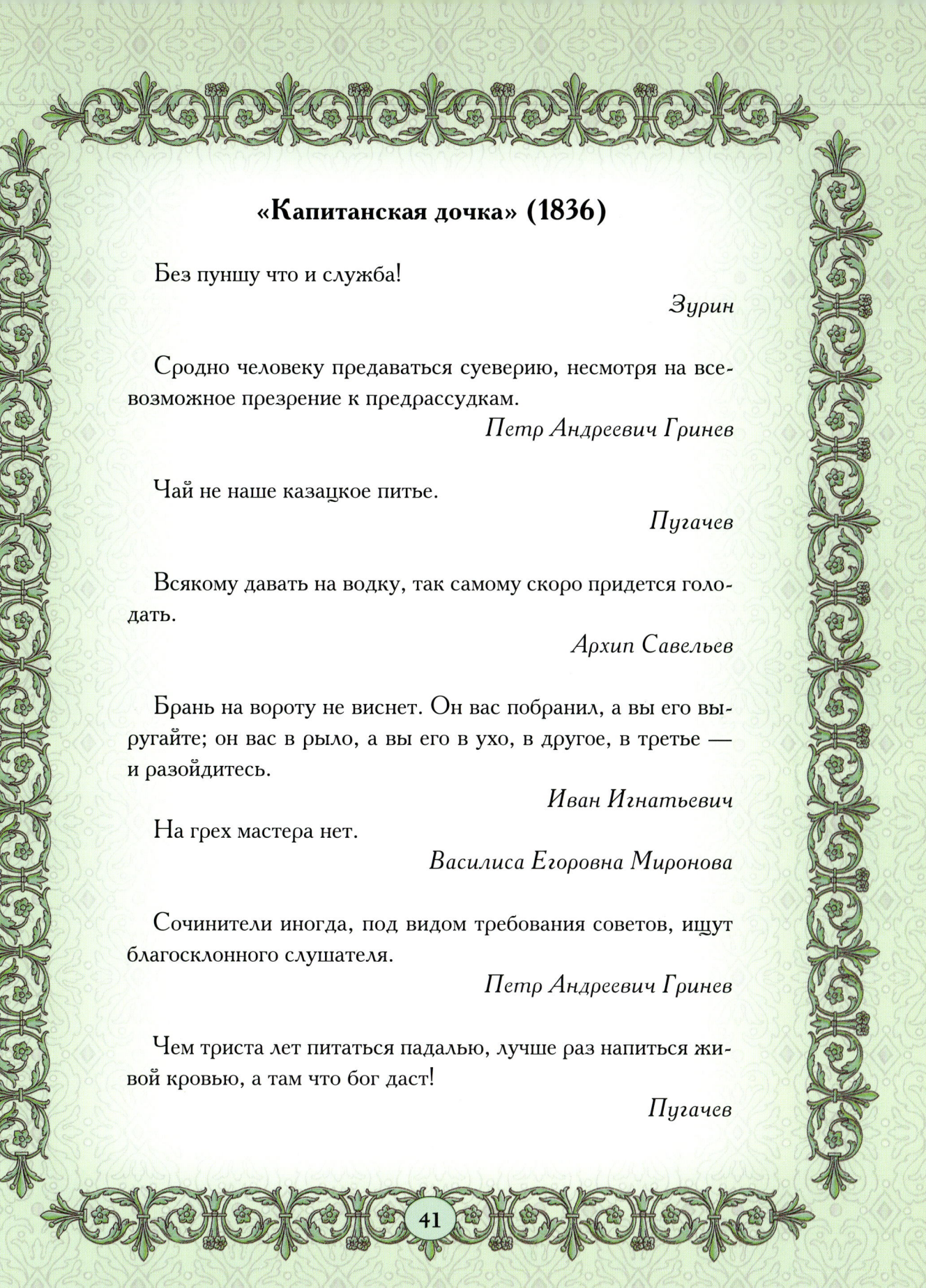

Архип Савельев

Брань на вороту не виснет. Он вас побранил, а вы его выругайте; он вас в рыло, а вы его в ухо, в другое, в третье — и разойдитесь.

Иван Игнатьевич

На грех мастера нет.

Василиса Егоровна Миронова

Сочинители иногда, под видом требования советов, ищут благосклонного слушателя.

Петр Андреевич Гринев

Чем триста лет питаться падалью, лучше раз напиться живой кровью, а там что бог даст!

Пугачев

Как мужчины странны! За одно слово, о котором через неделю верно б они позабыли, они готовы резаться и жертвовать не только жизнию, но и совестию, и благополучием тех, которые...

Маша Миронова

Проклятый мусье всему виноват: он научил тебя тыкаться железными вертелами да притопывать, как будто тыканием да топанием убережешься от злого человека!

Архип Савельев

Лучшие и прочнейшие изменения суть те, которые происходят от улучшения нравов, без всяких насильственных потрясений.

Петр Андреевич Гринев

Миленькие вдовушки в девках не сидят; то есть, хотел я сказать, что вдовушка скорее найдет себе мужа, нежели девица.

Андрей Карлович

Где такая крепость, куда бы пули не залетали?

Василиса Егоровна Миронова

Вместе жить, вместе и умирать.

Василиса Егоровна Миронова

Жить убийством и разбоем значит по мне клевать мертвечину.

Петр Андреевич Гринев

Умирать так умирать: дело служивое!

Иван Игнатьевич

Казнить так казнить, миловать так миловать.

Пугачев

На дисциплину разбойников никак нельзя положиться.

Андрей Карлович

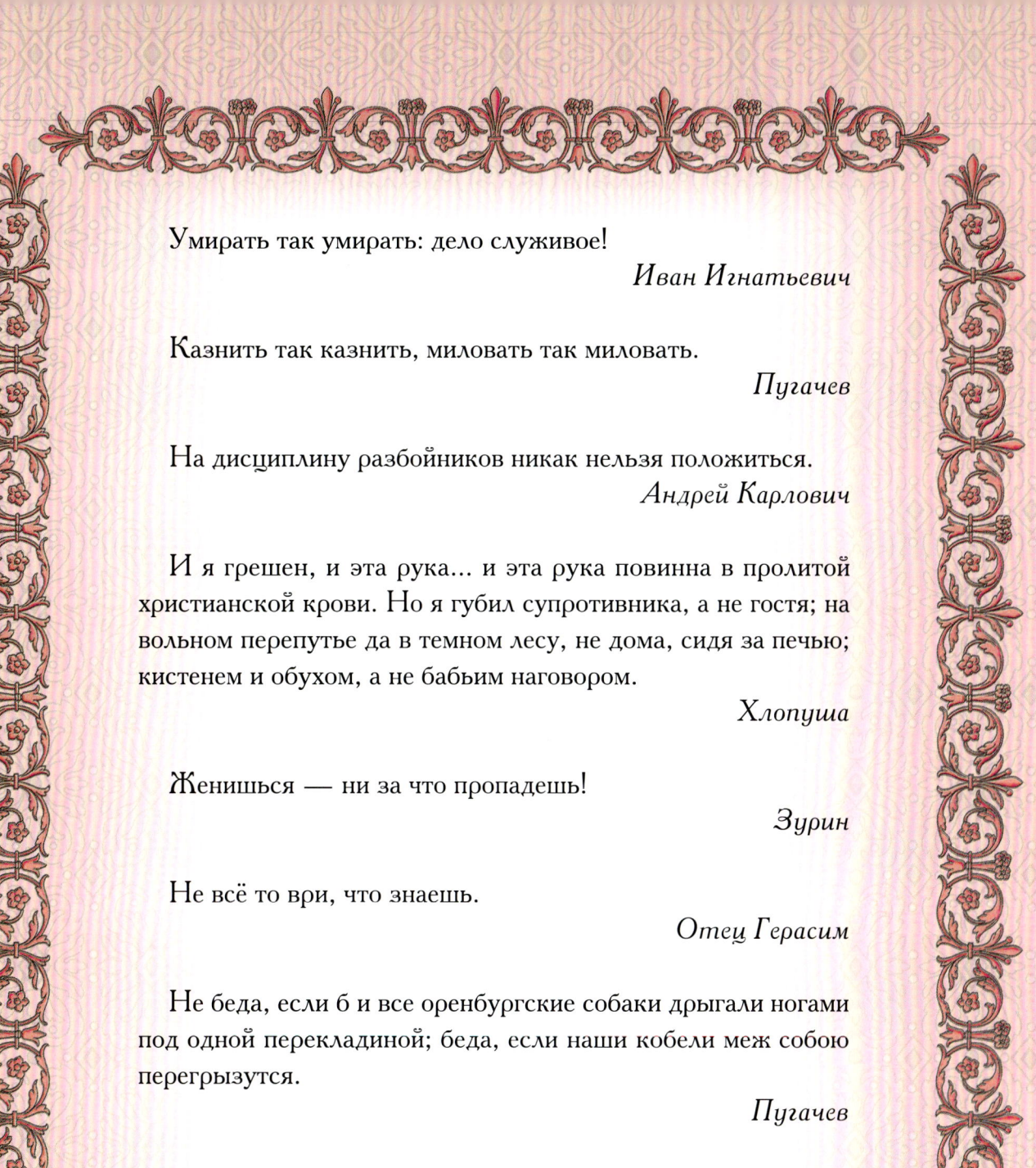

И я грешен, и эта рука… и эта рука повинна в пролитой христианской крови. Но я губил супротивника, а не гостя; на вольном перепутье да в темном лесу, не дома, сидя за печью; кистенем и обухом, а не бабьим наговором.

Хлопуша

Женишься — ни за что пропадешь!

Зурин

Не всё то ври, что знаешь.

Отец Герасим

Не беда, если б и все оренбургские собаки дрыгали ногами под одной перекладиной; беда, если наши кобели меж собою перегрызутся.

Пугачев

Не приведи бог видеть русский бунт, бессмысленный и беспощадный!

Петр Андреевич Гринев

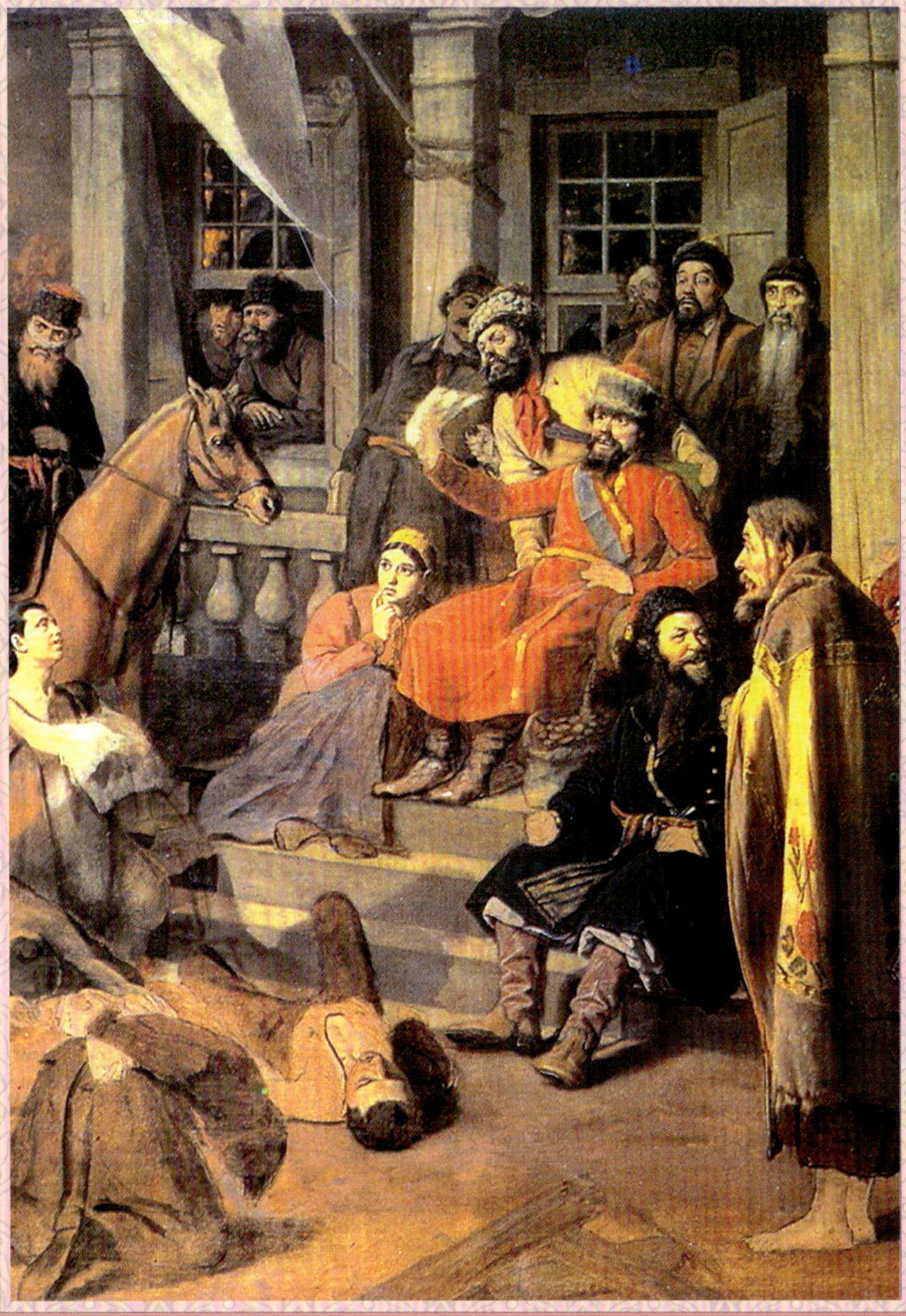

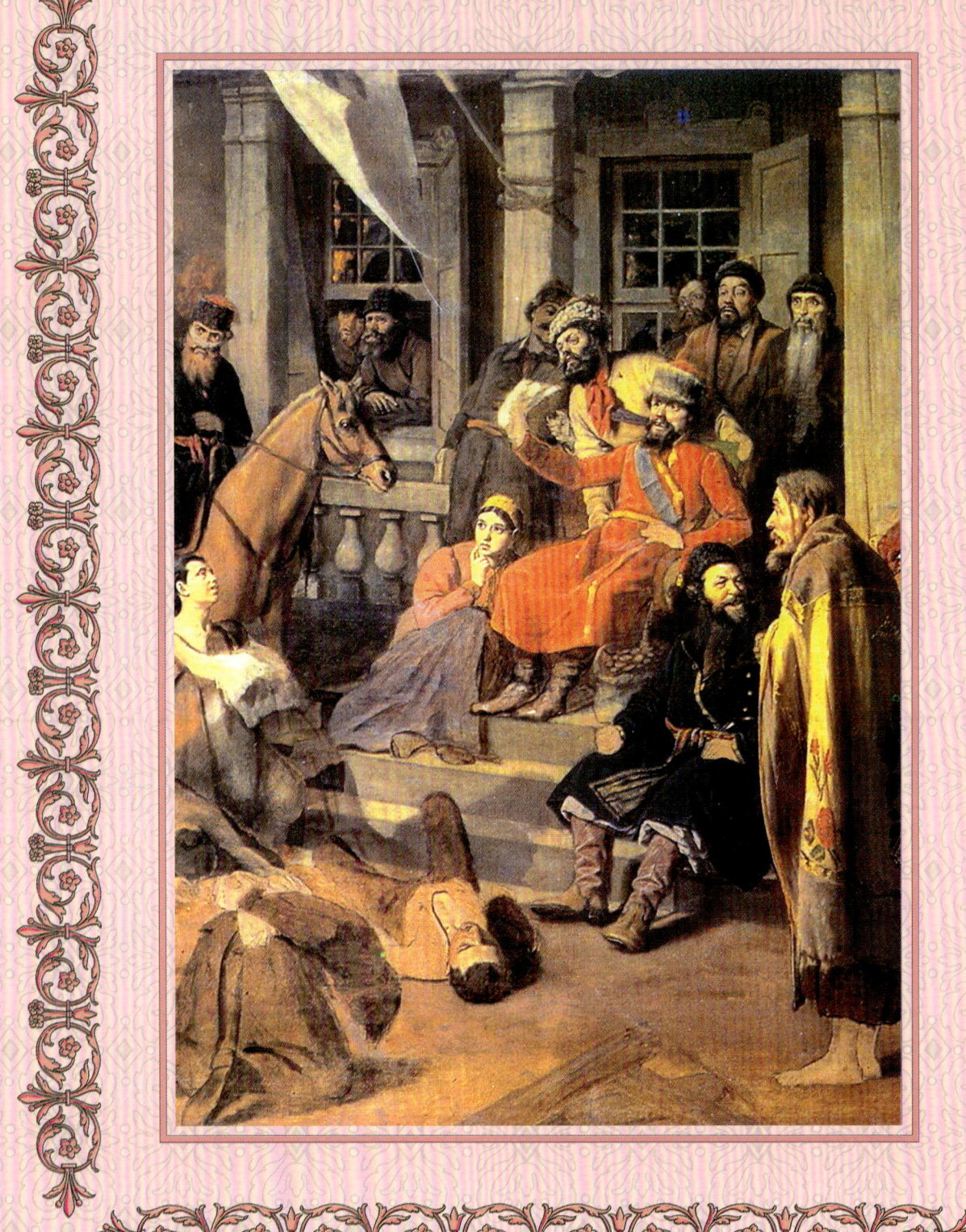

Михаил Юрьевич Лермонтов
(1814–1841)

«Герой нашего времени» (1840)

Целый год живешь, никого не видишь, да как тут еще водка — пропадший человек.

Максим Максимыч

Есть, право, этакие люди, у которых на роду написано, что с ними должны случаться разные необыкновенные вещи.

Максим Максимыч

Чего не сделает женщина за цветную тряпичку!..

Максим Максимыч

Аллах для всех племен один и тот же, и если он мне позволяет любить тебя, отчего же запретит тебе платить мне взаимностью?

Печорин

Мы не привыкли верить надписям.

Попутчик

Уж эта мне Азия! что люди, что речки — никак нельзя положиться.

Максим Максимыч

Меня невольно поразила способность русского человека применяться к обычаям тех народов, среди которых ему случается жить: это свойство ума, только оно доказывает неимоверную его гибкость и присутствие этого ясного здравого смысла, который прощает зло везде, где видит его необходимость или невозможность его уничтожения.

Попутчик

Удаляясь от условий общества и приближаясь к природе, мы невольно становимся детьми: всё приобретенное отпадает от души, и она делается вновь такою, какой была некогда и верно будет когда-нибудь опять.

Попутчик

И к свисту пули можно привыкнуть.

Максим Максимыч

Жизнь не стоит того, чтоб об ней так много заботиться.

Попутчик

Что началось необыкновенным образом, то должно так же и кончиться.

Попутчик

Самые счастливые люди — невежды, а слава — удача, и чтоб добиться ее, надо только быть ловким.

Печорин

Дурной каламбур не утешение для русского человека.

Попутчик

Я надеялся, что скука не живет под чеченскими пулями — напрасно: через месяц я так привык к их жужжанию и к близости смерти, что, право, обращал больше внимания на комаров.

Печорин

Любовь дикарки немногим лучше любви знатной барыни; невежество и простосердечие одной так же надоедают, как и кокетство другой.

Печорин

Разочарование, как все моды, начав с высших слоев общества, спустилось к низшим, которые его донашивают, и... нынче те, которые больше всех и в самом деле скучают, стараются скрыть это несчастие, как порок.

Попутчик

Чтоб воздерживаться от вина, он, конечно, старался уверять себя, что все в мире несчастия происходят от пьянства.

Попутчик

Таков уж был человек: что задумает, подавай; видно, в детстве был маменькой избалован.

Максим Максимыч

Иногда маловажный случай имеет жестокие последствия!

Попутчик

Нету проку в том, кто старых друзей забывает!..

Максим Максимыч

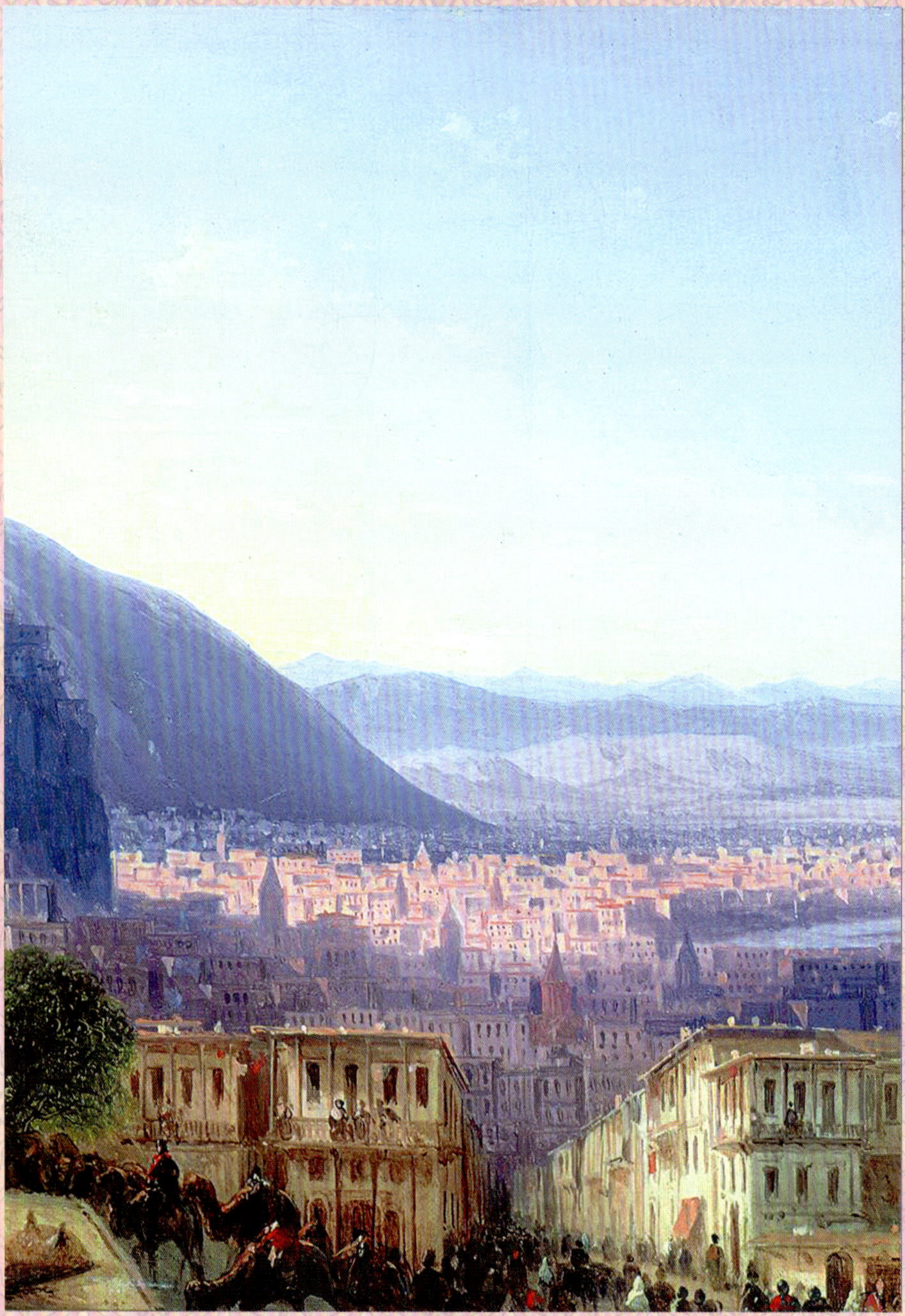

Несмотря на светлый цвет его волос, усы его и брови были черные — признак породы в человеке, так, как черная грива и черный хвост у белой лошади.

Попутчик

Об глазах я должен сказать еще несколько слов. Во-первых, они не смеялись, когда он смеялся! — Вам не случалось замечать такой странности у некоторых людей?.. Это признак или злого нрава, или глубокой постоянной грусти.

Попутчик

Грустно видеть, когда юноша теряет лучшие свои надежды и мечты, когда пред ним отдергивается розовый флер, сквозь который он смотрел на дела и чувства человеческие, хотя есть надежда, что он заменит старые заблуждения новыми, не менее проходящими, но зато не менее сладкими...

Попутчик

Я видел его только раз в моей жизни на большой дороге, следовательно, не могу питать к нему той неизъяснимой ненависти, которая, таясь под личиною дружбы, ожидает только смерти или несчастия любимого предмета, чтоб разразиться над его головою градом упреков, советов, насмешек и сожалений.

Попутчик

История души человеческой, хотя бы самой мелкой души, едва ли не любопытнее и не полезнее истории целого народа, особенно когда она — следствие наблюдений ума зрелого над самим собою и когда она писана без тщеславного желания возбудить участие или удивление.

Попутчик

Коварная нескромность истинного друга понятна каждому.

Попутчик

Мы почти всегда извиняем то, что понимаем.

Попутчик

Всегда есть какое-то странное отношение между наружностью человека и его душою: как будто с потерею члена душа теряет какое-нибудь чувство.

Печорин

Что прикажете прочитать на лице, у которого нет глаз?

Печорин

Порода в женщинах, как и в лошадях, великое дело; это открытие принадлежит Юной Франции. Она, то есть порода, а не Юная Франция, большею частью изобличается в поступи, в руках и ногах; особенно нос много значит. Правильный нос в России реже маленькой ножки.

Печорин

Откуда ветер, оттуда и счастье.

Ундина

Где поется, там и счастливится.

Ундина

Горцы народ мстительный.

Максим Максимыч

У меня несчастный характер; воспитание ли меня сделало таким, бог ли так меня создал, не знаю; знаю только то, что если я причиною несчастия других, то и сам не менее несчастлив; разумеется, это им плохое утешение — только дело в том, что это так.

Печорин

Татары по мне лучше: те хоть непьющие...

Максим Максимович

Уж эта молодежь! вечно некстати горячится...

Максим Максимович

Он не размахивал руками — верный признак некоторой скрытности характера.

Попутчик

Что делать?.. всякому своя дорога...

Печорин

Его имя Вернер, но он русский. Что тут удивительного? Я знал одного Иванова, который был немец.

Печорин

Странная вещь сердце человеческое вообще, и женское в особенности!

Печорин

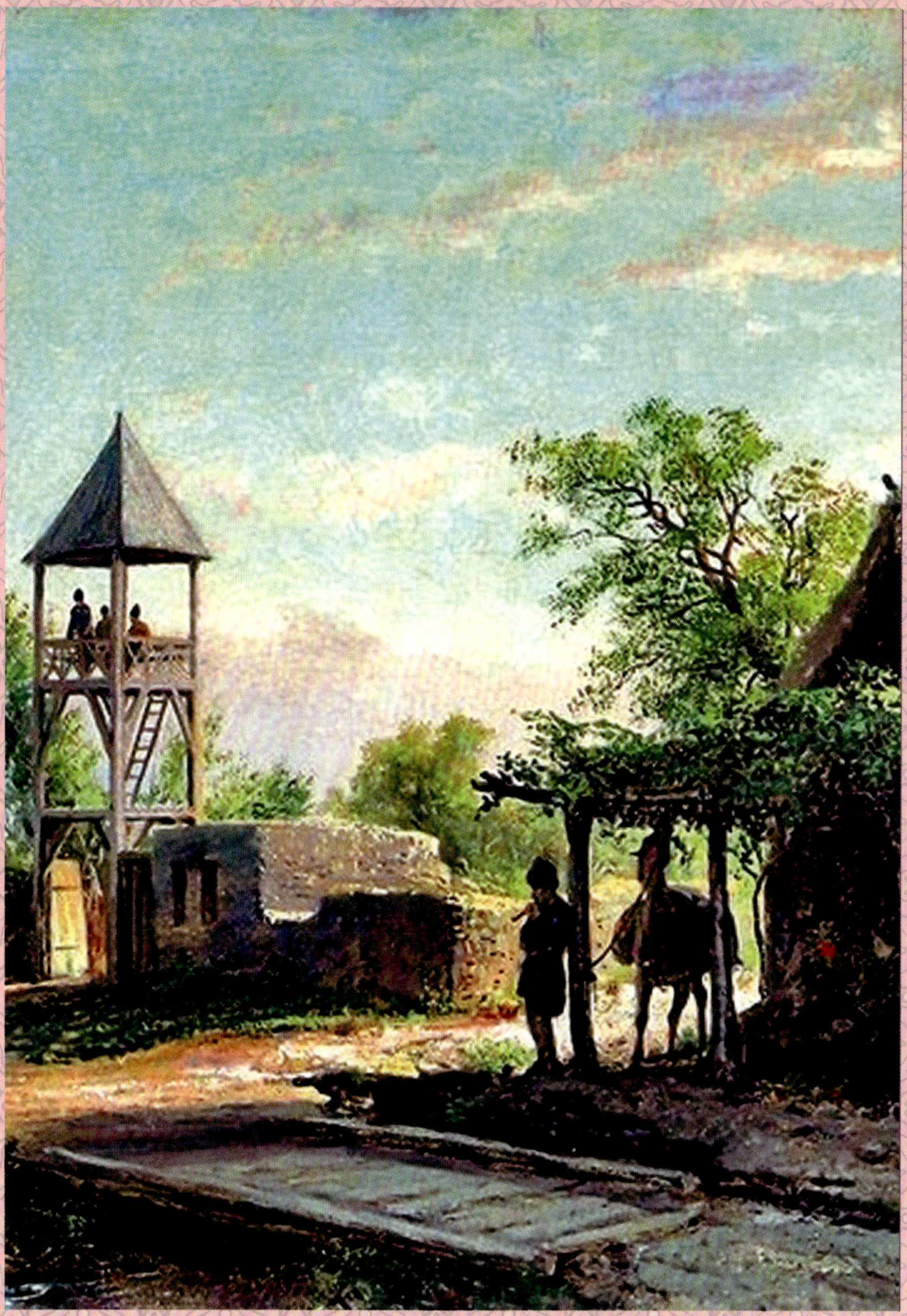

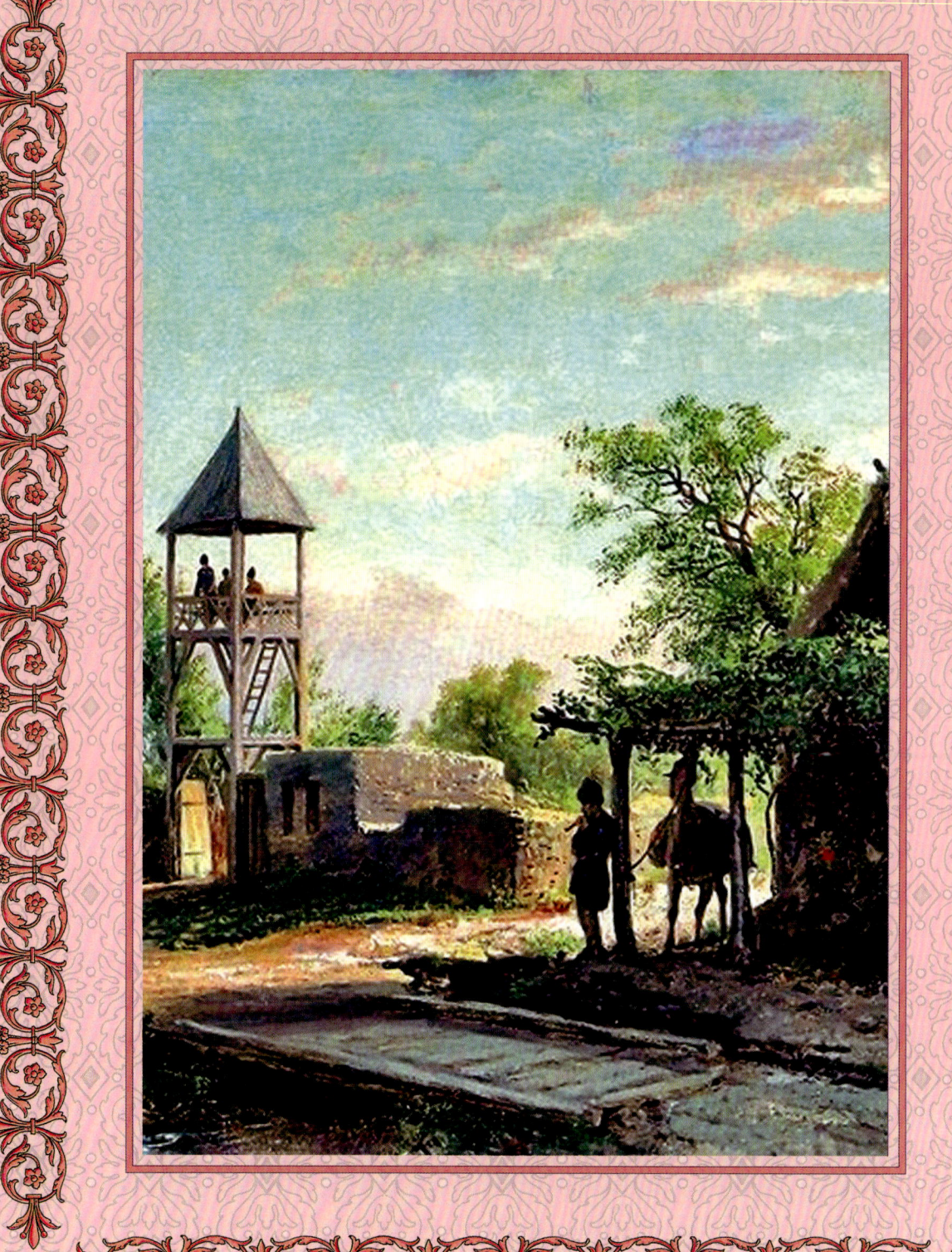

Исповедь Руссо имеет уже недостаток, что он читал ее своим друзьям.

Попутчик

Где не будет лучше, там будет хуже, а от худа до добра опять недалеко.

Ундина

Кому услыхать, тот услышит, а кому не должно слышать, тот не поймет.

Ундина

Какое дело мне до радостей и бедствий человеческих, мне, странствующему офицеру, да еще с подорожной по казенной надобности!..

Печорин

Пьющие утром воду — вялы, как все больные, а пьющие вино повечеру — несносны, как все здоровые.

Грушницкий

Гордая знать смотрит на нас, армейцев, как на диких. И какое им дело, есть ли ум под нумерованной фуражкой и сердце под толстой шинелью?

Грушницкий

Вряд ли найдется молодой человек, который, встретив хорошенькую женщину, приковавшую его праздное внимание и вдруг явно при нем отличившую другого, ей равно незнакомого, вряд ли, говорю, найдется такой молодой человек (разумеется, живший в большом свете и привыкший баловать свое самолюбие), который бы не был этим поражен неприятно.

Печорин

Я ненавижу людей, чтобы их не презирать, потому что иначе жизнь была бы слишком отвратительным фарсом.

Грушницкий

Я презираю женщин, чтобы не любить их, потому что иначе жизнь была бы слишком нелепой мелодрамой.

Печорин

Надобно отдать справедливость женщинам: они имеют инстинкт красоты душевной.

Печорин

Из двух друзей всегда один раб другого, хотя часто ни один из них в этом себе не признается; рабом я быть не могу, а повелевать в этом случае — труд утомительный, потому что надо вместе с этим и обманывать.

Печорин

Разве героев представляют? Они не иначе знакомятся, как спасая от верной смерти свою любезную.

Печорин

Наши мужчины так не любезны вообще, что с ними кокетничать, должно быть, для умной женщины несносно.

Вернер

— Я убежден только в одном... В том, что рано или поздно в одно прекрасное утро я умру.

— Я богаче вас, у меня, кроме этого, есть еще убеждение — именно то, что я в один прегадкий вечер имел несчастие родиться.

Вернер и Печорин

Без дураков было бы на свете очень скучно!..

Печорин

Солдатская шинель в глазах чувствительной барышни тебя делает героем и страдальцем.

Печорин

О самолюбие! ты рычаг, которым Архимед хотел приподнять земной шар!..

Печорин

Женщины любят только тех, которых не знают.

Печорин

Русские барышни большею частью питаются только платонической любовью, не примешивая к ней мысли о замужестве; а платоническая любовь самая беспокойная.

Печорин

Если две минуты сряду ей будет возле тебя скучно, ты погиб невозвратно: твое молчание должно возбуждать ее любопытство, твой разговор — никогда не удовлетворять его вполне; ты должен ее тревожить ежеминутно; она де-

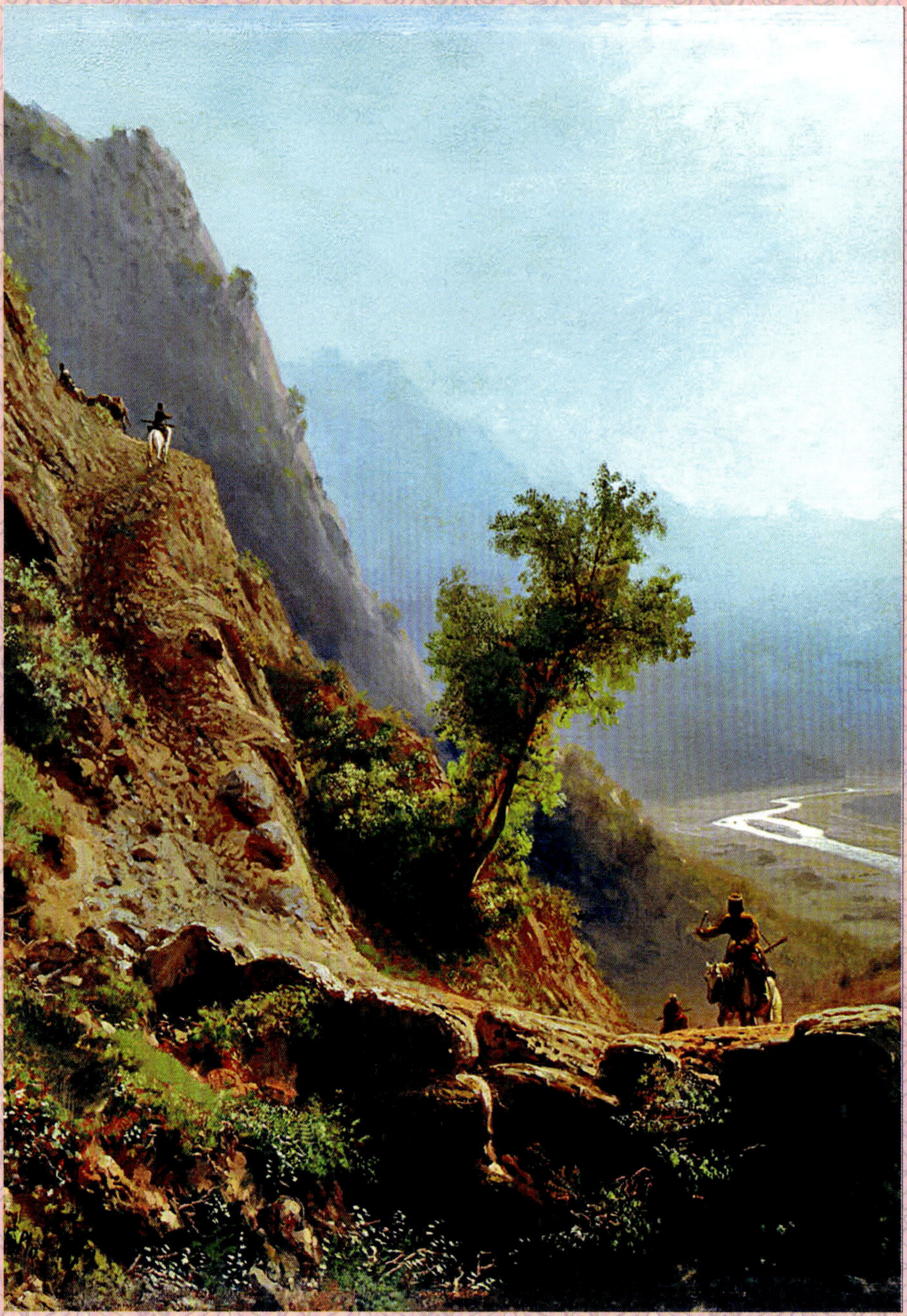

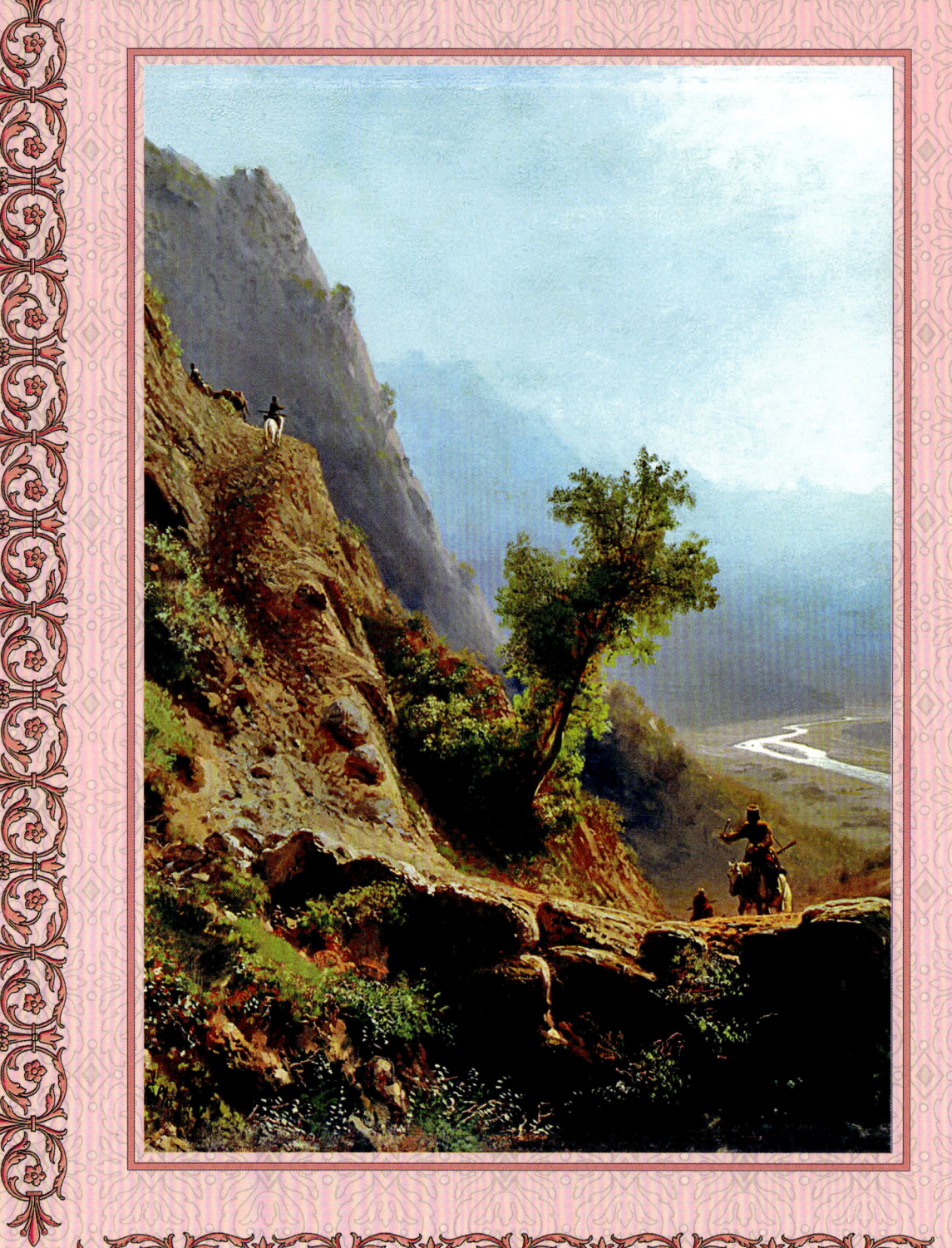

сять раз публично для тебя пренебрежет мнением и назовет это жертвой и, чтоб вознаградить себя за это, станет тебя мучить — а потом просто скажет, что она тебя терпеть не может.

Печорин

Если ты над нею не приобретешь власти, то даже ее первый поцелуй не даст тебе права на второй; она с тобою накокетничается вдоволь, а года через два выйдет замуж за урода, из покорности к маменьке, и станет себя уверять, что она несчастна, что она одного только человека и любила, то есть тебя, но что небо не хотело соединить ее с ним, потому что на нем была солдатская шинель, хотя под этой толстой серой шинелью билось сердце страстное и благородное...

Печорин

Где есть общество женщин — там сейчас явится высший и низший круг.

Печорин

Никогда не должно отвергать кающегося преступника: с отчаяния он может сделаться еще вдвое преступнее...

Печорин

Женщины! женщины! кто их поймет? Их улыбки противоречат их взорам, их слова обещают и манят, а звук их голоса отталкивает... То они в минуту постигают и угадывают самую потаенную нашу мысль, то не понимают самых ясных намеков...

Грушницкий

Радости забываются, а печали никогда!..

Печорин

Не люблю женщин с характером: их ли это дело!..

Печорин

Вы, мужчины, не понимаете наслаждений взора, пожатия руки...

Вера

Музыка после обеда усыпляет, а спать после обеда здорово: следовательно, я люблю музыку в медицинском отношении.

Печорин

Утомительно, когда нет положительной причины грустить или радоваться, и притом грусть в обществе смешна, а слишком большая веселость неприлична...

Печорин

Беспокойная потребность любви, которая нас мучит в первые годы молодости, бросает нас от одной женщины к другой, пока мы найдем такую, которая нас терпеть не может: тут начинается наше постоянство — истинная бесконечная страсть, которую математически можно выразить линией, падающей из точки в пространство; секрет этой бесконечности — только в невозможности достигнуть цели, то есть конца.

Печорин

Есть необъятное наслаждение в обладании молодой, едва распустившейся души! Она как цветок, которого лучший аромат испаряется навстречу первому лучу солнца; его надо сорвать в эту минуту и, подышав им досыта, бросить на дороге: авось кто-нибудь поднимет!

Печорин

Честолюбие есть не что иное как жажда власти, а первое мое удовольствие — подчинять моей воле все, что меня окружает; возбуждать к себе чувство любви, преданности и страха — не есть ли первый признак и величайшее торжество власти? Быть для кого-нибудь причиною страданий и радостей, не имея на то никакого положительного права, — не самая ли это сладкая пища нашей гордости?

Печорин

А что такое счастие? Насыщенная гордость. Если б я почитал себя лучше, могущественнее всех на свете, я был бы счастлив; если б все меня любили, я в себе нашел бы бесконечные источники любви.

Печорин

Зло порождает зло; первое страдание дает понятие о удовольствии мучить другого; идея зла не может войти в голову человека без того, чтоб он не захотел приложить ее к действительности.

Печорин

Идеи — создания органические, сказал кто-то: их рождение дает уже им форму, и эта форма есть действие; тот, в чьей голове родилось больше идей, тот больше других действует; от этого гений, прикованный к чиновническому столу, должен

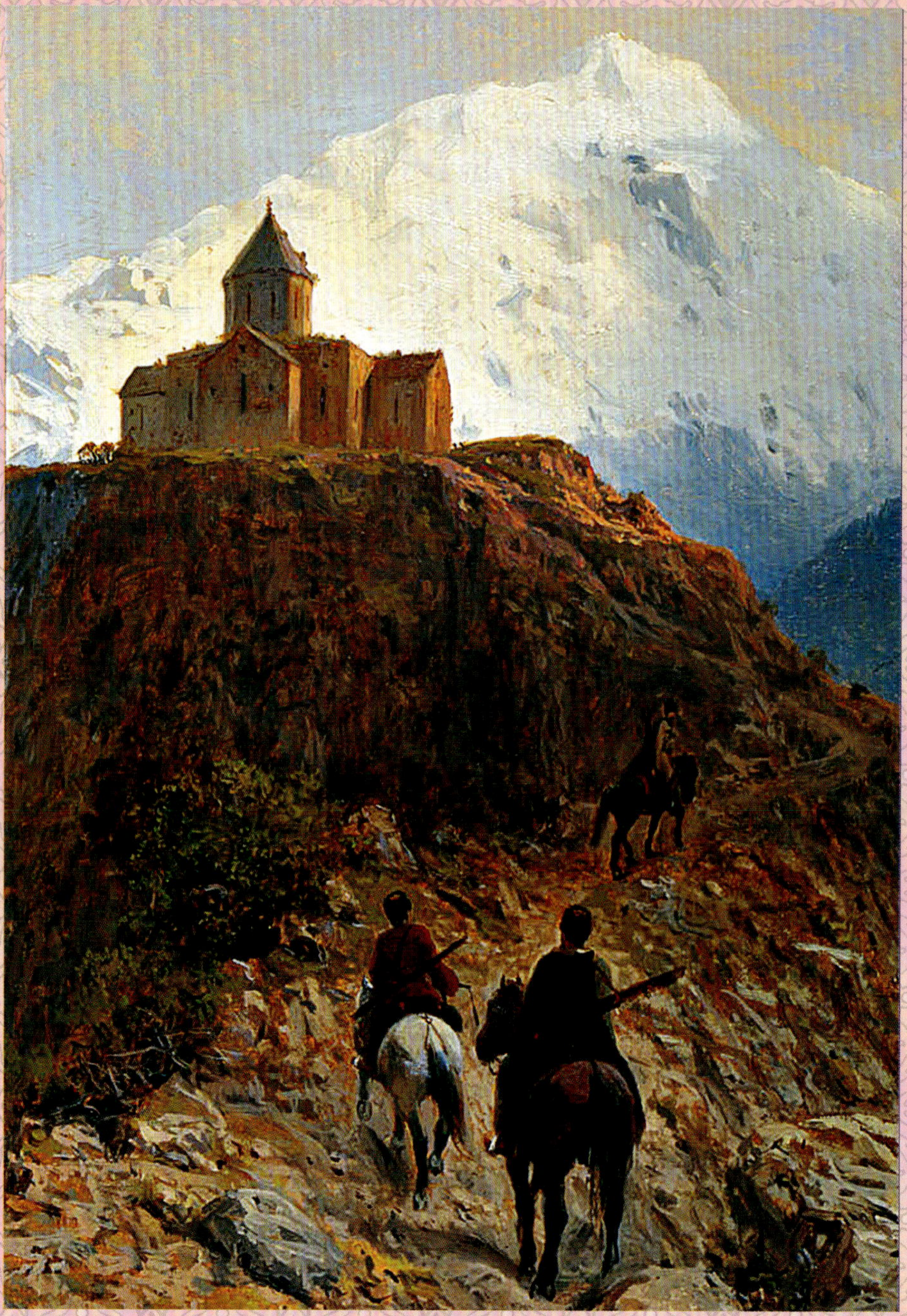

умереть или сойти с ума, точно так же, как человек с могучим телосложением, при сидячей жизни и скромном поведении, умирает от апоплексического удара.

Печорин

Страсти не что иное, как идеи при первом своем развитии: они принадлежность юности сердца, и глупец тот, кто думает целую жизнь ими волноваться: многие спокойные реки начинаются шумными водопадами, а ни одна не скачет и не пенится до самого моря.

Печорин

Спокойствие часто признак великой, хотя скрытой силы; полнота и глубина чувств и мыслей не допускает бешеных порывов.

Печорин

Душа, страдая и наслаждаясь, дает во всем себе строгий отчет и убеждается в том, что так должно; она знает, что без гроз постоянный зной солнца ее иссушит; она проникается своей собственной жизнью, — лелеет и наказывает себя, как любимого ребенка. Только в этом высшем состоянии самопознания человек может оценить правосудие божие.

Печорин

На всё есть манера; многое не говорится, а отгадывается...

Грушницкий

Все читали на моем лице признаки дурных чувств, которых не было; но их предполагали — и они родились. Я был скромен — меня обвиняли в лукавстве: я стал скрытен. Я глубоко чувствовал добро и зло; никто меня не ласкал, все оскорбляли: я стал злопамятен; я был угрюм, — другие дети веселы и болтливы; я чувствовал себя выше их, — меня ставили ниже. Я сделался завистлив. Я был готов любить весь мир, — меня никто не понял: и я выучился ненавидеть.

Печорин

Только любовь, которую мы читаем в глазах, ни к чему женщину не обязывает, тогда как слова...

Печорин

Лучшие мои чувства, боясь насмешки, я хоронил в глубине сердца: они там и умерли. Я говорил правду — мне не верили: я начал обманывать; узнав хорошо свет и пружины общества, я стал искусен в науке жизни и видел, как другие без искусства счастливы, пользуясь даром теми выгодами, которых я так неутомимо добивался. И тогда в груди моей родилось отчаяние — не то отчаяние, которое лечат дулом пистолета, но холодное, бессильное отчаяние, прикрытое любезностью и добродушной улыбкой. Я сделался нравственным калекой: одна половина души моей не существовала, она высохла, испарилась, умерла, я ее отрезал и бросил, — тогда как другая шевелилась и жила к услугам каждого, и этого никто не заметил, потому что никто не знал о существовании погибшей ее половины.

Печорин

Кисейный рукав слабая защита, и электрическая искра пробежала из моей руки в ее руку; все почти страсти начинаются так, и мы часто себя очень обманываем, думая, что нас женщина любит за наши физические или нравственные достоинства; конечно, они приготовляют ее сердце к принятию священного огня, а все-таки первое прикосновение решает дело.

Печорин

Многим все вообще эпитафии кажутся смешными, но мне нет, особенно когда вспомню о том, что под ними покоится.

Печорин

Сострадание — чувство, которому покоряются так легко все женщины.

Печорин

Мало ли людей, начиная жизнь, думают кончить ее, как Александр Великий или лорд Байрон, а между тем целый век остаются титулярными советниками?..

Печорин

Как все мальчики, он имеет претензию быть стариком.

Печорин

Желать и добиваться чего-нибудь — понимаю! — а кто ж надеется?

Печорин

Я люблю врагов, хотя не по-христиански. Они меня забавляют, волнуют мне кровь. Быть всегда настороже, ловить каждый взгляд, значение каждого слова, угадывать намерения, разрушать заговоры, притворяться обманутым, и вдруг одним

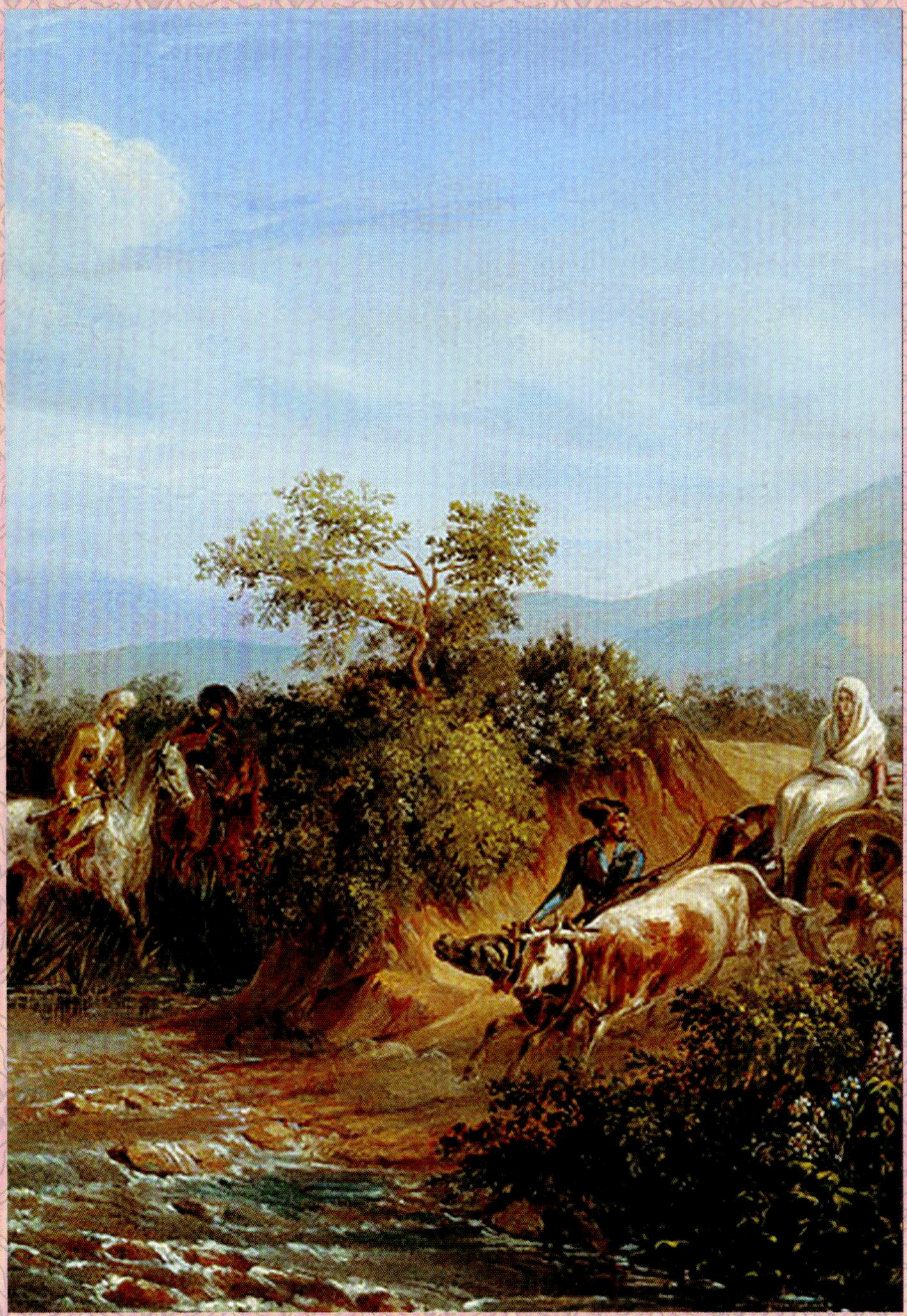

толчком опрокинуть все огромное и многотрудное здание их хитростей и замыслов, — вот что я называю жизнью.

Печорин

Любовь, как огонь, — без пищи гаснет.

Печорин

Есть же люди, в которых даже отчаяние забавно.

Печорин

Уж эти больные такой народ: всё знают!

Вернер

Есть случаи, в которых благородный человек обязан жениться, и есть маменьки, которые по крайней мере не предупреждают этих случаев...

Вернер

На водах преопасный воздух: сколько я видел прекрасных молодых людей, достойных лучшей участи и уезжавших отсюда прямо под венец...

Вернер

Неужто я влюблен?.. Я так глупо создан, что этого можно от меня ожидать.

Печорин

Нет ничего парадоксальнее женского ума; женщин трудно убедить в чем-нибудь, надо их довести до того, чтоб они убедили себя сами; порядок доказательств, которыми они уничтожают свои предупреждения, очень оригинален; чтоб выучиться их диалектике, надо опрокинуть в уме своем все школьные правила логики. Например, способ обыкновенный: Этот человек любит меня, но я замужем: следовательно, не должна его любить. Способ женский: Я не должна его любить, ибо я замужем; но он меня любит, — следовательно... тут несколько точек, ибо рассудок уже ничего не говорит, а говорят большею частью: язык, глаза и вслед за ними сердце, если оно имеется.

Печорин

Чего женщина не сделает, чтоб огорчить соперницу!

Печорин

С тех пор, как поэты пишут и женщины их читают (за что им глубочайшая благодарность), их столько раз называли ангелами, что они в самом деле, в простоте душевной, поверили этому комплименту, забывая, что те же поэты за деньги величали Нерона полубогом...

Печорин

Женщины должны бы желать, чтоб все мужчины их так же хорошо знали, как я, потому что я люблю их во сто раз больше с тех пор, как их не боюсь и постиг их мелкие слабости.

Печорин

Как бы страстно я ни любил женщину, если она мне даст только почувствовать, что я должен на ней жениться, — прости любовь! мое сердце превращается в камень, и ничто его не разогреет снова. Я готов на все жертвы, кроме этой; двадцать раз жизнь свою, даже честь поставлю на карту... но свободы моей не продам. Отчего я так дорожу ею? что мне в ней?.. куда я себя готовлю? чего я жду от будущего?.. Право, ровно ничего. Это какой-то врожденный страх, неизъяснимое предчувствие... Ведь есть люди, которые безотчетно боятся пауков, тараканов, мышей...

Печорин

Я иногда себя презираю... не оттого ли я презираю и других?

Печорин

На небесах не более постоянства, чем на земле.

Печорин

Что ж? умереть, так умереть: потеря для мира небольшая.

Печорин

Зачем я жил? для какой цели я родился?.. А, верно, она существовала, и, верно, было мне назначение высокое, потому что я чувствую в душе моей силы необъятные... Но я не угадал этого назначения, я увлекся приманками страстей пустых и неблагодарных; из горнила их я вышел тверд и холоден, как железо, но утратил навеки пыл благородных стремлений — лучший свет жизни.

Печорин

Сколько раз уже я играл роль топора в руках судьбы! Как орудие казни, я упадал на голову обреченных жертв, часто без злобы, всегда без сожаления...

Печорин

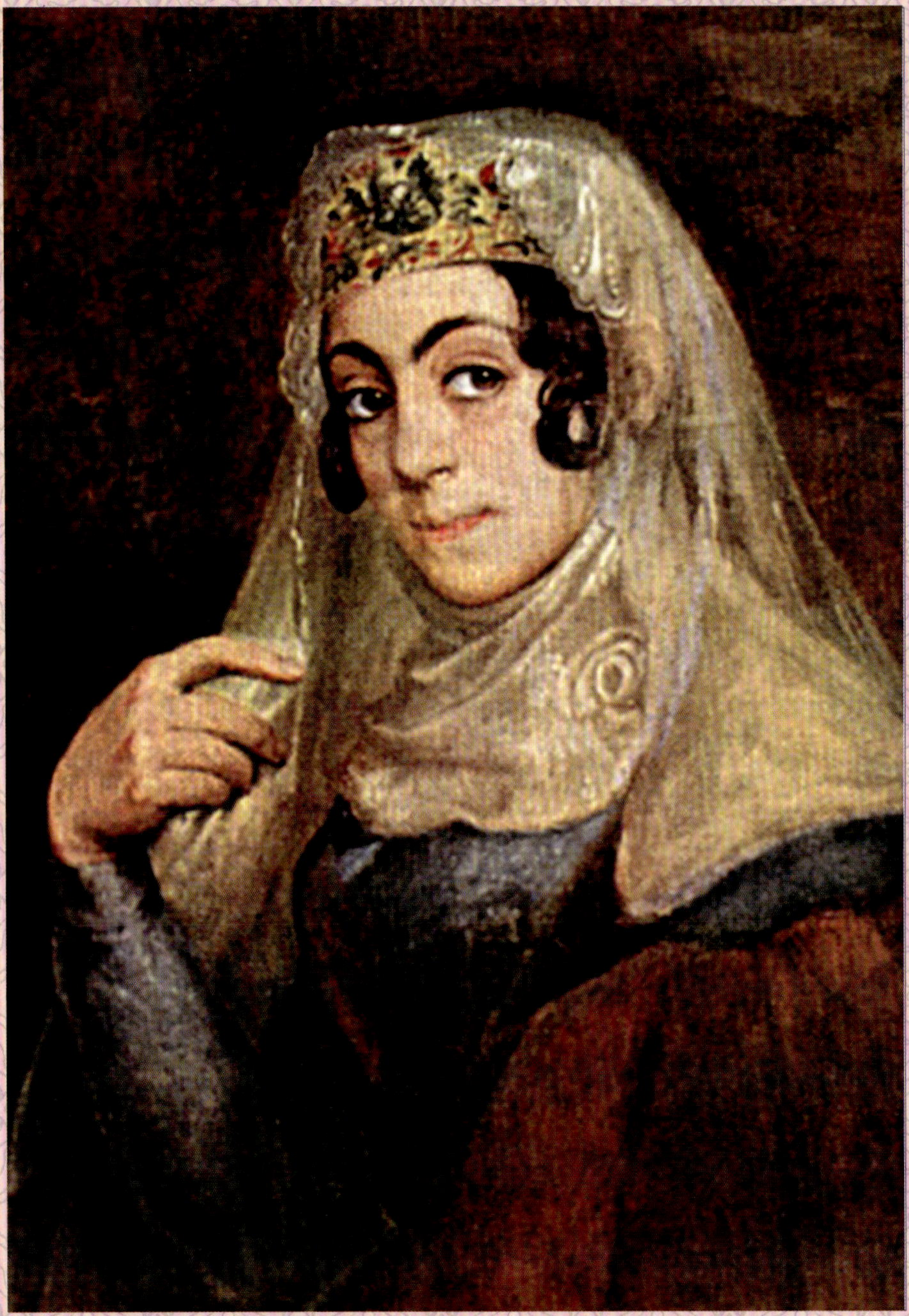

Моя любовь никому не принесла счастья, потому что я ничем не жертвовал для тех, кого любил: я любил для себя, для собственного удовольствия: я только удовлетворял странную потребность сердца, с жадностью поглощая их чувства, их радости и страданья — и никогда не мог насытиться. Так, томимый голодом в изнеможении засыпает и видит перед собой роскошные кушанья и шипучие вина; он пожирает с восторгом воздушные дары воображения, и ему кажется легче; но только проснулся — мечта исчезает... остается удвоенный голод и отчаяние!

Печорин

Может быть, я завтра умру!.. и не останется на земле ни одного существа, которое бы поняло меня совершенно. Одни почитают меня хуже, другие лучше, чем я в самом деле... Одни скажут: он был добрый малый, другие — мерзавец. И то и другое будет ложно. После этого стоит ли труда жить? а все живешь — из любопытства: ожидаешь чего-то нового... Смешно и досадно!

Печорин

Неужели шотландскому барду на том свете не платят за каждую отрадную минуту, которую дарит его книга?..

Печорин

Любившая раз тебя не может смотреть без некоторого презрения на прочих мужчин, не потому, чтоб ты был лучше их, о нет! но в твоей природе есть что-то особенное, тебе одному свойственное, что-то гордое и таинственное; в твоем голосе, что бы ты ни говорил, есть власть непобедимая; никто не умеет так постоянно хотеть быть любимым; ни в ком зло не бывает так привлекательно, ничей взор не обещает столько блаженства, никто не умеет лучше пользоваться своими преимуществами и никто не может быть так истинно несчастлив, как ты, потому что никто столько не старается уверить себя в противном.

Вера

Я вышел из ванны свеж и бодр, как будто собирался на бал. После этого говорите, что душа не зависит от тела!..

Печорин

Ожидание насильственной смерти не есть ли уже настоящая болезнь?

Печорин

Думая о близкой и возможной смерти, я думаю об одном себе: иные не делают и этого.

Печорин

Всё вздор на свете!.. Натура — дура, судьба — индейка, а жизнь — копейка!

Драгунский капитан

Гнаться за погибшим счастьем бесполезно и безрассудно.

Печорин

Вот люди! все они таковы: знают заранее все дурные стороны поступка, помогают, советуют, даже одобряют его, видя невозможность другого средства, — а потом умывают руки и отворачиваются с негодованием от того, кто имел смелость взять на себя всю тягость ответственности. Все они таковы, даже самые добрые, самые умные!..

Печорин

Где эти верные люди, видевшие список, на котором назначен час нашей смерти?.. И если точно есть предопределение, то зачем нам дана воля, рассудок? почему мы должны давать отчет в наших поступках?

Офицер N

Часто на лице человека, который должен умереть через несколько часов, есть какой-то странный отпечаток неизбежной судьбы, так что привычным глазам трудно ошибиться.

Печорин

Кто знает наверное, убежден ли он в чем или нет?.. и как часто мы принимаем за убеждение обман чувств или промах рассудка!..

Печорин

Я люблю сомневаться во всем: это расположение ума не мешает решительности характера — напротив, что до меня касается, то я всегда смелее иду вперед, когда не знаю, что меня ожидает. Ведь хуже смерти ничего не случится — а смерти не минуешь!

Печорин

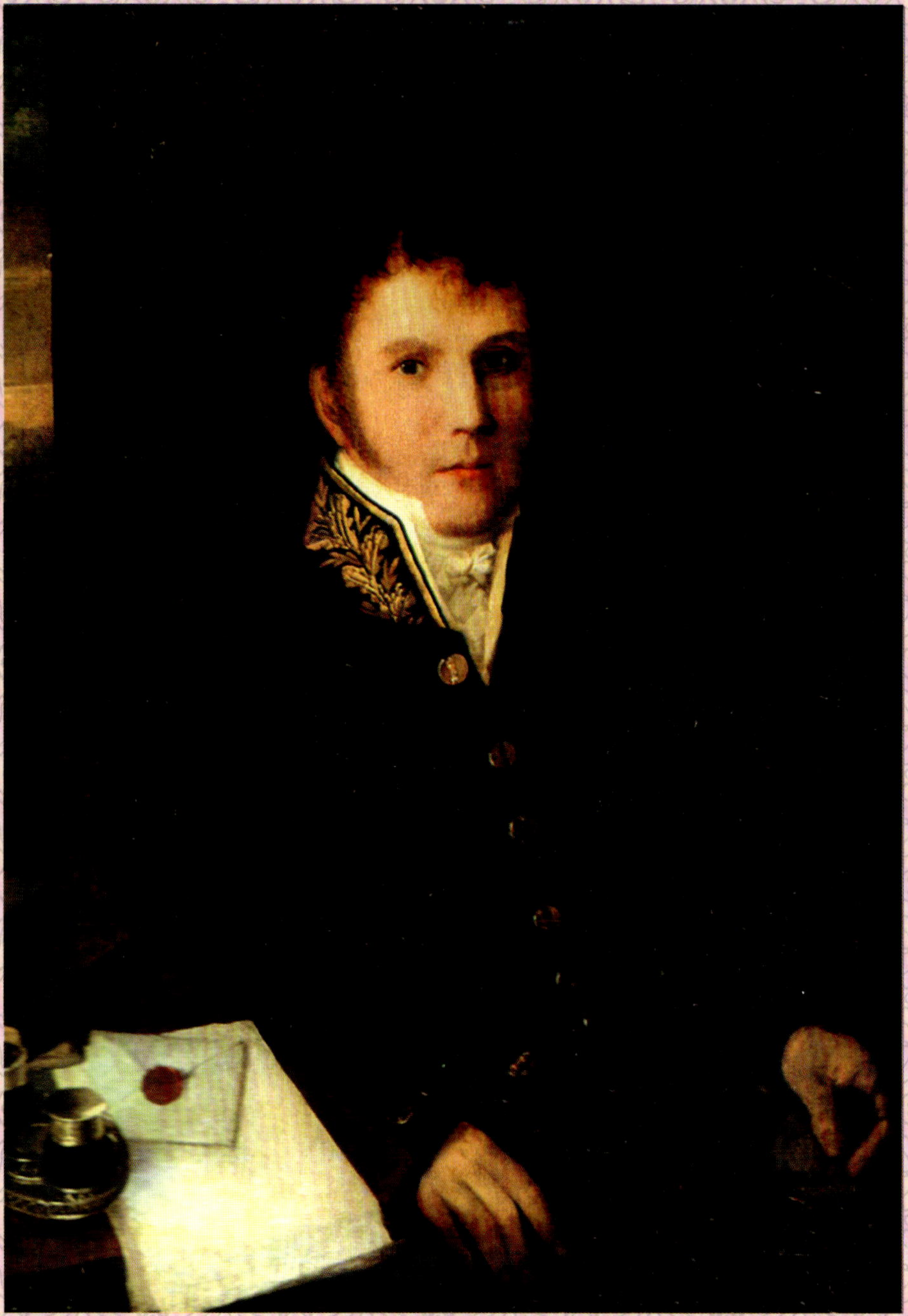

Николай Васильевич Гоголь
(1809–1852)

«Ревизор» (1836)

Чем ближе к натуре, тем лучше, — лекарств дорогих мы не употребляем. Человек простой: если умрет, то и так умрет; если выздоровеет, то и так выздоровеет.

Земляника

Нет человека, который бы за собою не имел каких-нибудь грехов. Это уже так самим богом устроено, и волтерианцы напрасно против этого говорят.

Городничий

Грешки грешкам — рознь. Я говорю всем открыто, что беру взятки, но чем взятки? Борзыми щенками. Это совсем иное дело.

Ляпкин-Тяпкин

В ином случае много ума хуже, чем бы его совсем не было.

Городничий

Таков уже неизъяснимый закон судеб: умный человек либо пьяница, или рожу такую состроит, что хоть святых выноси.

Городничий

Оно конечно, Александр Македонский герой, но зачем же стулья ломать? от этого убыток казне.

Городничий

Не приведи господь служить по ученой части! Всего боишься: всякий мешается, всякому хочется показать, что он тоже умный человек.

Хлопов

Чем больше ломки, тем больше означает деятельности градоправителя.

Городничий

Коли служить, так служи.

Осип

На пустое брюхо всякая ноша кажется тяжела.

Осип

Ведь на то живешь, чтобы срывать цветы удовольствия.

Хлестаков

Все как мухи выздоравливают. Больной не успеет войти в лазарет, как уже здоров; и не столько медикаментами, сколько честностью и порядком.

Земляника

Подгулявши, человек все несет наружу: что на сердце, то и на языке.

Городничий

Когда в городе во всем порядок, улицы выметены, арестанты хорошо содержатся, пьяниц мало... то чего ж мне больше? Ей-ей, и почестей никаких не хочу. Оно, конечно, заманчиво, но пред добродетелью все прах и суета.

Городничий

Все зависит от той стороны, с которой кто смотрит на вещь. Если, например, забастуешь тогда, как нужно гнуть от трех углов... ну, тогда конечно...

Хлестаков

У меня легкость необыкновенная в мыслях.

Хлестаков

Не прилгнувши не говорится никакая речь.

Городничий

Ну, уж вы — женщины! Все кончено, одного этого слова достаточно! Вам все — финтирлюшки! Вдруг брякнут ни из того ни из другого словцо. Вас посекут, да и только, а мужа и поминай как звали.

Городничий

Для любви нет различия; и Карамзин сказал: «Законы осуждают». Мы удалимся под сень струй...

Хлестаков

Что там? веревочка? Давай и веревочку, — и веревочка в дороге пригодится...

Осип

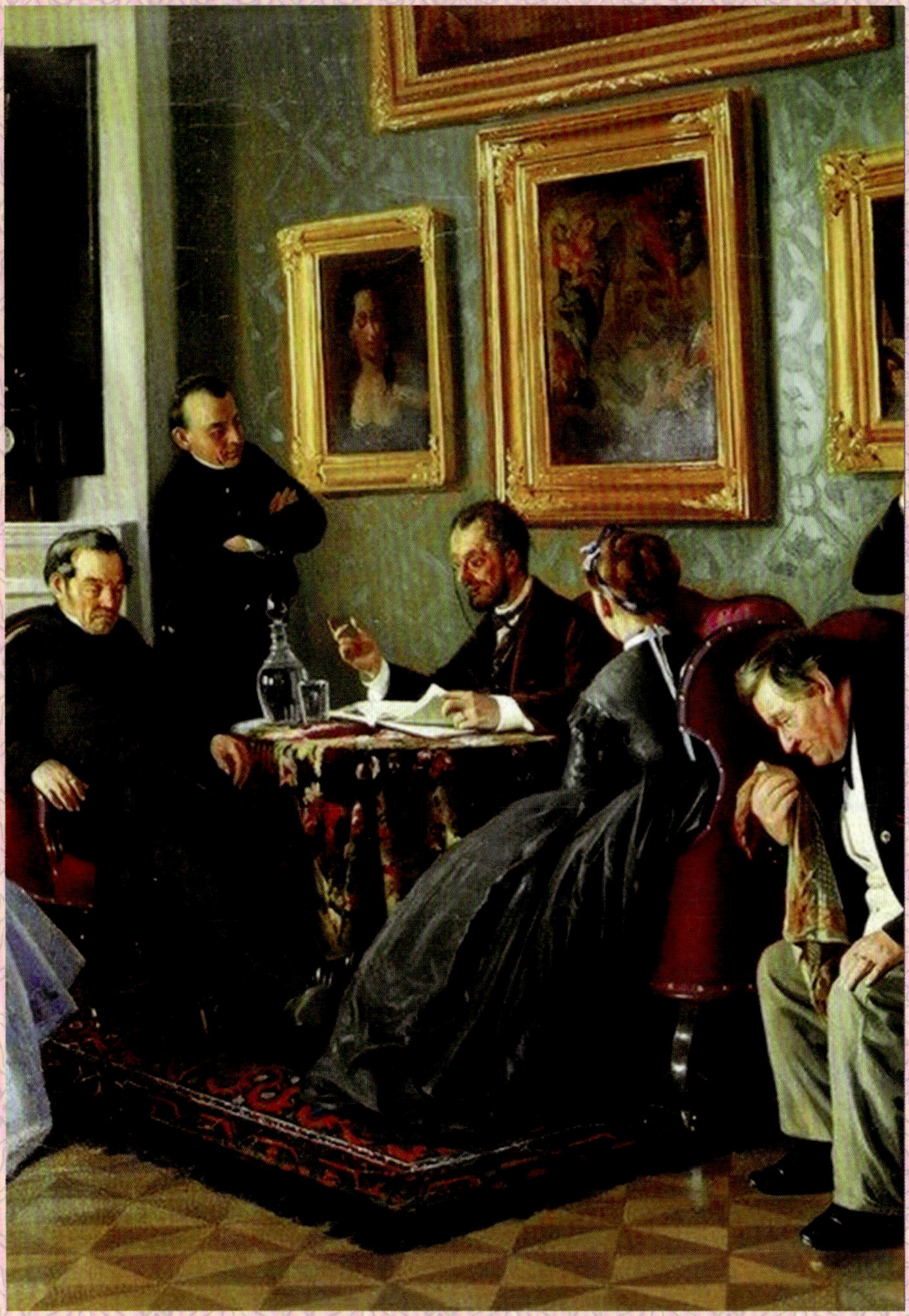

Слово не вредит.

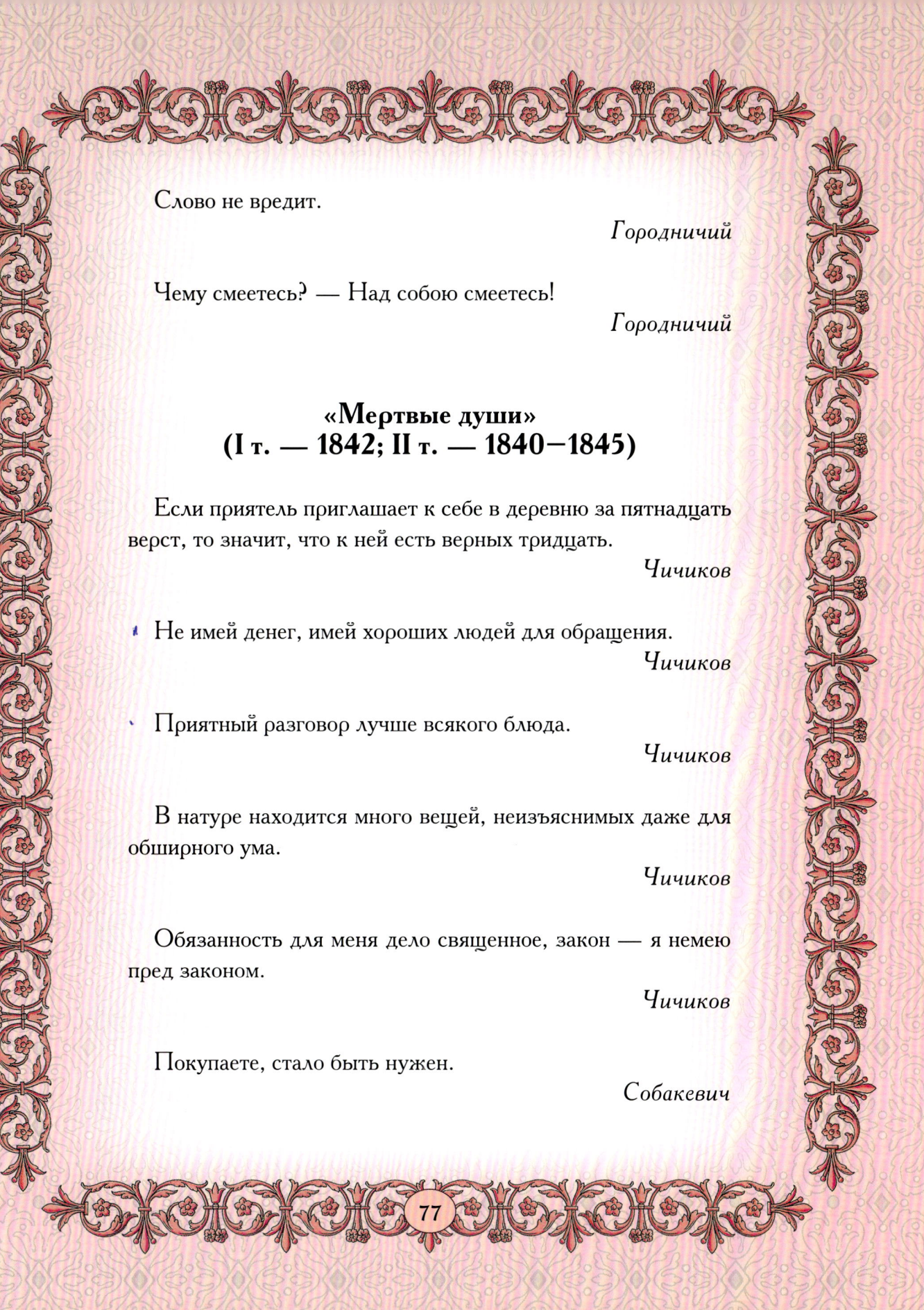

Городничий

Чему смеетесь? — Над собою смеетесь!

Городничий

«Мертвые души»
(I т. — 1842; II т. — 1840−1845)

Если приятель приглашает к себе в деревню за пятнадцать верст, то значит, что к ней есть верных тридцать.

Чичиков

- Не имей денег, имей хороших людей для обращения.

Чичиков

- Приятный разговор лучше всякого блюда.

Чичиков

В натуре находится много вещей, неизъяснимых даже для обширного ума.

Чичиков

Обязанность для меня дело священное, закон — я немею пред законом.

Чичиков

Покупаете, стало быть нужен.

Собакевич

С человеком хорошим мы всегда свои други, тонкие приятели: выпить ли чаю или закусить — с охотою, коли хороший человек. Хорошему человеку всякой отдаст почтение.

Селифан

Закуска не обидное дело; с хорошим человеком можно закусить.

Селифан

Почему ж не посечь, коли за дело? на то воля господская. Оно нужно посечь потому, что мужик балуется, порядок нужно наблюдать. Коли за дело, то и посеки; почему ж не посечь?

Селифан

Ты лучше человеку не дай есть, а коня ты должен накормить, потому что конь любит овес. Это его продовольствие: что примером нам кошт, то для него овес, он его продовольство.

Селифан

Мне лягушку хоть сахаром облепи, не возьму ее в рот, и устрицы тоже не возьму: я знаю, на что устрица похожа.

Собакевич

Это всё выдумали доктора немцы да французы; я бы их перевешал за это! Выдумали диету, лечить голодом! Что у них немецкая жидкокостая натура, так они воображают, что и с русским желудком сладят!

Собакевич

Толкуют — просвещенье, просвещенье, а это просвещенье — фук! Сказал бы и другое слово, да вот только что за столом неприлично.

Собакевич

У меня когда свинина, всю свинью давай на стол; баранина — всего барана тащи, гусь — всего гуся! Лучше я съем двух блюд, да съем в меру, как душа требует.

Собакевич

Нет, кто уж кулак, тому не разогнуться в ладонь! А разогни кулаку один или два пальца, выйдет еще хуже. Попробуй он слегка верхушек какой-нибудь науки, даст он знать потом, занявши место повиднее, всем тем, которые в самом деле узнали какую-нибудь науку. Да еще, пожалуй, скажет потом: «Дай-ка себя покажу!» Да такое выдумает мудрое постановление, что многим придется солоно... Эх, если бы все кулаки!..

Чичиков

Что по искренности происходит между короткими друзьями, то должно остаться во взаимной их дружбе.

Собакевич

Соболезнование в карман не положишь.

Плюшкин

Хорошего общества человека хоть где узнаешь: он и не ест, а сыт; а как эдакой какой-нибудь воришка, да его сколько ни корми...

Плюшкин

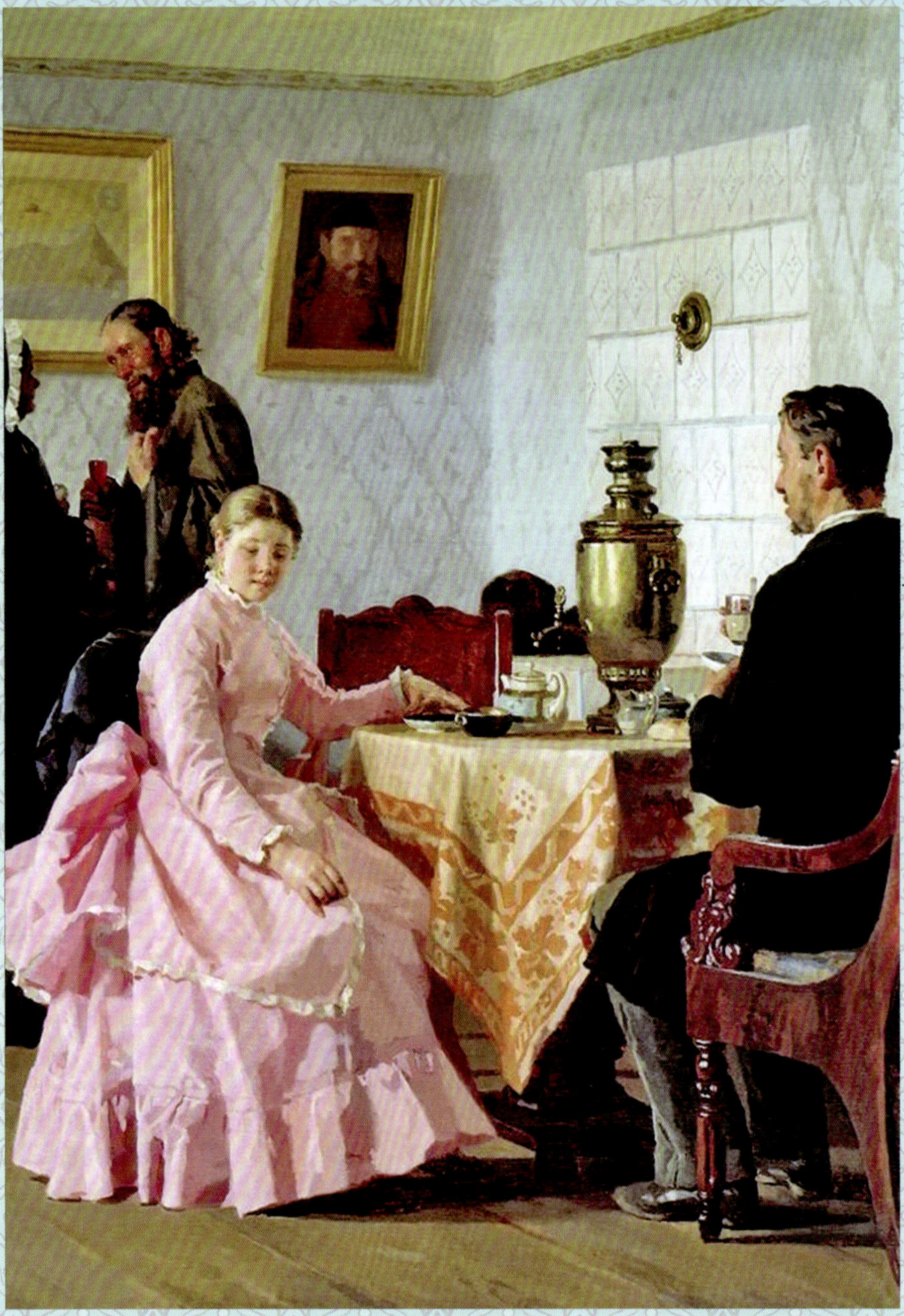

От судов нужно отрезать полы собственного кафтана да уходить подалее.

Чичиков

Плохо на свете! Нет житья русскому человеку, всё немцы мешают.

Максим Телятников

Как бы то ни было, цель человека всё еще не определена, если он не стал наконец твердой стопою на прочное основание, а не на какую-нибудь вольнодумную химеру юности.

Чичиков

Русской человек способен ко всему и привыкает ко всякому климату. Пошли его хоть в Камчатку да дай только теплые рукавицы, он похлопает руками, топор в руки, и пошел рубить себе новую избу.

Иван Григорьевич

Что жизнь наша? — Долина, где поселились горести. Что свет? — Толпа людей, которая не чувствует.

Неизвестная

Женщины, это такой предмет... — просто и говорить нечего! Поди-ка попробуй рассказать или передать всё то, что бегает на их лицах, все те излучинки, намеки, а вот, просто, ничего не передашь. Одни глаза их такое бесконечное государство, в которое заехал человек — и поминай как звали! Уж его оттуда ни крючком, ничем не вытащишь. Ну, попробуй, например, рассказать один блеск их: влажный, бархатный, сахарный: бог их знает, какого нет еще! и жесткий, и мягкий, и даже совсем томный, или, как иные говорят, в неге, или без неги, но пуще нежели в неге, так вот зацепит за сердце, да и поведет по всей душе, как будто смычком. Нет, просто не приберешь слова: галантёрная половина человеческого рода, да и ничего больше!

Чичиков

Известно, зачем берешь взятку и покривишь душой: для того, чтобы жене достать на шаль или на разные роброны, провал их возьми, как их называют. А из чего? чтобы не сказала какая-нибудь подстёга Сидоровна, что на почтмейстерше лучше было платье, да из-за нее бух тысячу рублей.

Чичиков

Кричат: «бал, бал, веселость!» Просто, дрянь бал, не в русском духе, не в русской натуре, чорт знает что такое: взрослый, совершеннолетний вдруг выскочит весь в черном, общипанный, обтянутый, как чортик, и давай месить ногами. Иной даже, стоя в паре, переговаривается с другим об важном деле, а ногами в то же самое время, как козленок, вензеля направо и налево... Всё из обезьянства, всё из обезьянства! Что француз в сорок лет такой же ребенок, каким был и в пятнадцать, так вот давай же и мы!

Чичиков

После всякого бала, точно, как будто какой грех сделал; и вспомнить даже о нем не хочется. В голове, просто, ничего, как после разговора с светским человеком: всего он наговорит, всего слегка коснется, всё скажет, что понадергал из книжек, пестро, красно, а в голове хоть бы что-нибудь из того вынес, и видишь потом, как даже разговор с простым купцом, знающим одно свое дело, но знающим его твердо и опытно, лучше всех этих побрякушек. Ну что из него выжмешь, из этого бала?

Чичиков

Баба, что мешок, что положат, то несет.

Неизвестный

Ведь если разобрать хорошенько дело, так, на поверку, у тебя всего только и было, что густые брови.

Чичиков

Учись, не дури и не повесничай, а больше всего угождай учителям и начальникам. Коли будешь угождать начальнику, то, хоть и в науке не успеешь и таланту бог не дал, всё пойдешь в ход и всех опередишь. С товарищами не водись, они тебя добру не научат; а если уж пошло на то, так водись с теми, которые побогаче, чтобы при случае могли быть тебе полезными. Не угощай и не потчевай никого, а веди себя лучше так, чтобы тебя угощали, а больше всего береги и копи копейку: эта вещь надежнее всего на свете. Товарищ или приятель тебя надует и в беде первый тебя выдаст, а копейка не выдаст, в какой бы беде ты ни был. Всё сделаешь и всё прошибешь на свете копейкой.

Иван Чичиков

Способности и дарования? это всё вздор, я смотрю только на поведенье. Я поставлю полные баллы во всех науках тому,

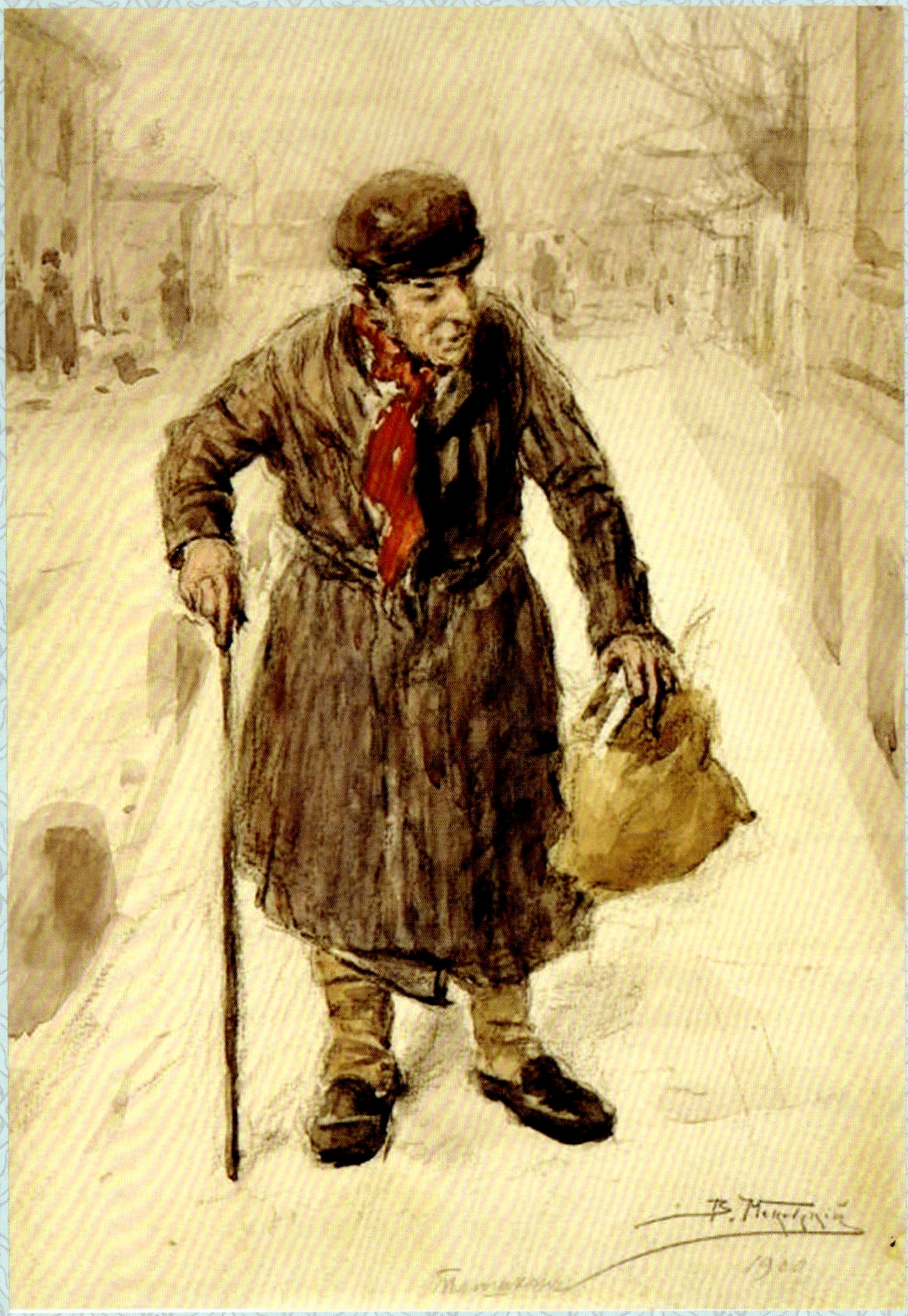

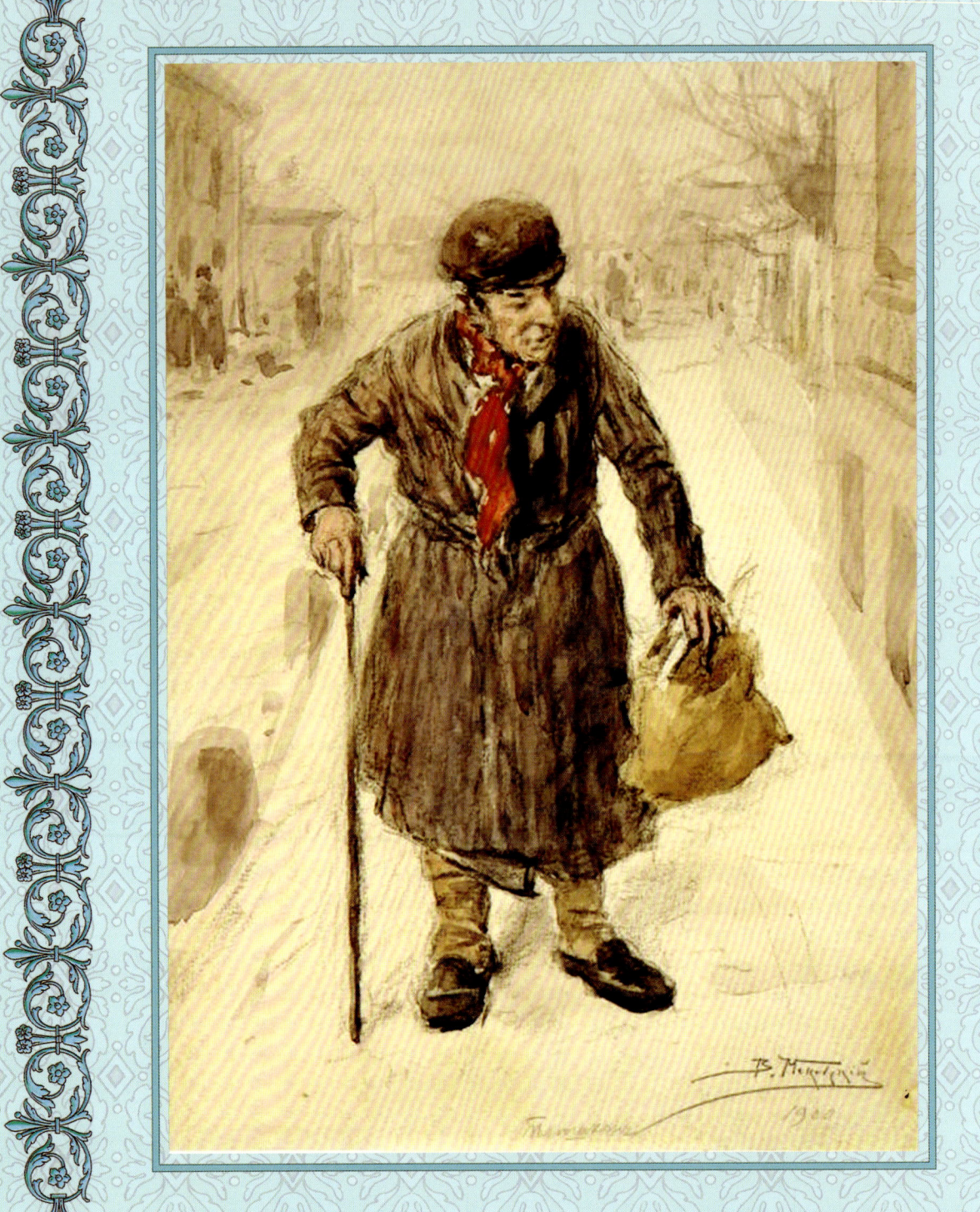

кто ни аза не знает, да ведет себя похвально; а в ком я вижу дурной дух да насмешливость, я тому нуль, хотя он Солона заткни за пояс!

Учитель

Зацепил — поволок, сорвалось — не спрашивай! Плачем горю не пособить, нужно дело делать.

Чичиков

Один умер, другой родится, а всё в дело годится.

Секретарь

Зверь родится нагишом. Почему же именно нагишом? Почему не так, как птица, почему не вылупливается из яйца? Как, право, того: совсем не поймешь натуры, как побольше в нее углубишься!

Кифа Мокиевич

Гласность-то — вот беда!

Кифа Мокиевич

Кто помышляет о том, чтобы быть умным, тому некогда шалить: шалость должна исчезнуть сама собою.

Александр Петрович

На всё нужно родиться счастливцем.

Тентетников

Если уже избрана цель, уж нужно идти напролом.

Чичиков

Что глядеть на то, что человек плюется! Человек всегда плюется: он так уж создан. Да вы не отыщете теперь во всем свете такого, который бы не плевался.

Чичиков

Все требуют к себе любви... Что ж делать? И скотинка любит, чтобы ее погладили: сквозь хлев просунет для этого морду — на, погладь!

Чичиков

Провинция не стоит того, чтобы в ней жить.

Николаша

Мало едите, вот и всё. Попробуйте-ка хорошенько пообедать. Ведь это в последнее время выдумали скуку; прежде никто не скучал.

Петух

Видеть свет, коловращенье людей — кто что ни говори, есть как бы живая книга, вторая наука.

Чичиков

А ведь теперь беда та, что себя никак не убережешь. Целовальники такие завели теперь настойки, что с одной рюмки так те живот станет драть, что воды ведро бы выпил. Не успеешь опомниться, как всё спустишь. Много соблазну. Лукавый, что ли, миром ворочает, ей богу! Всё заводят, чтобы сбить с толку мужиков: и табак, и всякие такие... Человек — не удержишься.

Мужик

У меня работай — первое; мне ли, или себе, но уж я не дам никому залежаться. Я и сам работаю как вол, и мужики у меня, потому что испытал, брат: вся дрянь лезет в голову оттого, что не работаешь.

Костанжогло

Разговор с иным тот же червонец.

Чичиков

Трудно дать понять мужику, что есть высшие побуждения, которые доставляет человеку просвещенная роскошь, искусство и художество.

Кошкарев

Если только одеть половину русских мужиков в немецкие штаны — науки возвысятся, торговля подымется и золотой век настанет в России.

Кошкарев

Просвещение должно быть открыто всем.

Кошкарев

Ведь досадно то, что русской характер портится. Ведь теперь явилось в русском характере донкишотство, которого никогда не было. Просвещенье придет ему в ум — сделается Дон-Кишотом просвещенья, заведет такие школы, что дураку в ум не войдет. Выйдет из школы такой человек, что никуда не годится; ни в деревню, ни в город, только что пьяница, да чувствует свое достоинство. В человеколюбье пойдет — сделается Дон-Кишотом человеколюбья: настроит на миллион

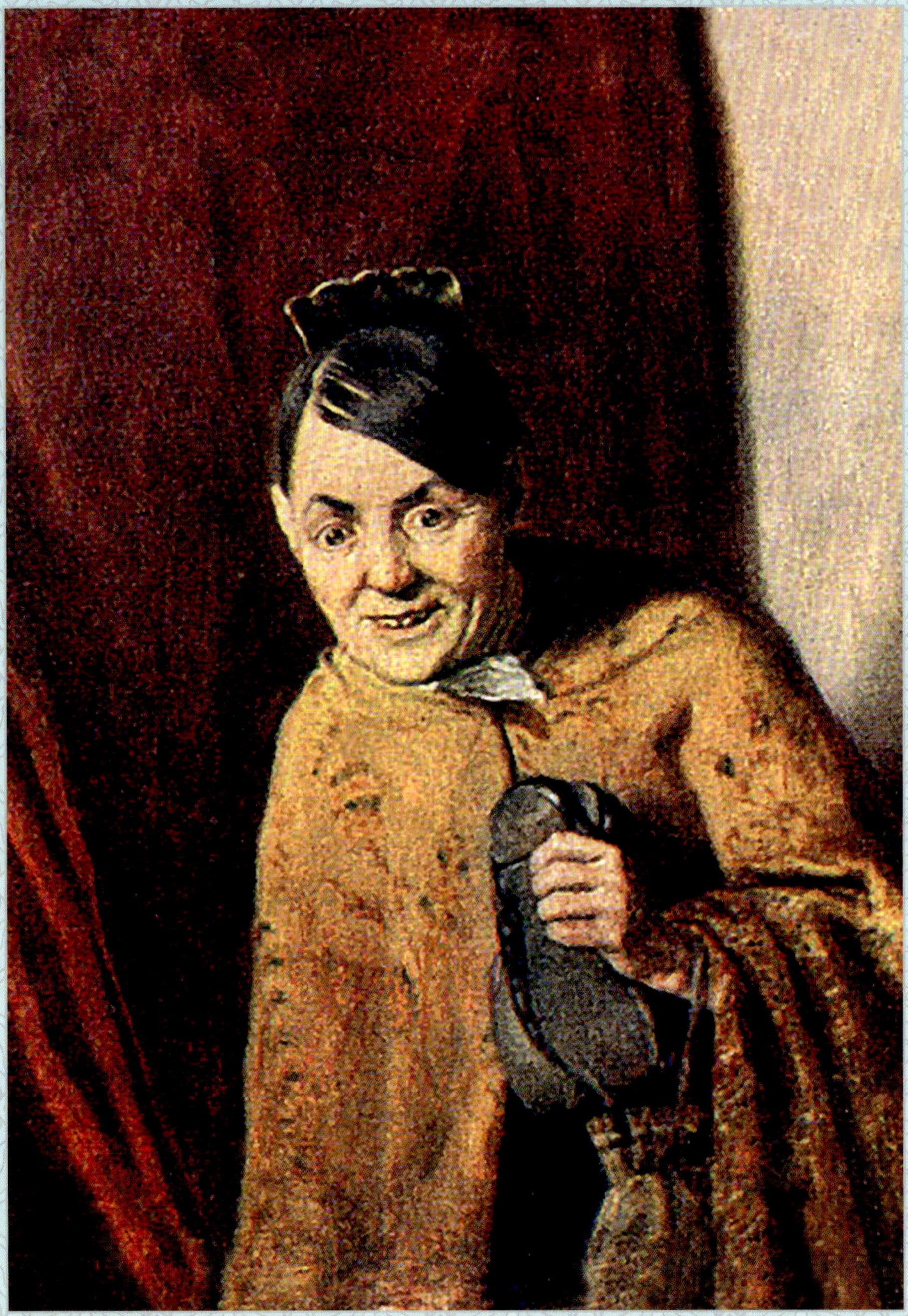

рублей бестолковейших больниц да заведений с колоннами, разорится да и пустит всех по миру: вот тебе и человеколюбье.

Костанжогло

Думают, как просветить мужика. Да ты сделай его прежде богатым да хорошим хозяином, а там он сам выучится.

Костанжогло

Возделывай землю в поте лица своего, сказано. Тут нечего мудрить. Это уж опытом веков доказано, что в земледельческом звании человек нравственней, чище, благородней, выше. Не говорю не заниматься другим, но чтобы в основание легло хлебопашество, вот что.

Костанжогло

Пусть же, если входит разврат в мир, так не через мои руки. Пусть я буду перед богом прав...

Костанжогло

Бог предоставил себе дело творенья, как высшее всех наслажденье, и требует от человека также, чтобы он был подобным творцом благоденствия вокруг себя.

Костанжогло

Надобно иметь любовь к труду. Без этого ничего нельзя сделать. Надобно полюбить хозяйство, да. И, поверьте, это вовсе не скучно. Выдумали, что в деревне тоска — да я бы умер, повесился от тоски, если бы хотя один день провел в городе так, как проводят они в этих глупых своих клубах, трактирах да театрах. Дураки, дурачье, ослиное поколенье!

• Хозяину нельзя, нет времени скучать. В жизни его и на полвершка нет пустоты, всё полнота. Одно это разнообразье занятий, и притом каких занятий! — занятий, истинно возвышающих дух. Как бы то ни было, но ведь тут человек идет рядом с природой, с временами года, соучастник и собеседник всего, что совершается в творении.

Костанжогло

• Тысячи трудно без греха, а миллионы наживаются легко. Миллионщику нечего прибегать к кривым путям. Прямой дорогой так и ступай, всё бери, что ни лежит перед тобой. Другой не подымет: всякому не по силам, нет соперников.

Костанжогло

Что всего непостижимей — что дело ведь началось из копейки.

Чичиков

• Кто родился с тысячами и воспитался на тысячах, тот уже не приобретет, у того уже завелись и прихоти, и мало ли чего нет.

Костанжогло

Начинать нужно с начала, а не с середины, с копейки, а не с рубля, снизу, а не сверху. Тут только узнаешь хорошо люд и быт, среди которых придется потом изворачиваться. Как вытерпишь на собственной коже то да другое, да как узнаешь, что всякая копейка алтынным гвоздем прибита, да как перейдешь все мытарства, тогда тебя умудрит и вышколит так, что уж не дашь промаха ни в каком предприятьи и не оборвешься.

Поверьте, это правда. С начала нужно начинать, а не с середины.

Костанжогло

Кто говорит мне: «Дайте мне 100 тысяч, я сейчас разбогатею», я тому не поверю: он бьет наудачу, а не наверняка. С копейки нужно начинать.

Костанжогло

Случился падеж, уж тут нечего глядеть на свое добро: тут всё свое продай да снабди мужика скотиной, чтобы он не оставался и одного дни без средств производить работу. А ведь теперь и годами не поправишь. И мужик уже изленился, загулял, сделался пьяница. Да этим только, что один год дал ему пробыть без работы, ты уж его развратил навеки: уж привык к лохмотью и бродяжничеству.

Костанжогло

Сам возьми в руку заступ, жену, детей, дворню заставь; безделица! умри, скотина, на работе. Умрешь, по крайней мере, исполняя долг, а не то, обожравшись, — свиньей за обедом!

Костанжогло

Смотрите на пользу, а не на красоту. Красота сама придет.

Костанжогло

Природа любит терпение: и это закон, данный ей самим богом, ублажавшим терпеливых.

Костанжогло

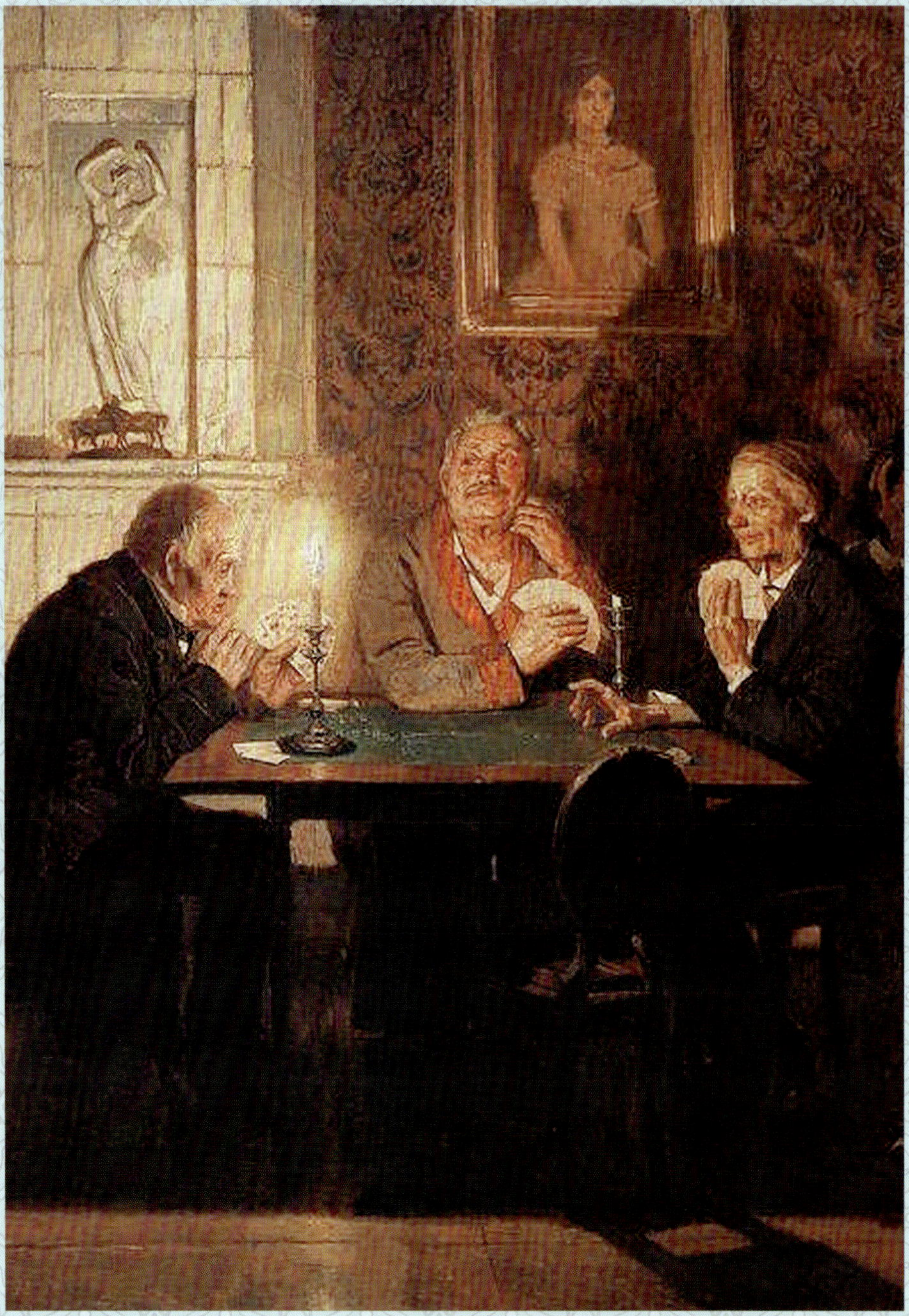

Русской человек, вижу по себе, не может без понукателя... Так и задремлет, так и закиснет.

Хлобуев

Отчего русской человек способен так задремать и закиснуть, что, если не смотришь за простым человеком, сделается и пьяницей, и негодяем.

Платон Платонов

Вот мы просветились, слушали в университете, а на что годимся? Ну, чему я выучился? Порядку жить не только не выучился, а еще больше выучился искусству побольше издерживать деньги на всякие новые утонченности да больше познакомился с такими предметами, на которые нужны деньги. Выучился только издерживаться на всякой комфорт. Оттого ли, что я бестолково учился? Нет, ведь так и другие товарищи. Два, три человека извлекли себе настоящую пользу, да и то оттого, может быть, что и без того были умны, а прочие ведь только и стараются узнать то, что портит здоровье да и выманивает деньги.

Платон Платонов

Иной раз, право, мне кажется, что будто русский человек — какой-то пропащий человек. Хочешь всё сделать — и ничего не можешь. Всё думаешь: с завтрашнего дни начнешь новую жизнь. С завтрашнего дни сядешь на диету — ничуть не бывало: к вечеру того же дни так объешься, что только хлопаешь глазами, и язык не ворочается; как сова сидишь, глядя на всех, право. И этак все.

Платон Платонов

Мы совсем не для благоразумия рождены. Я не верю, чтобы из нас был кто-нибудь благоразумным. Если я вижу, что иной даже и порядочно живет, собирает и копит деньгу, не верю я и тому. На старости и его черт попутает: спустит потом всё вдруг. И все так, право, и просвещенные и непросвещенные. Нет, чего-то другого недостает, а чего, и сам не знаю.

Платон Платонов

Слуги не сословие; подать что-нибудь может всякой, и для этого не стоит заводить особых людей.

Василий Платонов

Русский человек потуда хорош и расторопен и не лентяй, покуда он ходит в рубашке и зипуне; но... как только заберется в немецкой сюртук, станет вдруг неуклюж и нерасторопен, и лентяй, и рубашки не переменяет, и в баню перестает вовсе ходить, и спит в сюртуке, и заведутся у него под сюртуком немецким и клопы, и блох несчетное множество.

Василий Платонов

Не столько самое преступленье, сколько соблазн вредоносен.

Чичиков

В праздности приходят искушения, о которых бы и не подумал человек, занявшись работою.

Муразов

Да как же жить без работы? Как быть на свете без должности, без места? Помилуйте! Взгляните на всякое творенье божье: всякое чему-нибудь да служит, имеет свое отправление. Даже камень, и тот затем, чтобы употреблять на дело, а человек, разумнейшее существо, чтобы оставался без пользы, — статочное ли это дело?

Муразов

Как воспитать тому детей, кто сам себя не воспитал? Детей ведь только можно воспитать примером собственной жизни.

Муразов

Как жить на свете неприкрепленну ни к чему? Какой-нибудь да должен исполнять долг. Поденщик, ведь и тот служит. Он ест грошовый хлеб, да ведь он его добывает и чувствует интерес своего занятия.

Муразов

Ведь ничего нет по нашим силам. Всё свыше наших сил. Без помощи свыше ничего нельзя. Но молитва собирает силы. Перекрестясь, говорит человек: «Господи, помилуй», гребет и доплывает до берега. Об этом не нужно и помышлять долго; это нужно просто принять за повеленье божие.

Муразов

Если бы хоть кто-нибудь из тех людей, которые любят добро, да употребили бы столько усилий для него, как вы для добыванья своей копейки, да сумели бы так пожертвовать для добра и собственным самолюбием, и честолюбием, не жалея себя, как вы не жалели для добыванья своей копейки, боже мой, как процветала <бы> наша земля!

Муразов

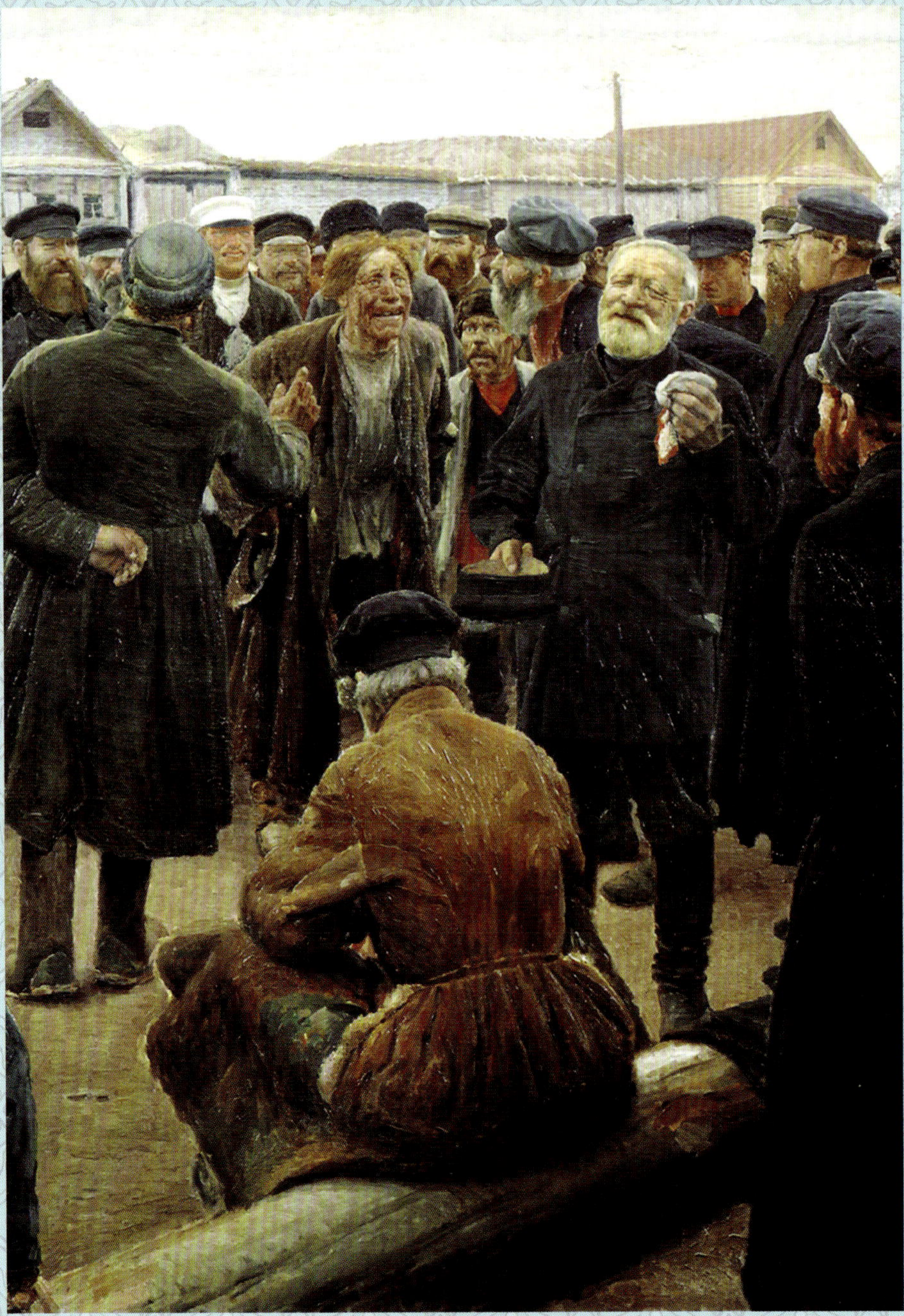

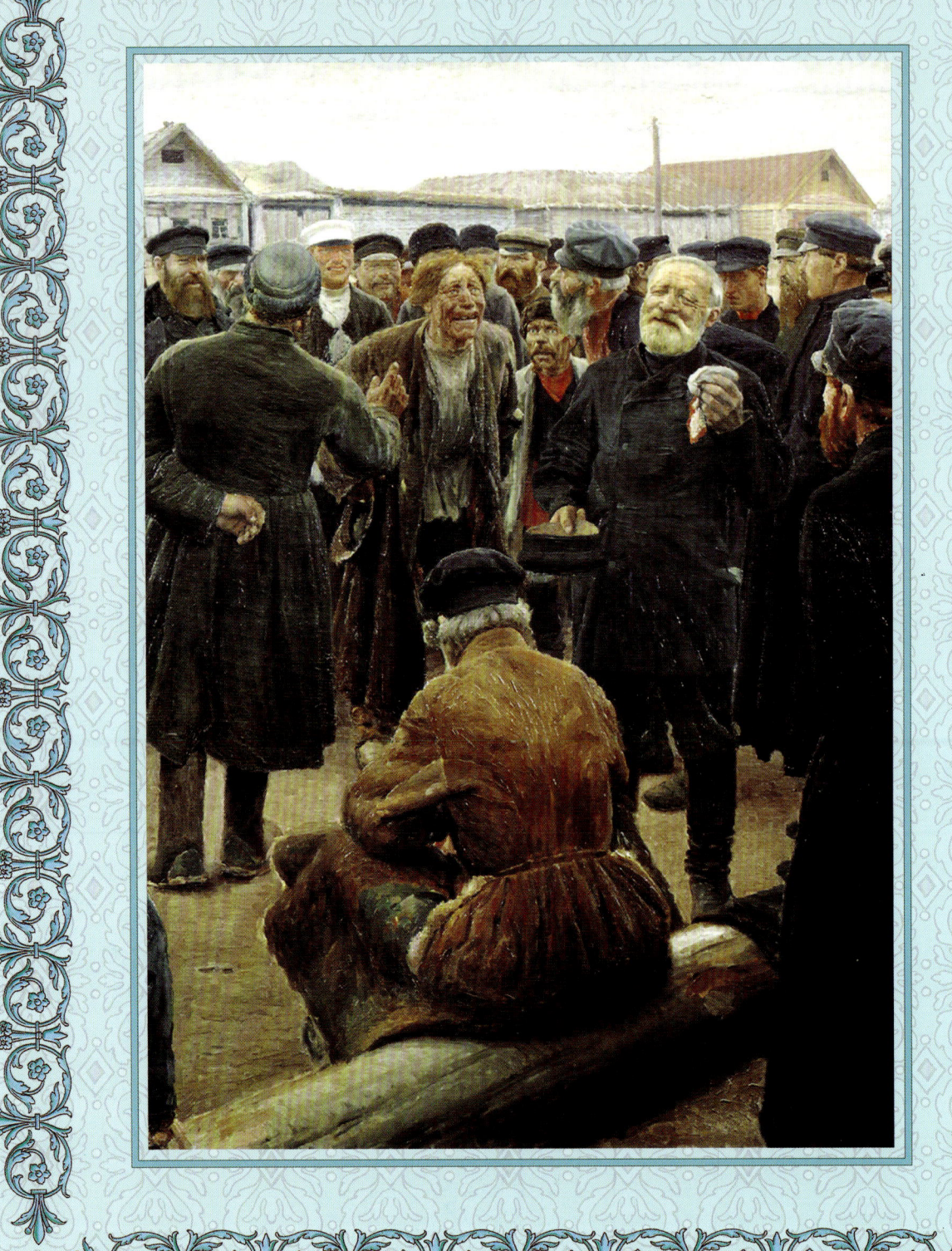

Забудьте этот шумный мир и все его обольстительные прихоти; пусть и он вас позабудет: в нем нет успокоенья. Вы видите: всё в нем враг, искуситель или предатель.

Муразов

Пример сильней правил.

Чичиков

Как же не защищать человека, когда знаешь, что он половину зол делает от грубости и неведенья? Ведь мы делаем несправедливости на всяком шагу даже и не с дурным намереньем и всякую минуту бываем причиной несчастия другого.

Муразов

Стыдно в такое время думать о своей прибыли, когда умирают с голода.

Муразов

У русского человека, даже и у того, кто похуже других, все-таки чувство справедливо.

Муразов

Дело не в этом имуществе, из-за которого спорят люди и режут друг друга. Точно как можно завести благоустройство в здешней жизни, не помысливши о другой жизни.

Муразов

Покамест, брося всё, из-за чего грызут и едят друг друга на земле, не подумают о благоустройстве душевного имущества, не установится благоустройство и земного имущества.

Наступят времена голода и бедности, как во всем народе, так и порознь во всяком... Это-с ясно. Что ни говорите, ведь от души зависит тело. Как же хотеть, чтобы <шло> как следует! Подумайте не о мертвых душах, а <о> своей живой душе, да и с богом на другую дорогу!

Муразов

Знаю, что никакими средствами, никакими страхами, никакими наказаньями нельзя искоренить неправды, она слишком уже глубоко вкоренилась.

Князь

Бесчестное дело брать взятки сделалось необходимостью и потребностью даже и для таких людей, которые и не рождены быть бесчестными.

Князь

Все-таки скорей подчиненному следует применяться к нраву начальника, чем начальнику к нраву подчиненного. Это законней, по крайней мере, и легче, потому что у подчиненных один начальник, а у начальника сотня подчиненных.

Князь

Гибнет уже земля наша не от нашествия двадцати иноплеменных языков, а от нас самих; что уже, мимо законного управленья, образовалось другое правленье, гораздо сильнейшее всякого законного. Установились свои условия, всё оценено, и цены даже приведены во всеобщую известность. И никакой правитель, хотя бы он был мудрее всех законодателей и правителей, не в силах поправить зла, как <ни>

ограничивай он в действиях дурных чиновников приставленьем в надзиратели других чиновников. Всё будет безуспешно, покуда не почувствовал из нас всяк, что он так же, как в эпоху восстанья народ вооружался против <врагов?>, так должен восстать против неправды.

Князь

Ты всё бы хотел нас видеть прибранными, да выбритыми, да во фраках. Нет, ты полюби нас черненькими, а беленькими нас всякий полюбит.

Чичиков

Будьте всегда покойны и не смущайтесь ничем, даже если бы и хуже что произошло. Никогда и ни в чем не отчаивайтесь: нет дела неисправимого.

Юрисконсульт

Хорошо, если подберешь такие обстоятельства, которые способны пустить в глаза мглу.

Чичиков

От частого упражнения и голова сделается находчивою.

Юрисконсульт

По мне, или иметь вещь, которая бы, точно, была уже отличнейшая, или уж лучше вовсе не иметь.

Вишнепокромов

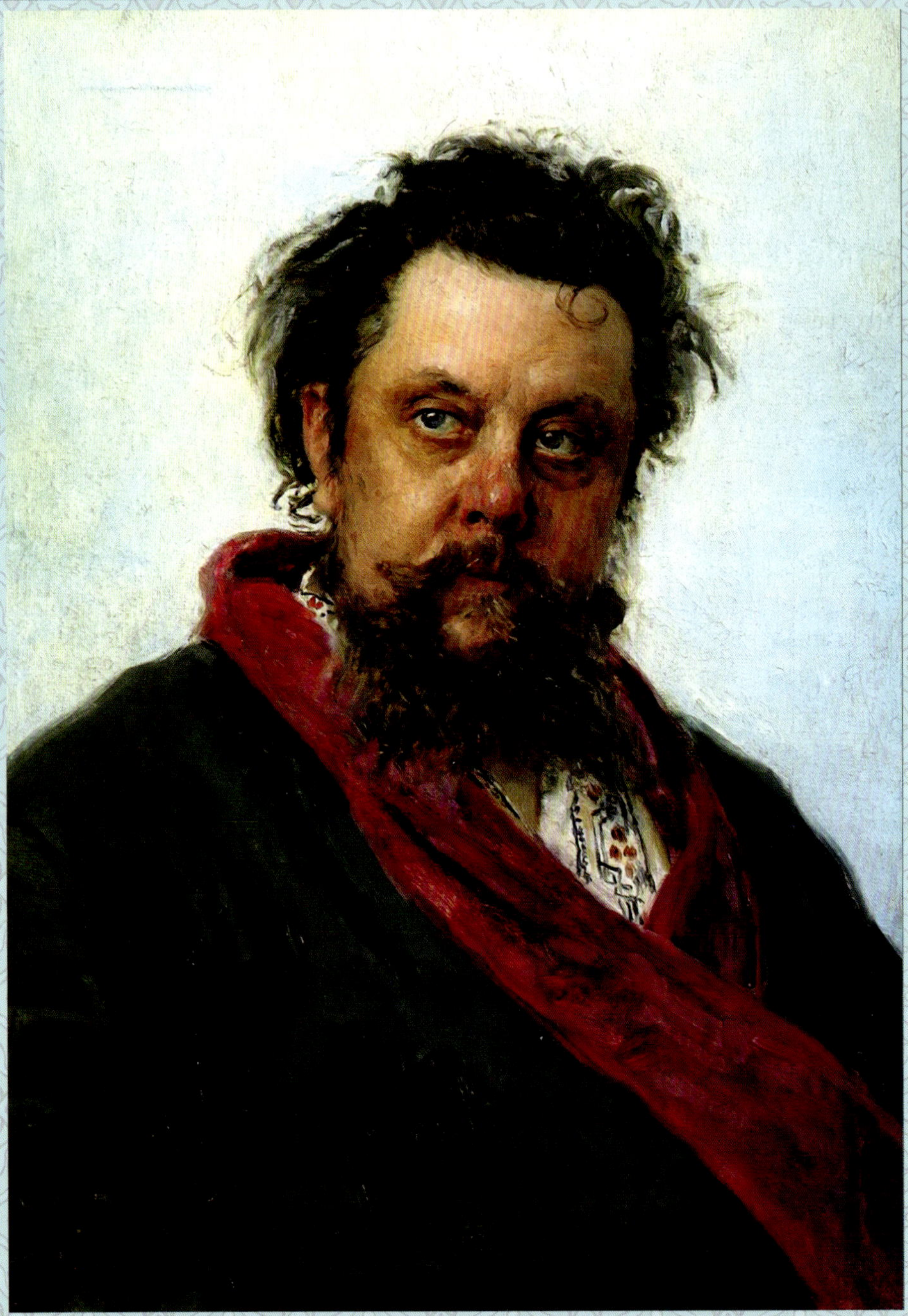

Александр Николаевич Островский

(1823–1886)

«Гроза» (1859)

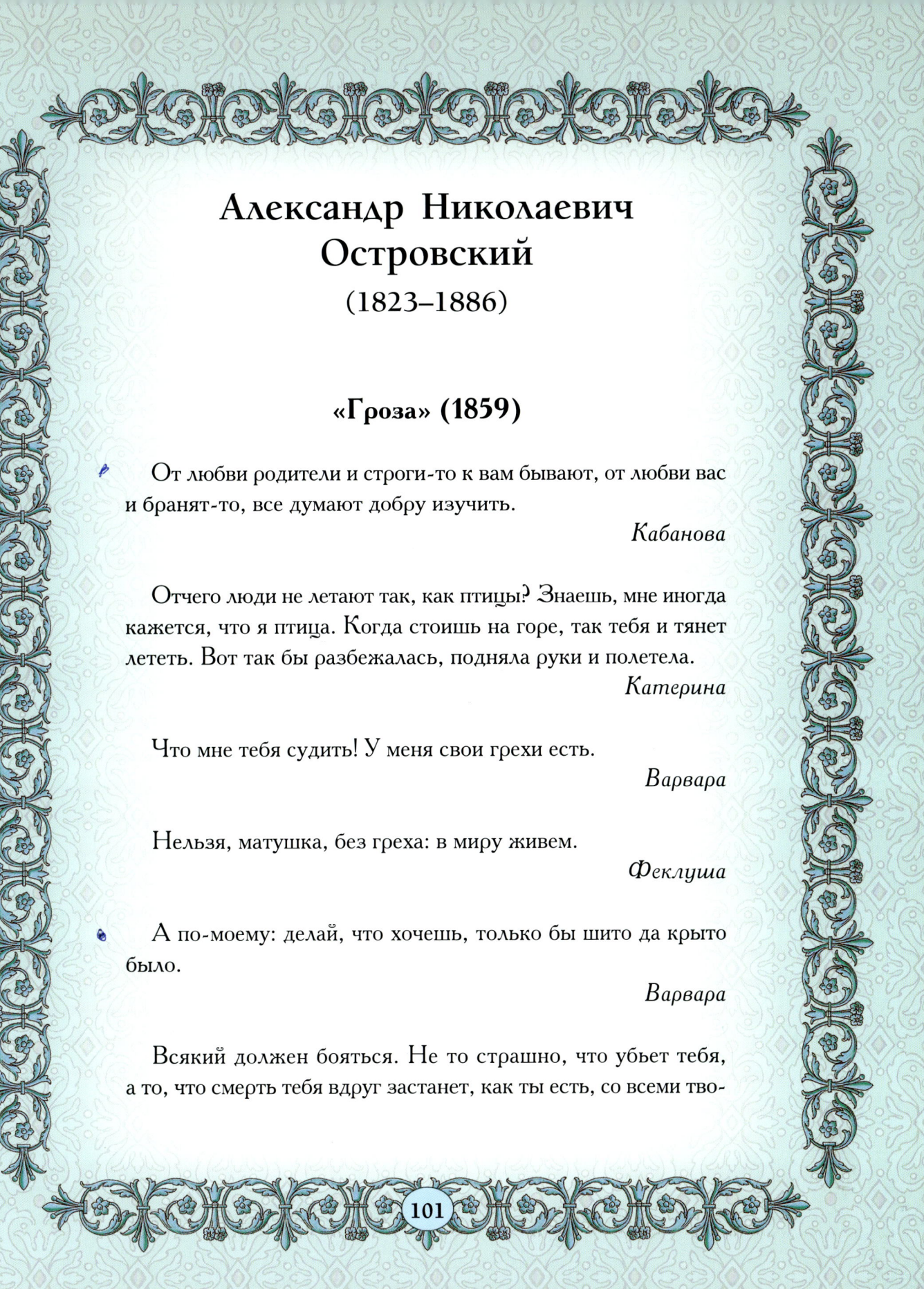

От любви родители и строги-то к вам бывают, от любви вас и бранят-то, все думают добру изучить.

Кабанова

Отчего люди не летают так, как птицы? Знаешь, мне иногда кажется, что я птица. Когда стоишь на горе, так тебя и тянет лететь. Вот так бы разбежалась, подняла руки и полетела.

Катерина

Что мне тебя судить! У меня свои грехи есть.

Варвара

Нельзя, матушка, без греха: в миру живем.

Феклуша

А по-моему: делай, что хочешь, только бы шито да крыто было.

Варвара

Всякий должен бояться. Не то страшно, что убьет тебя, а то, что смерть тебя вдруг застанет, как ты есть, со всеми твоими грехами, со всеми помыслами лукавыми. Мне умереть не страшно, а как я подумаю, что вот вдруг я явлюсь перед богом такая, какая я здесь с тобой, после этого разговору-то, — вот что страшно.

Катерина

Все к сердцу-то принимать, так в чахотку скоро попадешь.

Кабанов

С этакой-то неволи от какой хочешь красавицы-жены убежишь.

Кабанов

Молодость-то что значит! Смешно смотреть-то даже на них! Кабы не свои, насмеялась бы досыта. Ничего-то не знают, никакого порядка. Проститься-то путем не умеют. Хорошо еще, у кого в доме старшие есть, ими дом-то и держится, пока живы.

Кабанова

А ведь тоже, глупые, на свою волю хотят; а выйдут на волю-то, так и путаются на покор да смех добрым людям. Конечно, кто и пожалеет, а больше все смеются. Да не смеяться-то нельзя: гостей позовут, посадить не умеют, да еще, гляди, позабудут кого из родных. Смех, да и только! Так-то вот старина-то и выводится.

Кабанова

Вот так-то и гибнет наша сестра-то. В неволе-то кому весело! Мало ли что в голову-то придет. Вышел случай, другая и рада: так очертя голову и кинется. А как же это можно, не подумавши, не рассудивши-то! Долго ли в беду попасть! А там и плачься всю жизнь, мучайся; неволя-то еще горчее покажется. А горька неволя, ох, как горька! Кто от нее не плачет! А пуще всех мы, бабы.

Катерина

В другой дом и взойти-то не хочется. А и взойдешь-то, так плюнешь, да вон скорее. Что будет, как старики перемрут, как будет свет стоять, уж и не знаю.

Кабанова

Ведь это суета! Вот хоть бы в Москве: бегает народ взад и вперед, неизвестно зачем. Вот она суета-то и есть. Суетный народ, матушка Марфа Игнатьевна, вот он и бегает. Ему представляется-то, что он за делом бежит; торопится, бедный, людей не узнает; ему мерещится, что его манит некто, а придет на место-то, ан пусто, нет ничего, мечта одна. И пойдет в тоске. А другому мерещится, что будто он догоняет кого-то знакомого. Со стороны-то свежий человек сейчас видит, что никого нет; а тому-то все кажется от суеты, что он догоняет. Суета-то, ведь она вроде туману бывает.

Феклуша

Назвать-то всячески можно, пожалуй, хоть машиной назови; народ-то глуп, будет всему верить.

Кабанова

Что вышла замуж, что схоронили — все одно.

Борис

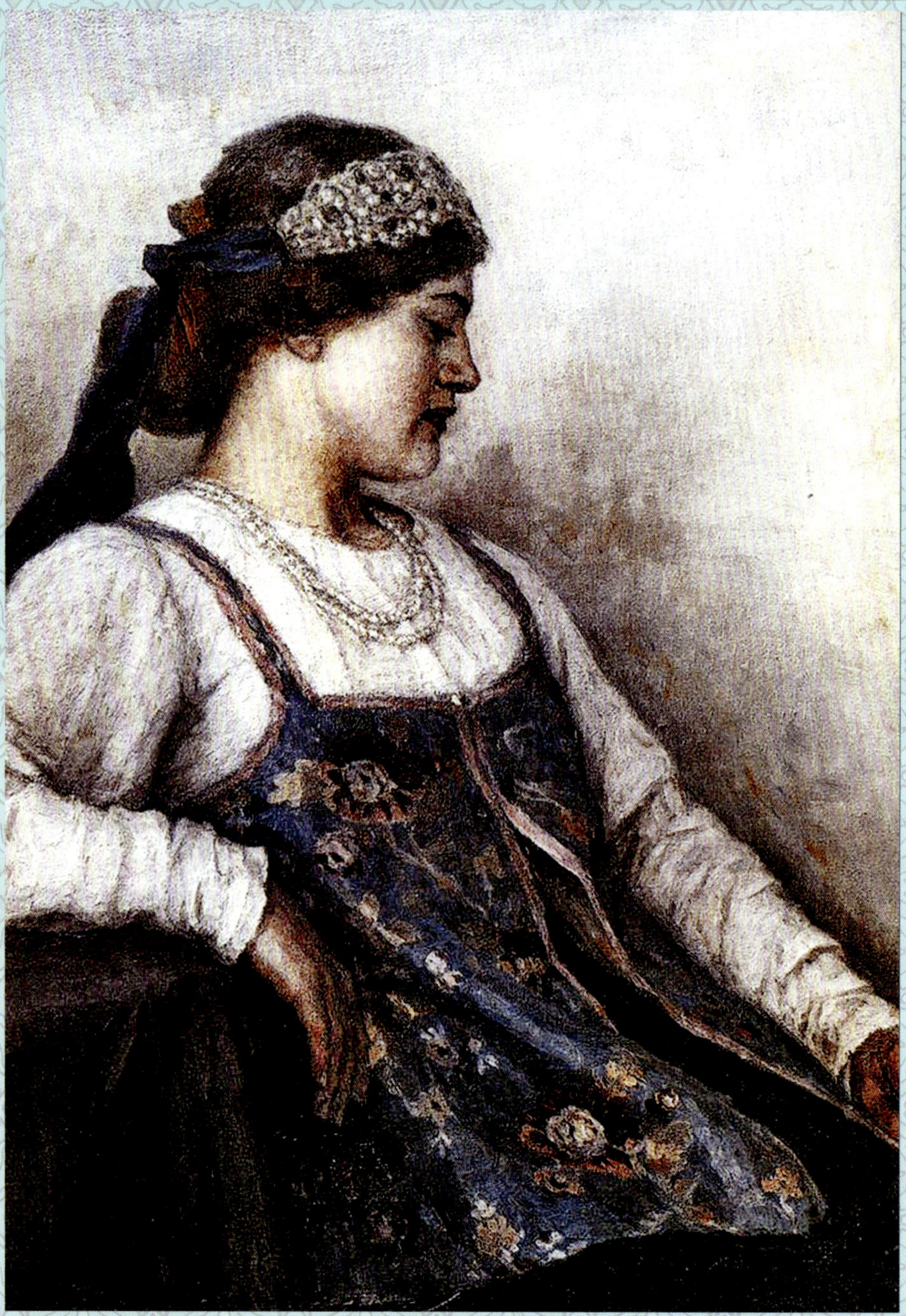

Дни-то и часы все те же как будто остались, а время-то, за наши грехи, все короче и короче делается.

Феклуша

Всё шито да крыто — никто ничего не видит и не знает, видит только один бог! Ты, говорит, смотри, в людях меня да на улице, а до семьи моей тебе дела нет; на это, говорит, у меня есть замки, да запоры, да собаки злые.

Кулигин

Семья, говорит, дело тайное, секретное! Знаем мы эти секреты-то! От этих секретов-то, сударь, ему только одному весело, а остальные волком воют. Да и что за секрет? Кто его не знает! Ограбить сирот, родственников, племянников, заколотить домашних так, чтобы ни об чем, что он там творит, пискнуть не смели. Вот и весь секрет.

Кулигин

Коли я для тебя греха не побоялась, побоюсь ли я людского суда?

Катерина

Говорят, даже легче бывает, когда за какой-нибудь грех здесь, на земле, натерпишься.

Катерина

Гроза-то нам в наказание посылается, чтобы мы чувствовали, а ты хочешь шестами да рожнами какими-то, прости господи, обороняться.

Дикой

Захочу — помилую, захочу — раздавлю.

Дикой

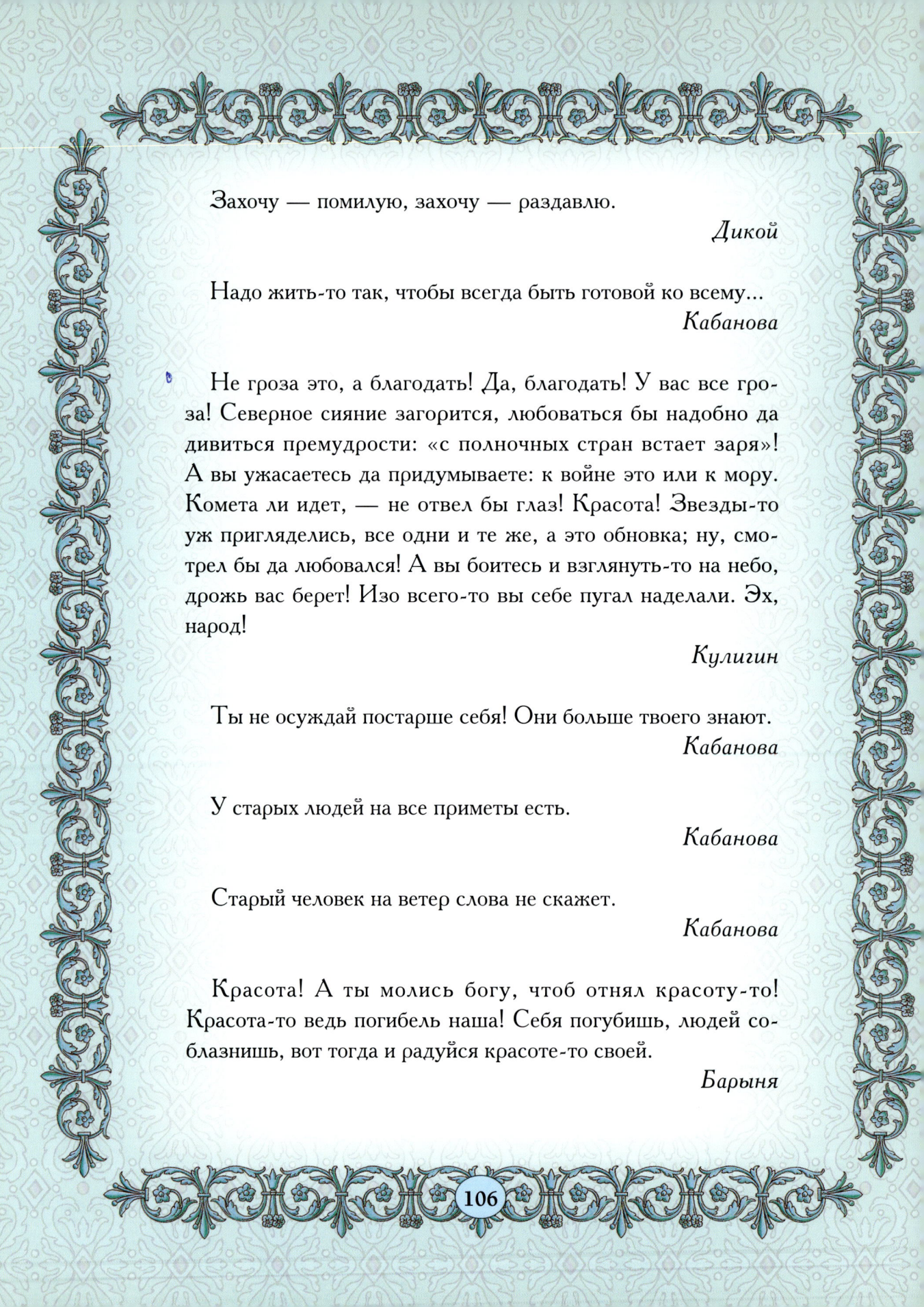

Надо жить-то так, чтобы всегда быть готовой ко всему...

Кабанова

Не гроза это, а благодать! Да, благодать! У вас все гроза! Северное сияние загорится, любоваться бы надобно да дивиться премудрости: «с полночных стран встает заря»! А вы ужасаетесь да придумываете: к войне это или к мору. Комета ли идет, — не отвел бы глаз! Красота! Звезды-то уж пригляделись, все одни и те же, а это обновка; ну, смотрел бы да любовался! А вы боитесь и взглянуть-то на небо, дрожь вас берет! Изо всего-то вы себе пугал наделали. Эх, народ!

Кулигин

Ты не осуждай постарше себя! Они больше твоего знают.

Кабанова

У старых людей на все приметы есть.

Кабанова

Старый человек на ветер слова не скажет.

Кабанова

Красота! А ты молись богу, чтоб отнял красоту-то! Красота-то ведь погибель наша! Себя погубишь, людей соблазнишь, вот тогда и радуйся красоте-то своей.

Барыня

Много, много народу в грех введешь! Вертопрахи на поединки выходят, шпагами колют друг друга. Весело! Старики старые, благочестивые об смерти забывают, соблазняются на красоту-то! А кто отвечать будет? За все тебе отвечать придется. В омут лучше с красотой-то!

Барыня

Нет, говорят, своего-то ума. И, значит, живи век чужим.

Кабанов

В могиле лучше... Под деревцом могилушка... как хорошо!.. Солнышко ее греет, дождичком ее мочит... весной на ней травка вырастет, мягкая такая... птицы прилетят на дерево, будут петь, детей выведут, цветочки расцветут: желтенькие, красненькие, голубенькие... всякие, всякие... Так тихо, так хорошо!

Катерина

Вот вам ваша Катерина. Делайте с ней, что хотите! Тело ее здесь, возьмите его; а душа теперь не ваша: она теперь перед судией, который милосерднее вас!

Кулигин

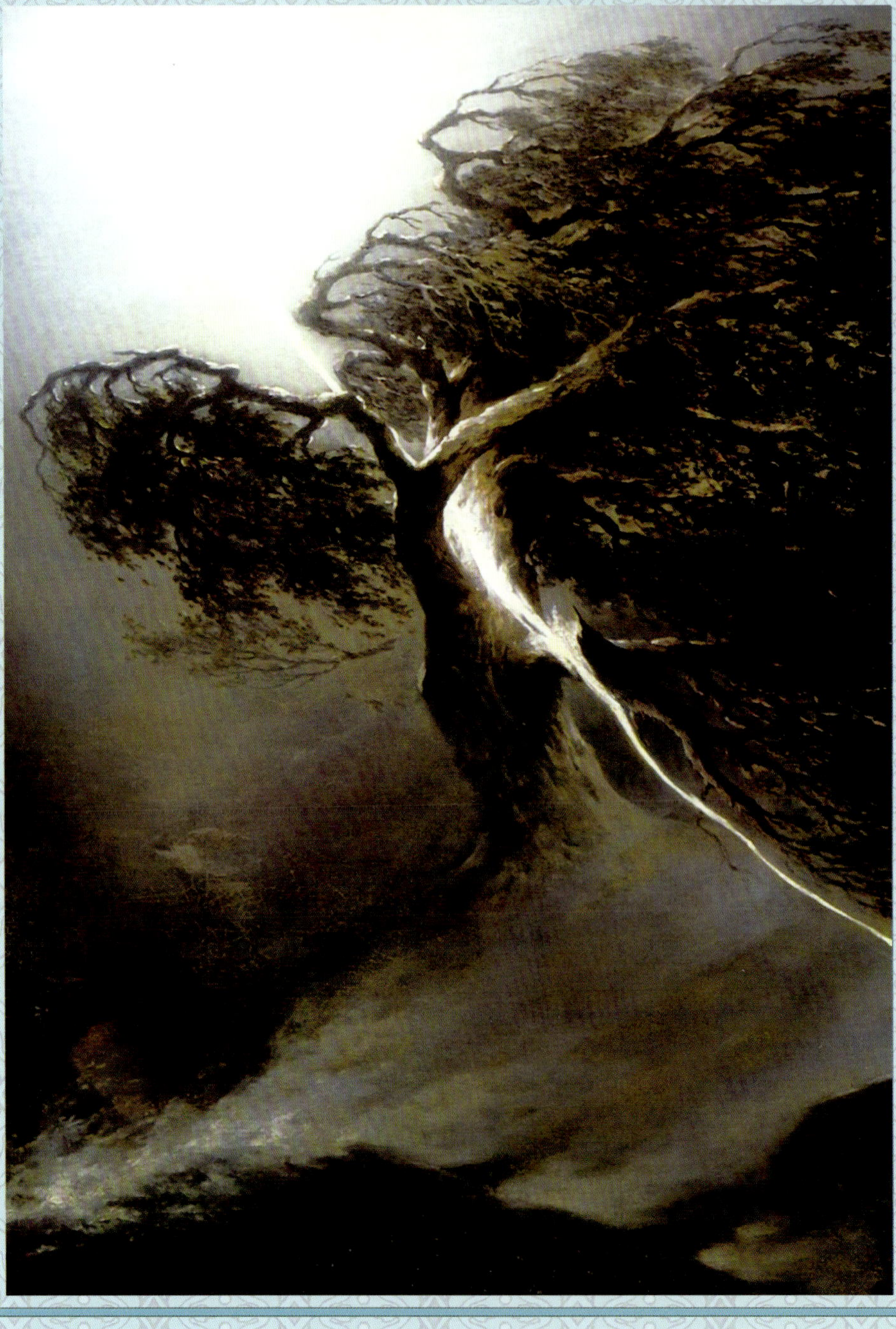

Иван Сергеевич Тургенев
(1818–1883)

«Отцы и дети» (1862)

Удивительное дело... эти старенькие романтики! Разовьют в себе нервную систему до раздражения... ну, равновесие и нарушено.

Базаров

Все-таки это поощрять надо — английские рукомойники, то есть прогресс!

Базаров

Сын отцу не судья.

Аркадий Кирсанов

Мне скажут дело, я соглашаюсь, вот и всё.

Базаров

Порядочный химик в двадцать раз полезнее всякого поэта.

Базаров

Беда пожить этак годков пять в деревне, в отдалении от великих умов! Как раз дурак дураком станешь. Ты стараешься не забыть того, чему тебя учили, а там — хвать! — оказывается, что все это вздор, и тебе говорят, что путные люди этакими пустяками больше не занимаются и что ты, мол, отсталый колпак. Что делать! Видно, молодежь точно умнее нас.

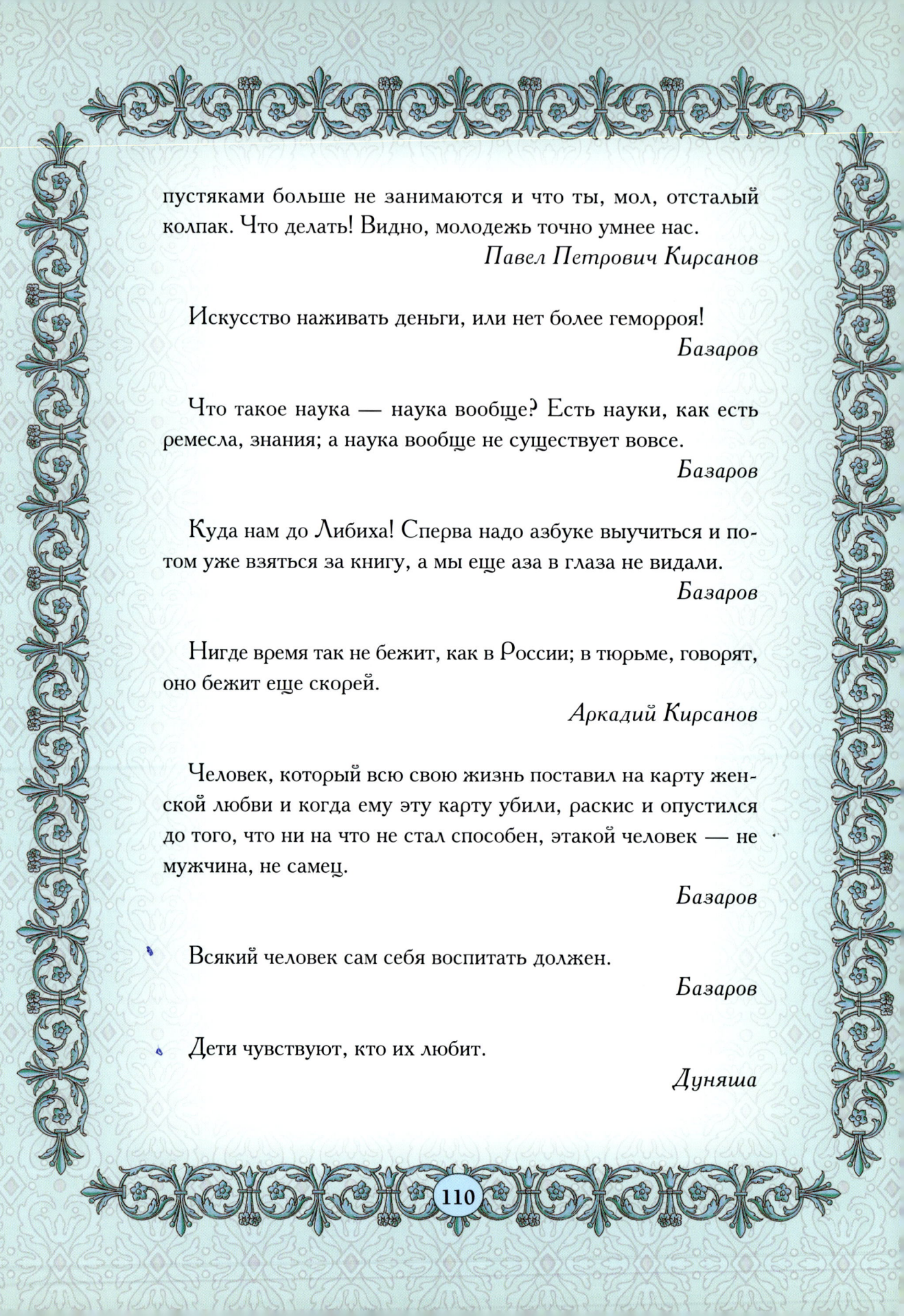

Павел Петрович Кирсанов

Искусство наживать деньги, или нет более геморроя!

Базаров

Что такое наука — наука вообще? Есть науки, как есть ремесла, знания; а наука вообще не существует вовсе.

Базаров

Куда нам до Либиха! Сперва надо азбуке выучиться и потом уже взяться за книгу, а мы еще аза в глаза не видали.

Базаров

Нигде время так не бежит, как в России; в тюрьме, говорят, оно бежит еще скорей.

Аркадий Кирсанов

Человек, который всю свою жизнь поставил на карту женской любви и когда ему эту карту убили, раскис и опустился до того, что ни на что не стал способен, этакой человек — не мужчина, не самец.

Базаров

Всякий человек сам себя воспитать должен.

Базаров

Дети чувствуют, кто их любит.

Дуняша

А что касается до времени — отчего я от него зависеть буду? Пускай же лучше оно зависит от меня.

Базаров

Это все распущенность, пустота! И что за таинственные отношения между мужчиной и женщиной? Мы, физиологи, знаем, какие это отношения. Ты проштудируй-ка анатомию глаза: откуда тут взяться, как ты говоришь, загадочному взгляду? Это все романтизм, чепуха, гниль, художество.

Базаров

Она мать — ну и права.

Базаров

Русский человек только тем и хорош, что он сам о себе прескверного мнения.

Базаров

Важно то, что дважды два четыре, а остальное все пустяки.

Базаров

• Природа не храм, а мастерская, и человек в ней работник.

Базаров

И охота же быть романтиком в нынешнее время!

Базаров

Аристократизм — принсип, а без принсипов жить в наше время могут одни безнравственные или пустые люди.

Павел Петрович Кирсанов

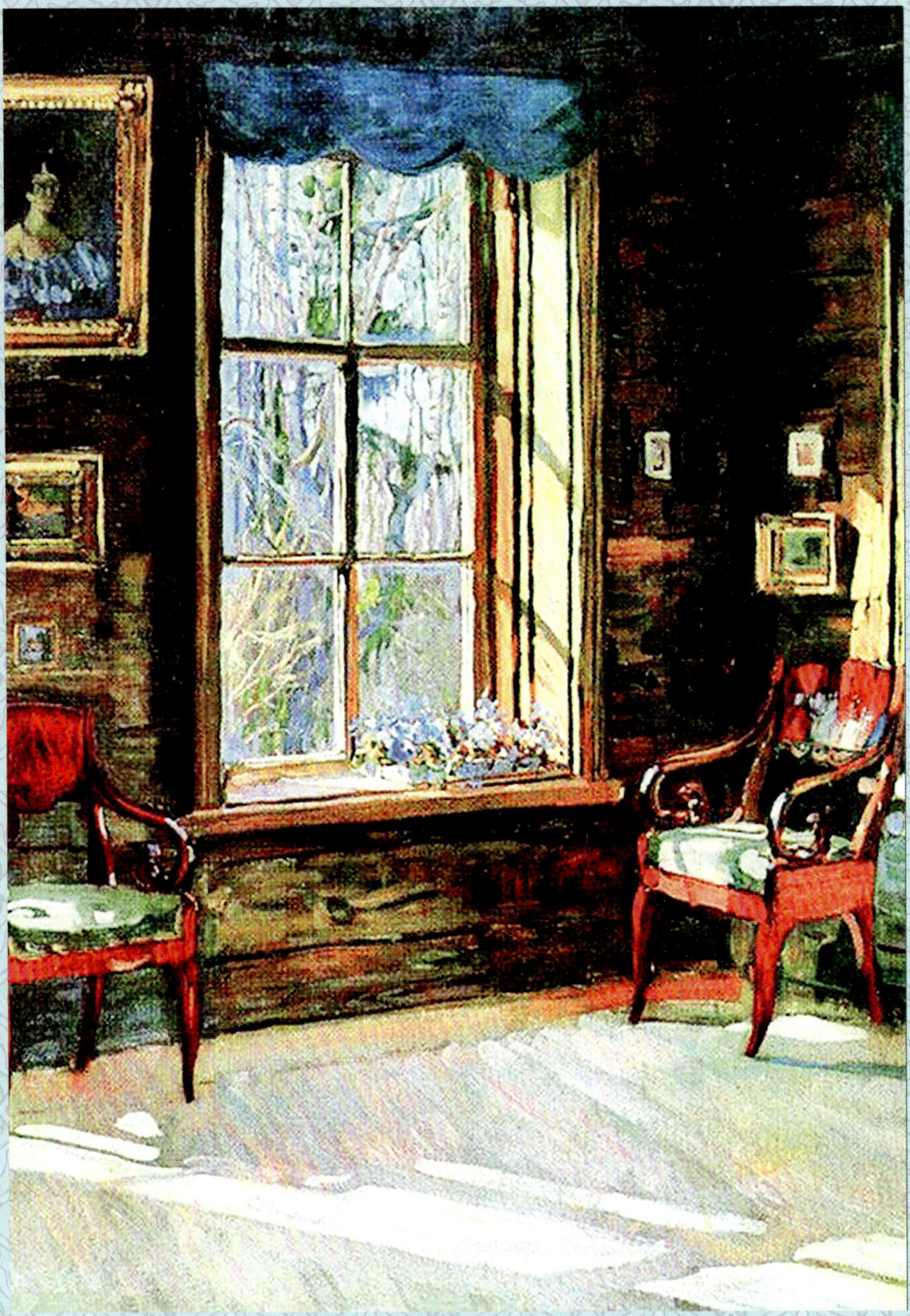

Без чувства собственного достоинства, без уважения к самому себе, — а в аристократе эти чувства развиты, — нет никакого прочного основания общественному... благу, общественному зданию.

Павел Петрович Кирсанов

- Личность, милостивый государь, — вот главное: человеческая личность должна быть крепка, как скала, ибо на ней все строится.

Павел Петрович Кирсанов

Аристократизм, либерализм, прогресс, принципы... подумаешь, сколько иностранных... и бесполезных слов! Русскому человеку они даром не нужны.

Базаров

Мы действуем в силу того, что мы признаем полезным. В теперешнее время полезнее всего отрицание — мы отрицаем.

Базаров

Мы догадались, что болтать, все только болтать о наших язвах не стоит труда, что это ведет только к пошлости и доктринерству; мы увидали, что и умники наши, так называемые передовые люди и обличители, никуда не годятся, что мы занимаемся вздором, толкуем о каком-то искусстве, бессознательном творчестве, о парламентаризме, об адвокатуре и черт знает о чем, когда дело идет о насущном хлебе, когда грубейшее суеверие нас душит, когда все наши акционерные общества лопаются единственно оттого, что оказывается недостаток в честных людях, когда самая свобода, о которой хлопочет правительство, едва ли пойдет нам впрок, потому что мужик наш рад самого себя обокрасть, чтобы только напиться дурману в кабаке.

Базаров

Мы ломаем, потому что мы сила.

Аркадий Кирсанов

Сперва гордость почти сатанинская, потом глумление. Вот, вот чем увлекается молодежь, вот чему покоряются неопытные сердца мальчишек!

Павел Петрович Кирсанов

Рафаэль гроша медного не стоит.

Базаров

Прежде молодым людям приходилось учиться; не хотелось им прослыть за невежд, так они поневоле трудились. А теперь им стоит сказать: все на свете вздор! — и дело в шляпе. Молодые люди обрадовались. И в самом деле, прежде они просто были болваны, а теперь они вдруг стали нигилисты.

Павел Петрович Кирсанов

И такая надутая эта нынешняя молодежь! Спросишь иного: какого вина вы хотите, красного или белого? «Я имею привычку предпочитать красное!» — отвечает он басом и с таким важным лицом, как будто вся вселенная глядит на него в это мгновение...

Павел Петрович Кирсанов

Однажды я с покойницей матушкой поссорился: она кричала, не хотела меня слушать... Я наконец сказал ей, что вы, мол, меня понять не можете; мы, мол, принадлежим к двум различным поколениям. Она ужасно обиделась, а я подумал: что делать? Пилюля горька — а проглотить ее нужно. Вот теперь настала наша очередь, и наши наследники могут сказать нам: вы мол, не нашего поколения, глотайте пилюлю.

Николай Петрович Кирсанов

Я люблю комфорт жизни. Это не мешает мне быть либералом.

Ситников

Кусок мяса лучше куска хлеба даже с химической точки зрения.

Базаров

[Женщин] следует презирать, и я их презираю, вполне и совершенно! Ни одна из них не была бы в состоянии понять нашу беседу; ни одна из них не стоит того, чтобы мы, серьезные мужчины, говорили о ней!

Ситников

Я ничьих мнений не разделяю: я имею свои.

Базаров

На нашем наречии и для нашего брата «не ладно» значит «ладно». Пожива есть, значит.

Базаров

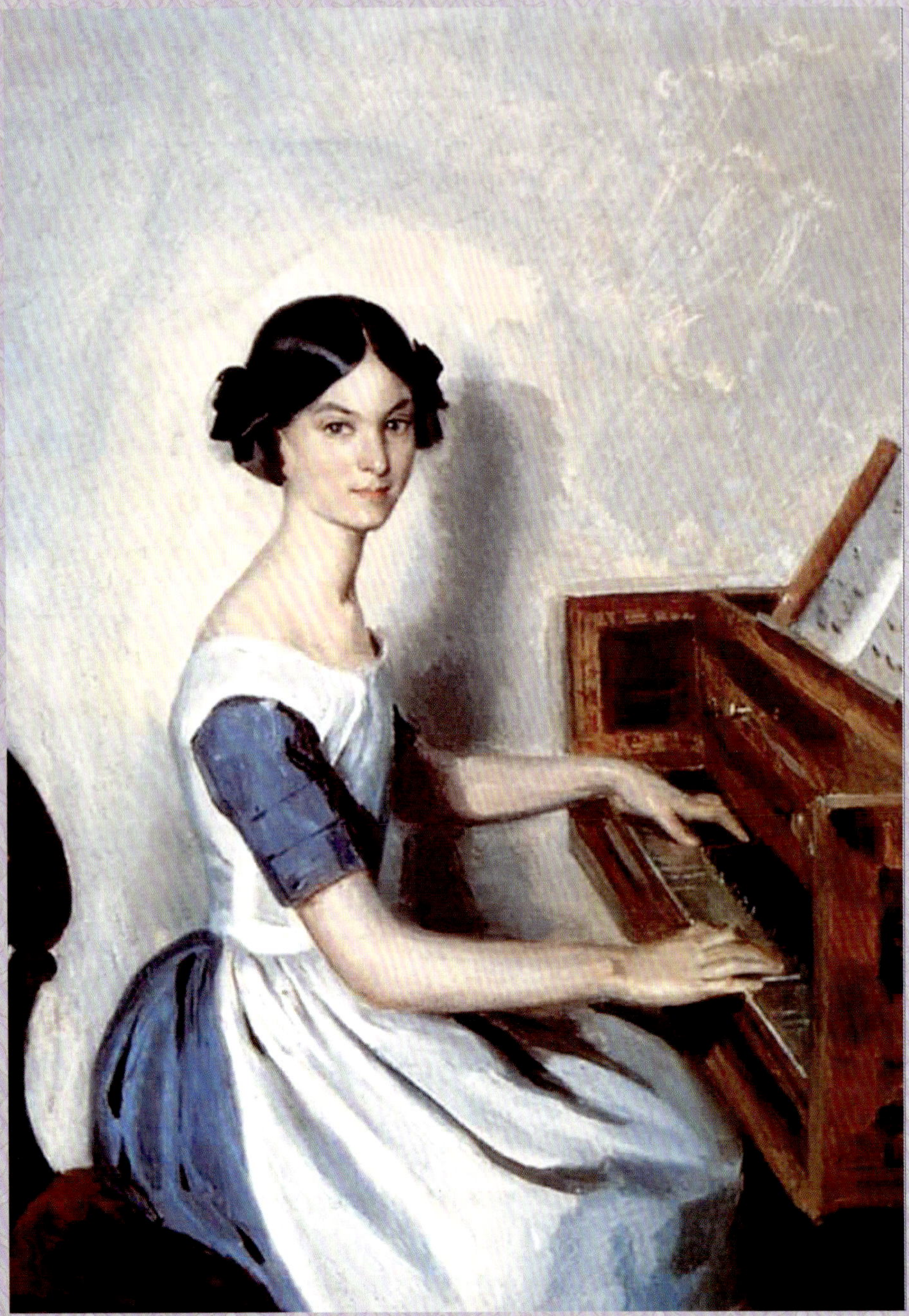

Плетка дело доброе.

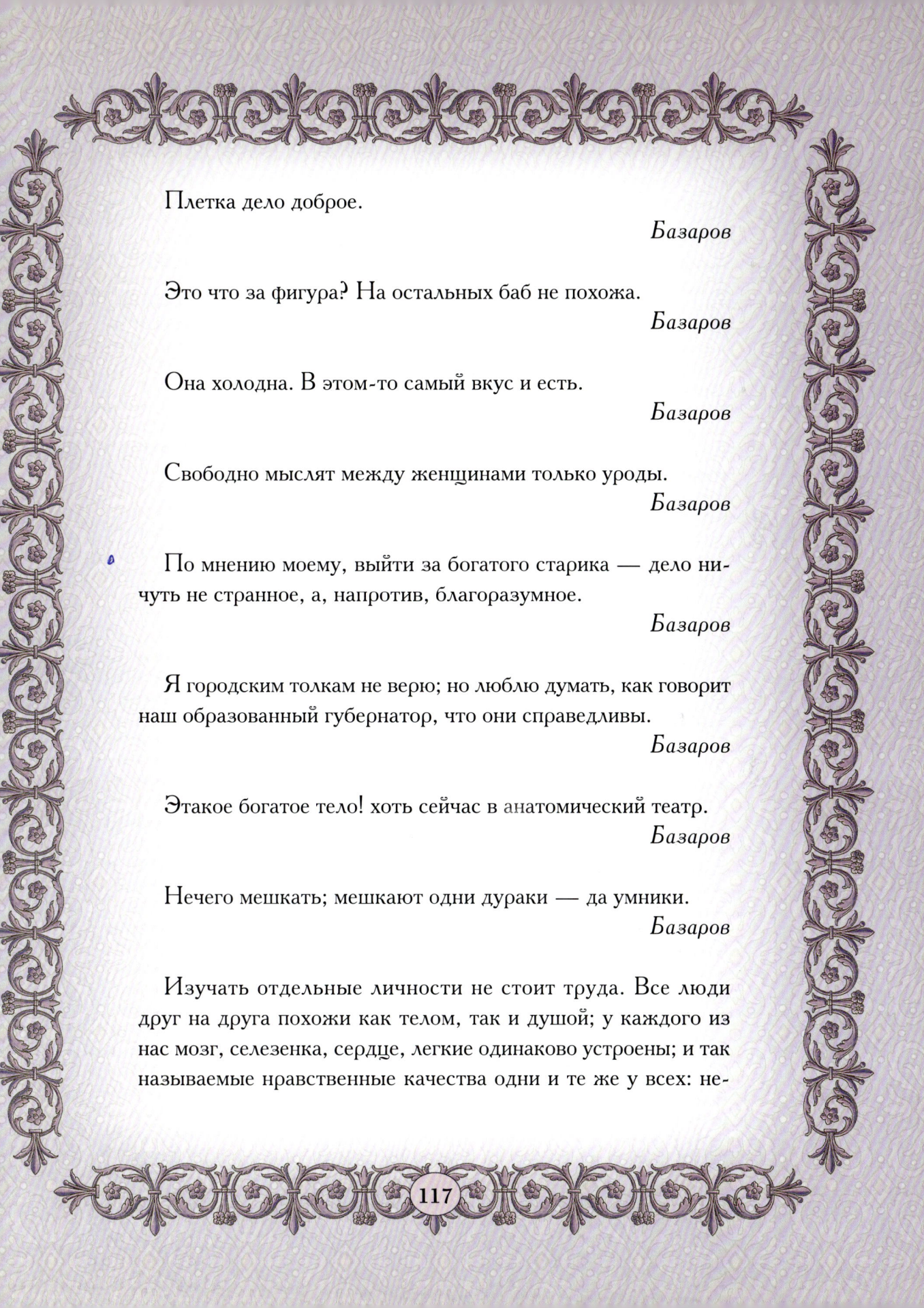

Базаров

Это что за фигура? На остальных баб не похожа.

Базаров

Она холодна. В этом-то самый вкус и есть.

Базаров

Свободно мыслят между женщинами только уроды.

Базаров

По мнению моему, выйти за богатого старика — дело ничуть не странное, а, напротив, благоразумное.

Базаров

Я городским толкам не верю; но люблю думать, как говорит наш образованный губернатор, что они справедливы.

Базаров

Этакое богатое тело! хоть сейчас в анатомический театр.

Базаров

Нечего мешкать; мешкают одни дураки — да умники.

Базаров

Изучать отдельные личности не стоит труда. Все люди друг на друга похожи как телом, так и душой; у каждого из нас мозг, селезенка, сердце, легкие одинаково устроены; и так называемые нравственные качества одни и те же у всех: небольшие видоизменения ничего не значат. Достаточно одного человеческого экземпляра, чтобы судить обо всех других. Люди, что деревья в лесу; ни один ботаник не станет заниматься каждою отдельною березой.

Базаров

Мы приблизительно знаем, отчего происходят телесные недуги; а нравственные болезни происходят от дурного воспитания, от всяких пустяков, которыми сызмала набивают людские головы, от безобразного состояния общества, одним словом. Исправьте общество, и болезней не будет.

Базаров

При правильном устройстве общества совершенно будет равно, глуп ли человек или умен, зол или добр.

Базаров

Нравится тебе женщина, старайся добиться толку; а нельзя — ну, не надо, отвернись — земля не клином сошлась.

Базаров

О людях вообще жалеть не стоит, а обо мне подавно.

Базаров

Я человек положительный, неинтересный.

Базаров

Я несчастлива оттого… что нет во мне желания, охоты жить.

Одинцова

Воспоминаний много, а вспомнить нечего, и впереди передо мной — длинная, длинная дорога, а цели нет... Мне и не хочется идти.

Одинцова

По-моему, или все, или ничего. Жизнь за жизнь. Взял мою, отдай свою, и тогда уже без сожаления и без возврата. А то лучше и не надо.

Одинцова

Не легко, если станешь размышлять, да выжидать, да самому себе придавать цену, дорожить собою то есть; а не размышляя, отдаться очень легко.

Базаров

Как же собою не дорожить? Если я не имею никакой цены, кому же нужна моя преданность?

Одинцова

Это дело другого разбирать, какая моя цена. Главное, надо уметь отдаться.

Базаров

Скажите, отчего, даже когда мы наслаждаемся, например, музыкой, хорошим вечером, разговором с симпатическими людьми, отчего все это кажется скорее намеком на какое-то безмерное, где-то существующее счастие, чем действительным счастьем, то есть таким, которым мы сами обладаем? Отчего это?

Одинцова

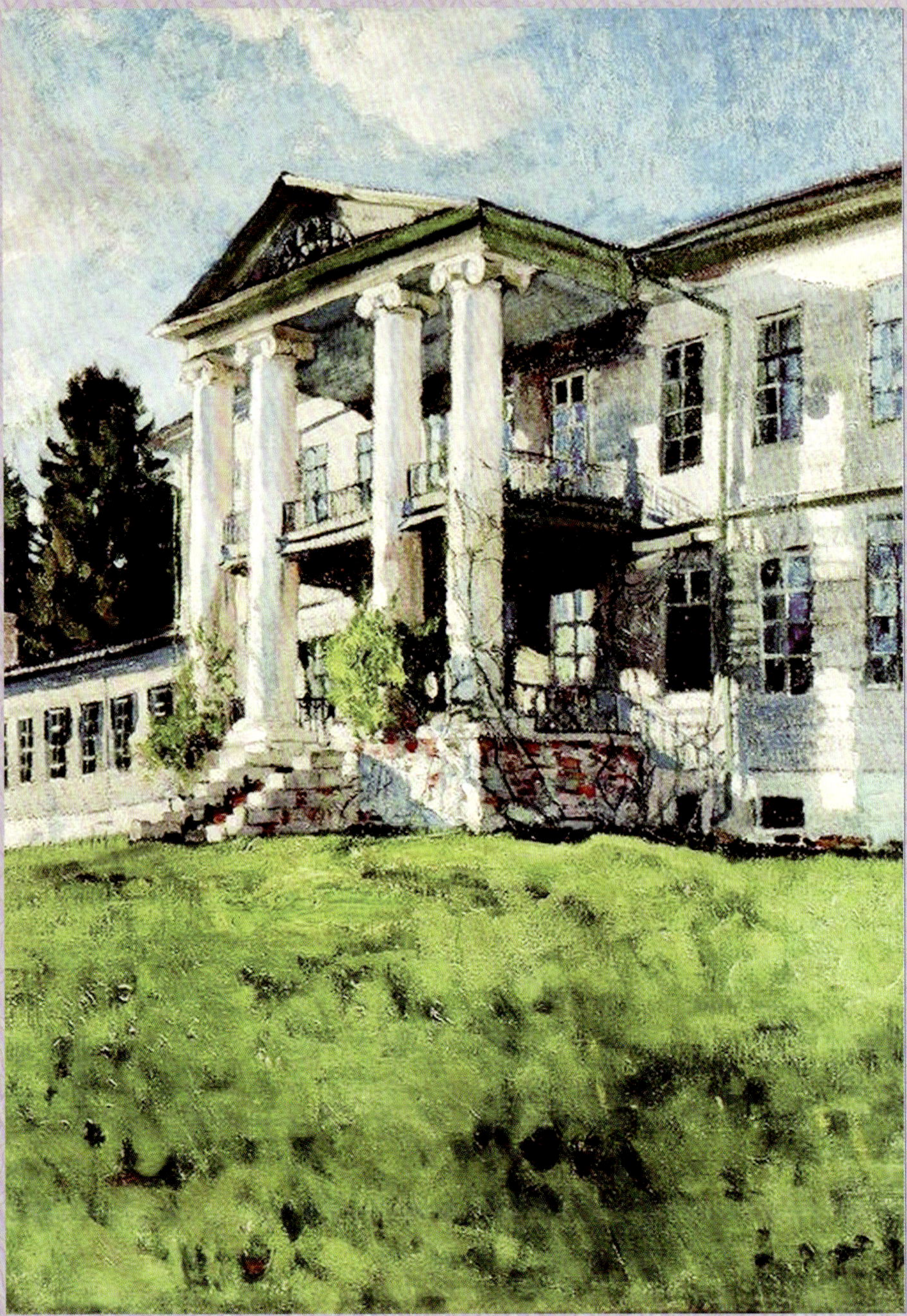

Что за охота говорить и думать о будущем, которое большею частью не от нас зависит? Выйдет случай что-нибудь сделать — прекрасно, а не выйдет — по крайней мере тем будешь доволен, что заранее напрасно не болтал.

Базаров

Спокойствие все-таки лучше всего на свете.

Одинцова

Отчего ты так грустен? Верно, исполнил какой-нибудь священный долг?

Базаров

Много будешь знать, состареешься.

Базаров

Ситниковы нам необходимы. Мне, пойми ты это, мне нужны подобные олухи. Не богам же, в самом деле, горшки обжигать!..

Базаров

Кто злится на свою боль — тот непременно ее победит.

Базаров

Лучше камни бить на мостовой, чем позволить женщине завладеть хотя бы кончиком пальца.

Базаров

Мы вот с тобой попали в женское общество, и нам было приятно; но бросить подобное общество — все равно, что в жаркий день холодною водой окатиться. Мужчине некогда заниматься такими пустяками; мужчина должен быть свиреп, гласит отличная испанская поговорка.

Базаров

Каждый человек на ниточке висит, бездна ежеминутно под ним разверзнуться может, а он еще сам придумывает себе всякие неприятности, портит свою жизнь.

Базаров

Для человека мыслящего нет захолустья.

Василий Иванович Базаров

Где ж нам за вами угоняться? Ведь вы нам на смену пришли. И в мое время какой-нибудь гуморалист Гоффман, какой-нибудь Броун с его витализмом казались очень смешны, а ведь тоже гремели когда-то. Кто-нибудь новый заменил у вас Радемахера, вы ему поклоняетесь, а через двадцать лет, пожалуй, и над тем смеяться будут.

Василий Иванович Базаров

И великие мира сего не гнушаются провести короткое время под кровом хижины.

Василий Иванович Базаров

Узенькое местечко, которое я занимаю, до того крохотно в сравнении с остальным пространством, где меня нет и где дела до меня нет; и часть времени, которую мне удастся прожить, так ничтожна перед вечностью, где меня не было и не будет... А в этом атоме, в этой математической точке кровь обращается, мозг работает, чего-то хочет тоже... Что за безобразие! Что за пустяки!

Базаров

Чему помочь нельзя, о том и говорить стыдно.

Базаров

Вон молодец муравей тащит полумертвую муху. Тащи ее, брат, тащи! Не смотри на то, что она упирается, пользуйся тем, что ты, в качестве животного, имеешь право не признавать чувства сострадания, не то что наш брат, самоломаный!

Базаров

Странное существо человек. Как посмотришь этак сбоку да издали на глухую жизнь, какую ведут здесь «отцы», кажется: чего лучше? Ешь, пей и знай, что поступаешь самым правильным, самым разумным манером. Ан нет; тоска одолеет. Хочется с людьми возиться, хоть ругать их, да возиться с ними.

Базаров

Надо бы так устроить жизнь, чтобы каждое мгновение в ней было значительно.

Аркадий Кирсанов

Значительное хоть и ложно бывает, да сладко, но и с незначительным помириться можно... а вот дрязги, дрязги... это беда.

Базаров

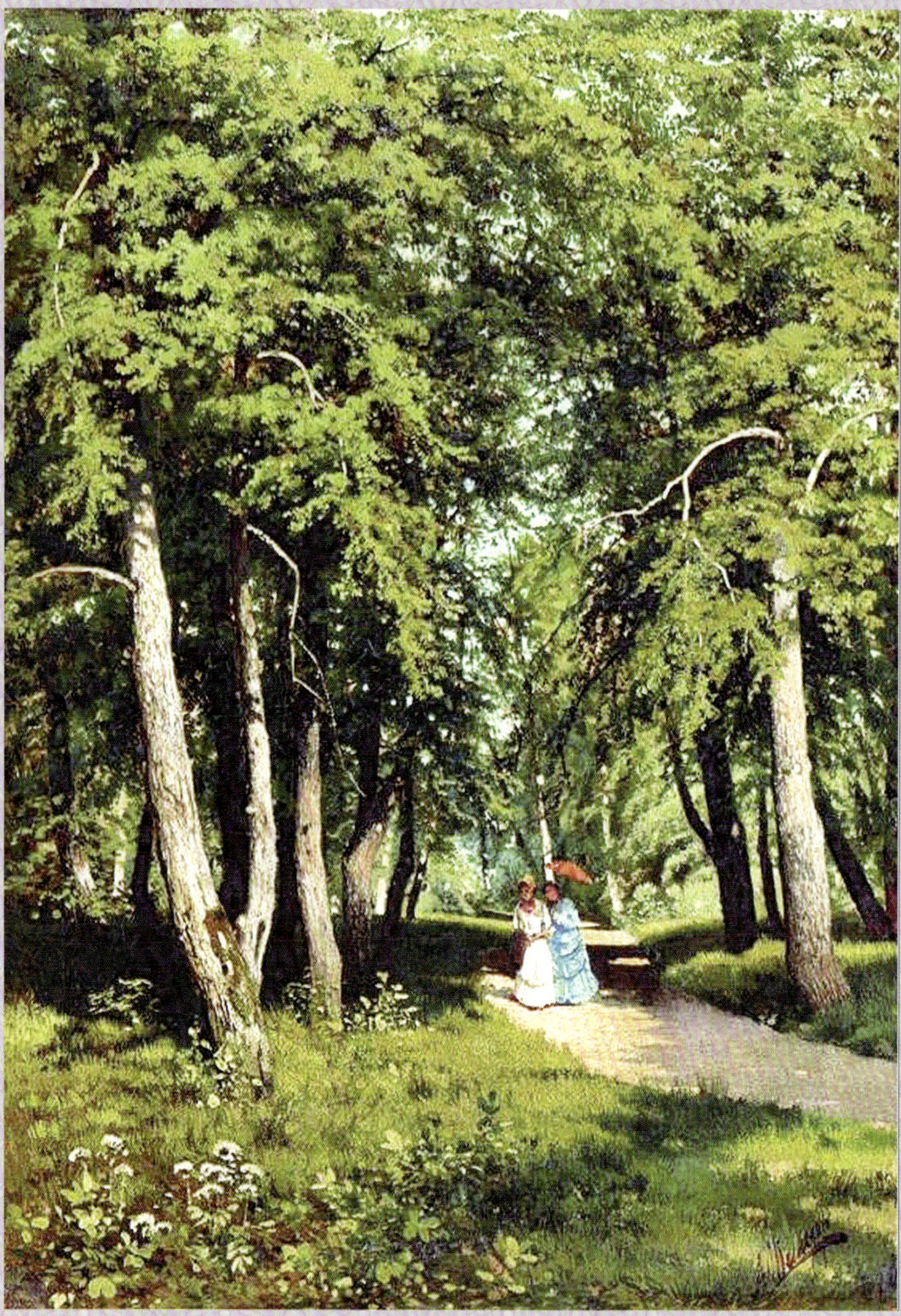

Дрязги не существуют для человека, если он только не захочет их признать.

Аркадий Кирсанов

Сказать, например, что просвещение полезно, это общее место; а сказать, что просвещение вредно, это противоположное общее место. Оно как будто щеголеватее, а, в сущности, одно и то же.

Базаров

Всякого человека лицо глупо, когда он спит.

Базаров

Настоящий человек тот, о котором думать нечего, а которого надобно слушаться или ненавидеть.

Базаров

Россия тогда достигнет совершенства, когда у последнего мужика будет такое же помещение, и всякий из нас должен этому способствовать…

Аркадий Кирсанов

Принципов вообще нет — ты об этом не догадался до сих пор! — а есть ощущения. Все от них зависит.

Базаров

Я придерживаюсь отрицательного направления — в силу ощущения. Мне приятно отрицать, мой мозг так устроен — и баста! Отчего мне нравится химия? Отчего ты любишь яблоки? — тоже в силу ощущения. Это все едино. Глубже этого люди никогда не проникнут. Не всякий тебе это скажет, да и я в другой раз тебе этого не скажу.

Базаров

Решился все косить — валяй и себя по ногам!..

Базаров

Какую клевету ни взведи на человека, он, в сущности, заслуживает в двадцать раз хуже того.

Базаров

Сухой кленовый лист оторвался и падает на землю; его движения совершенно сходны с полетом бабочки. Не странно ли? Самое печальное и мертвое — сходно с самым веселым и живым.

Аркадий Кирсанов

Об одном прошу тебя: не говори красиво.

Базаров

Говорить красиво — неприлично.

Базаров

От всего готов отказаться человек, со всяким предрассудком расстанется; но сознаться, что, например, брат, который чужие платки крадет, вор, — это свыше его сил.

Базаров

Я гляжу в небо только тогда, когда хочу чихнуть.

Базаров

Я со всяким человеком готов за стол сесть.

Базаров

Коли может женщина получасовую беседу поддержать, это уж знак хороший.

Базаров

Прежде всего надо долг исполнять...

Василий Иванович Базаров

Сын — отрезанный ломоть. Он что сокол: захотел — прилетел, захотел — улетел; а мы с тобой, как опенки на дупле, сидим рядком и ни с места. Только я останусь для тебя навек неизменно, как и ты для меня.

Арина Власьевна Базарова

Без страха наказания ничего не поделаешь!

Николай Петрович Кирсанов

Человек все в состоянии понять — и как трепещет эфир, и что на солнце происходит; а как другой человек может иначе сморкаться, чем он сам сморкается, этого он понять не в состоянии.

Базаров

Мне всё равно: молод ли я или стар.

Базаров

Все умные дамы на свете не стоят вашего локотка.

Базаров

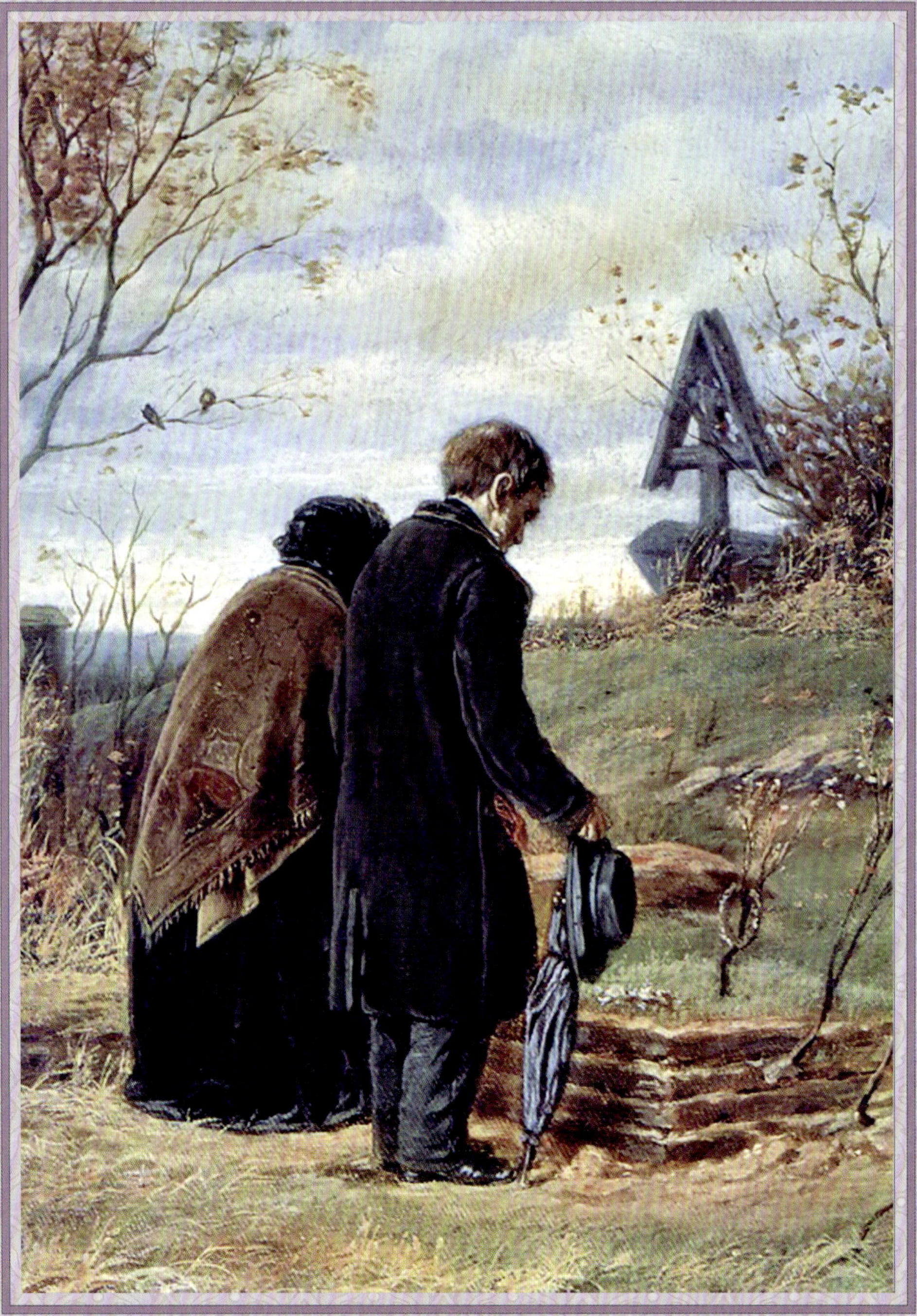

С теоретической точки зрения дуэль — нелепость; ну, а с практической точки зрения — это дело другое.

Базаров

Русский мужик — это тот самый таинственный незнакомец, о котором некогда так много толковала госпожа Ратклифф. Кто его поймет? Он сам себя не понимает.

Базаров

Нет такого человека, о котором каждый из нас не мог бы судить!

Аркадий Кирсанов

В чувстве человека, который знает и говорит, что он беден, должно быть что-то особенное, какое-то своего рода тщеславие.

Аркадий Кирсанов

Я готова покоряться, только неравенство тяжело. А уважать себя и покоряться, это я понимаю; это счастье; но подчиненное существование...

Катерина Сергеевна

Человеку иногда полезно взять себя за хохол да выдернуть себя вон, как редьку из гряды...

Базаров

Иная барышня только от того и слывет умною, что умно вздыхает.

Базаров

Любовь... ведь это чувство напускное.

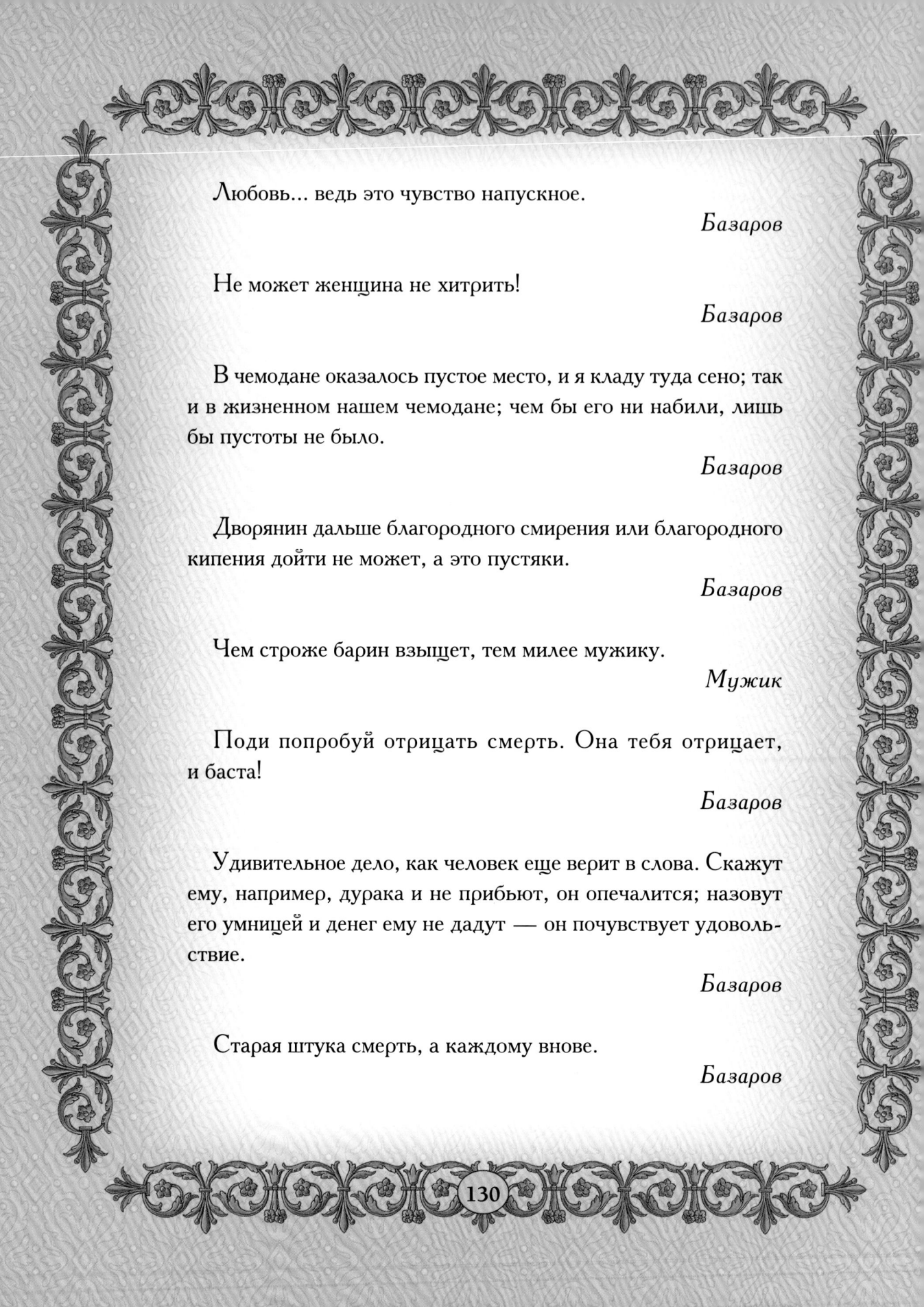

Базаров

Не может женщина не хитрить!

Базаров

В чемодане оказалось пустое место, и я кладу туда сено; так и в жизненном нашем чемодане; чем бы его ни набили, лишь бы пустоты не было.

Базаров

Дворянин дальше благородного смирения или благородного кипения дойти не может, а это пустяки.

Базаров

Чем строже барин взыщет, тем милее мужику.

Мужик

Поди попробуй отрицать смерть. Она тебя отрицает, и баста!

Базаров

Удивительное дело, как человек еще верит в слова. Скажут ему, например, дурака и не прибьют, он опечалится; назовут его умницей и денег ему не дадут — он почувствует удовольствие.

Базаров

Старая штука смерть, а каждому внове.

Базаров

Любовь — форма.

Базаров

Живите долго, это лучше всего, и пользуйтесь, пока время.

Базаров

Мертвый живому не товарищ.

Базаров

Я нужен России... Нет, видно, не нужен. Да и кто нужен? Сапожник нужен, портной нужен, мясник...

Базаров

Лежа на «земле», глядеть в «небо»... Знаете ли — в этом есть какое-то особое значение!

Василий Иванович Базаров

Эка, подумаешь! слово-то что значит! Нашел его, сказал: «кризис» — и утешен.

Базаров

Вы посмотрите, что за безобразное зрелище: червяк полураздавленный, а еще топорщится. И ведь тоже думал: обломаю дел много, не умру, куда! задача есть, ведь я гигант! А теперь вся задача гиганта — как бы умереть прилично, хотя никому до этого дела нет...

Базаров

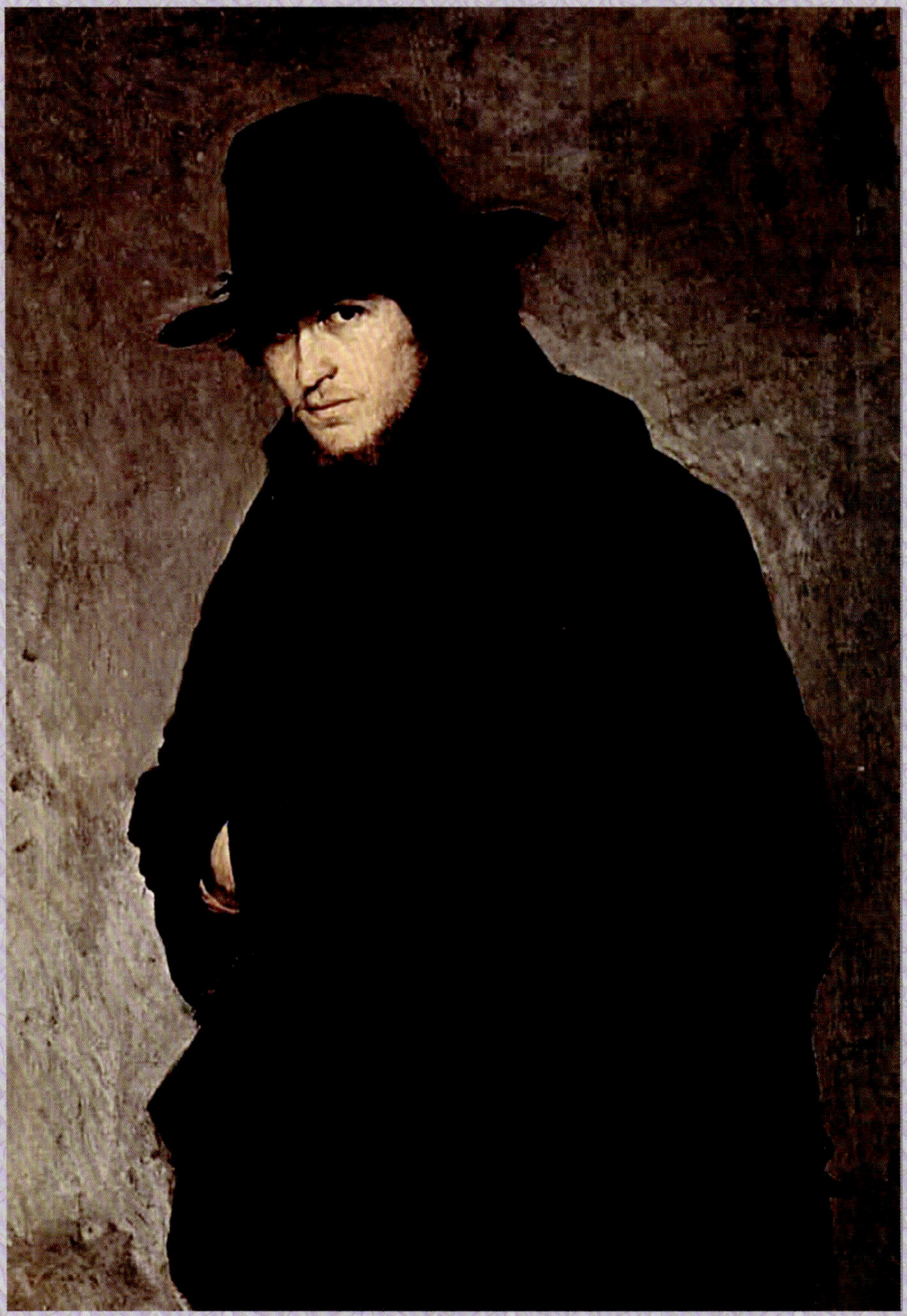

Федор Михайлович Достоевский
(1821–1881)

«Преступление и наказание» (1866)

Бедность не порок, это истина. Знаю я, что и пьянство не добродетель, и это тем паче. Но нищета, милостивый государь, нищета — порок-с.

Мармеладов

А коли не к кому, коли идти больше некуда! Ведь надобно же, чтобы всякому человеку хоть куда-нибудь можно было пойти. Ибо бывает такое время, когда непременно надо хоть куда-нибудь да пойти!

Мармеладов

Ведь надобно же, чтоб у всякого человека было хоть одно такое место, где бы его пожалели!

Мармеладов

Чем более пью, тем более и чувствую. Для того и пью, что в питии сем сострадания и чувства ищу. Не веселья, а единой скорби ищу... Пью, ибо сугубо страдать хочу!

Мармеладов

Ко всему-то подлец-человек привыкает!

Раскольников

Не загладится ли одно, крошечное преступленьице тысячами добрых дел? За одну жизнь — тысячи жизней, спасенных от гниения и разложения. Одна смерть и сто жизней взамен — да ведь тут арифметика!

Студент N

Природу поправляют и направляют, а без этого пришлось бы потонуть в предрассудках.

Студент N

Честный и чувствительный человек откровенничает, а деловой человек слушает да ест, а потом и съест.

Разумихин

Головной убор, это, брат, самая первейшая вещь в костюме, своего рода рекомендация.

Разумихин

По-моему, хорош человек — вот и принцип, и знать я ничего не хочу.

Разумихин

Тем что оттолкнешь человека — не исправишь, тем паче мальчишку. С мальчишкой вдвое осторожнее надо.

Разумихин

Если мне, например, до сих пор говорили: «возлюби», и я возлюблял, то что из того выходило? выходило то, что я рвал кафтан пополам, делился с ближним, и оба мы оставались наполовину голы, по русской пословице: «Пойдешь за несколькими зайцами разом, и ни одного не достигнешь». Наука же говорит: возлюби, прежде всех, одного себя, ибо всё на свете на личном интересе основано. Возлюбишь одного себя, то и дела свои обделаешь как следует, и кафтан твой останется цел. Экономическая же правда прибавляет, что чем более в обществе устроенных частных дел и, так сказать, целых кафтанов, тем более для него твердых оснований и тем более устраивается в нем и общее дело. Стало быть, приобретая единственно и исключительно себе, я именно тем самым приобретаю как бы и всем и веду к тому, чтобы ближний получил несколько более рваного кафтана и уже не от частных, единичных щедрот, а вследствие всеобщего преуспеяния.

Лужин

Факты не всё; по крайней мере, половина дела в том, как с фактами обращаться умеешь!

Разумихин

Деловитость в сапогах ходит.

Разумихин

Только бы жить, жить и жить! Как бы ни жить — только жить!.. Экая правда! Господи, какая правда! Подлец человек! И подлец тот, кто его за это подлецом называет.

Раскольников

И что за оправдание, что он был пьян? Глупая отговорка, еще более его унижающая! В вине — правда, и правда-то вот вся и высказалась.

Разумихин

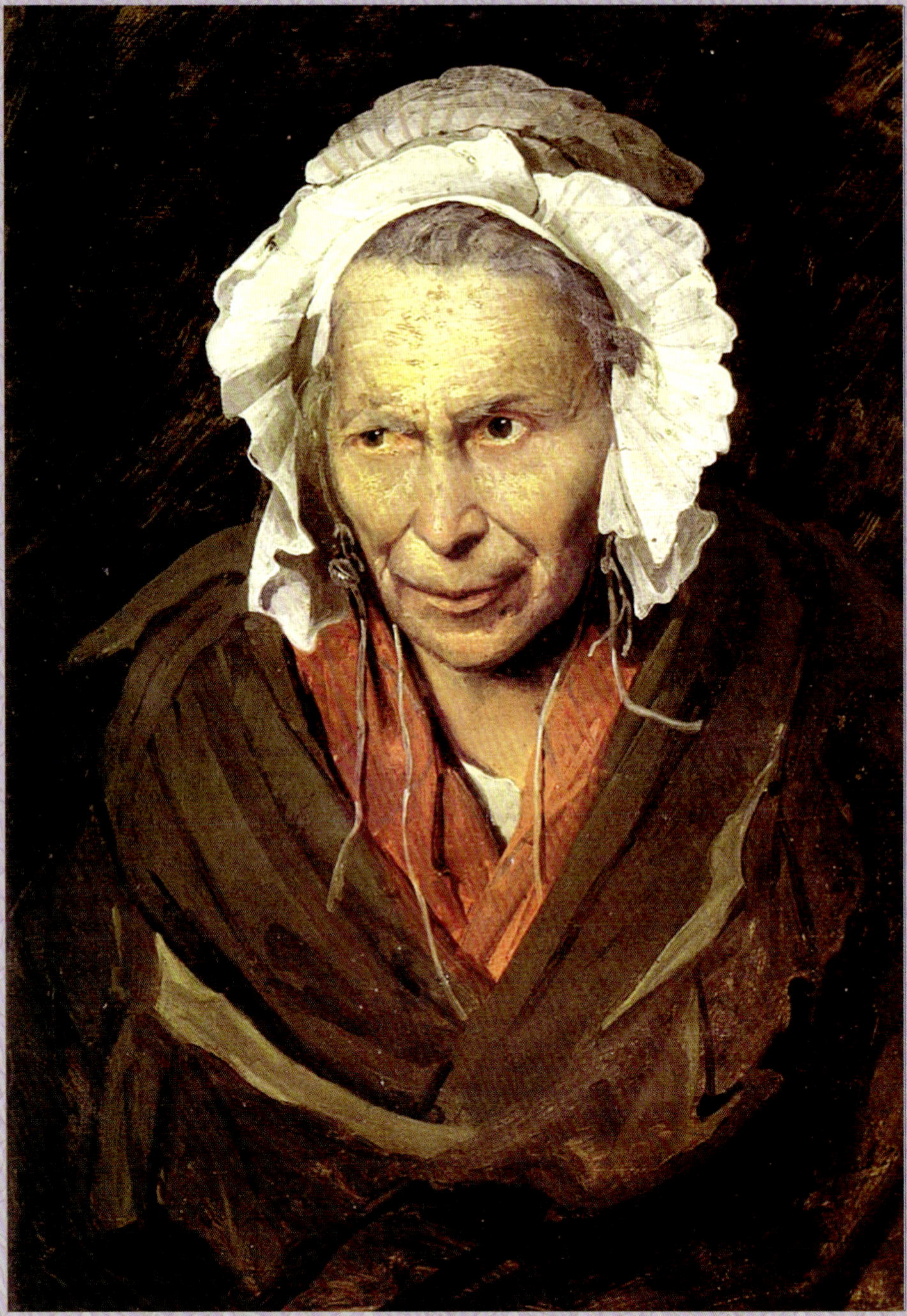

Силу надо добывать силой же.

Раскольников

Вранье есть единственная человеческая привилегия перед всеми организмами. Соврешь — до правды дойдешь! Потому я и человек, что вру.

Разумихин

Соврать по-своему — ведь это почти лучше, чем правда по одному по-чужому; в первом случае ты человек, а во втором ты только что птица! Правда не уйдет, а жизнь-то заколотить можно.

Разумихин

Ну, что мы теперь? Все-то мы, все без исключения, по части науки, развития, мышления, изобретений, идеалов, желаний, либерализма, рассудка, опыта и всего, всего, всего, всего, всего еще в первом предуготовительном классе гимназии сидим! Понравилось чужим умом пробавляться — въелись!

Разумихин

Довремся же наконец и до правды, потому что на благородной дороге стоим.

Разумихин

Та королева, которая чинила свои чулки в тюрьме, уж конечно, в ту минуту смотрела настоящею королевой и даже более, чем во время самых пышных торжеств и выходов.

Разумихин

Зажирел и ни в чем себе отказать не можешь, — а это уж я называю грязью, потому что прямо доводит до грязи.

Разумихин

Все мы, и весьма часто, почти как помешанные, с маленькою только разницей, что «больные» несколько больше нашего помешаны, потому тут необходимо различать черту. А гармонического человека, это правда, совсем почти нет; на десятки, а может, и на многие сотни тысяч по одному встречается, да и то в довольно слабых экземплярах...

Зосимов

Чтобы помогать, надо сначала право такое иметь.

Раскольников

Чтоб умно поступать — одного ума мало.

Раскольников

Счастливые ведь люди, которым запирать нечего?

Раскольников

С одной логикой нельзя через натуру перескочить! Логика предугадает три случая, а их миллион! Отрезать весь миллион и всё на один вопрос о комфорте свести! Самое легкое разрешение задачи! Соблазнительно ясно, и думать не надо!

Разумихин

«Необыкновенный» человек имеет право... то есть не официальное право, а сам имеет право разрешить своей совести перешагнуть... через иные препятствия, и единственно в том только случае, если исполнение его идеи (иногда спасительной, может быть, для всего человечества) того потребует.

Раскольников

Люди, по закону природы, разделяются вообще на два разряда: на низший (обыкновенных), то есть, так сказать, на материал, служащий единственно для зарождения себе подобных, и собственно на людей, то есть имеющих дар или талант сказать в среде своей новое слово.

Раскольников

Разрешение крови по совести, это... это, по-моему, страшнее, чем бы официальное разрешение кровь проливать, законное...

Разумихин

Страдание и боль всегда обязательны для широкого сознания и глубокого сердца.

Раскольников

Истинно великие люди, мне кажется, должны ощущать на свете великую грусть.

Раскольников

Кто ж у нас на Руси себя Наполеоном теперь не считает?

Порфирий Петрович

Повинуйся, дрожащая тварь, и — не желай, потому — не твое это дело!

Раскольников

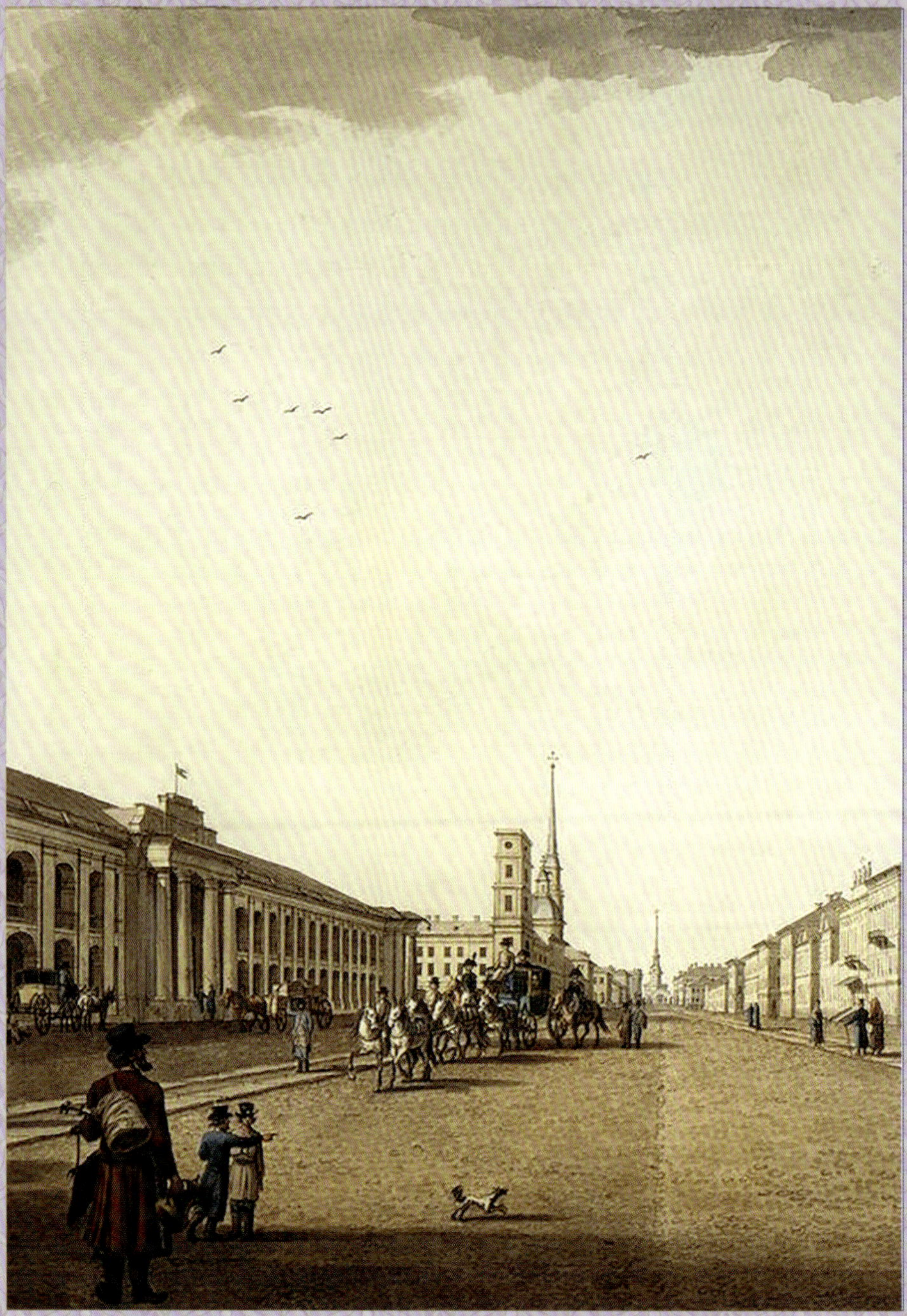

Хитрейшего человека именно на простейшем надо сбивать.

Раскольников

Мне жизнь однажды дается, и никогда ее больше не будет: я не хочу дожидаться «всеобщего счастья». Я и сам хочу жить, а то лучше уж и не жить.

Раскольников

Разум-то ведь страсти служит.

Свидригайлов

Человек вообще очень и очень даже любит быть оскорбленным.

Свидригайлов

Отчего же и не побывать пошляком, когда это платье в нашем климате так удобно носить.

Свидригайлов

У нас, в русском обществе, самые лучшие манеры у тех, которые биты бывали.

Свидригайлов

На родине лучше: тут, по крайней мере, во всем других винишь, а себя оправдываешь.

Свидригайлов

Нам вот всё представляется вечность как идея, которую понять нельзя, что-то огромное, огромное! Да почему же непременно огромное? И вдруг, вместо всего этого, представьте себе, будет там одна комнатка, эдак вроде деревенской бани, закоптелая, а по всем углам пауки, и вот и вся вечность.

Свидригайлов

Я согласен, что привидения являются только больным; но ведь это только доказывает, что привидения могут являться не иначе как больным, а не то, что их нет, самих по себе.

Свидригайлов

Во всем есть черта, за которую перейти опасно; ибо, раз переступив, воротиться назад невозможно.

Лужин

Свободу и власть, а главное власть! Над всею дрожащею тварью и над всем муравейником!.. Вот цель!

Раскольников

Одно словцо другое зовет, одна мысль другую вызывает.

Порфирий Петрович

Формой нельзя на всяком шагу стеснять следователя. Дело следователя ведь это, так сказать, свободное художество, в своем роде-с или вроде того…

Порфирий Петрович

Улики-то, батюшка, о двух концах.

Порфирий Петрович

Общего-то случая-с, того самого, на который все юридические формы и правила примерены и с которого они рассчитаны и в книжки записаны, вовсе не существует-с по тому самому, что всякое дело, всякое, хоть, например, преступление, как только оно случится в действительности, тотчас же и обращается в совершенно частный случай-с.

Порфирий Петрович

Действительность и натура, сударь вы мой, есть важная вещь, и ух как иногда самый прозорливейший расчет подсекают!

Порфирий Петрович

Зеркало натура, зеркало-с, самое прозрачное-с! Смотри в него и любуйся, вот что-с!

Порфирий Петрович

Самая лучшая увертка преступнику по возможности не скрывать, чего можно не скрыть.

Раскольников

Всё зависит, в какой обстановке и в какой среде человек. Всё от среды, а сам человек есть ничто.

Лебезятников

Видя факт, который по ошибке считаете достойным презрения, вы уже отказываете человеческому существу в гуманном на него взгляде.

Лебезятников

Всё, что полезно человечеству, то и благородно!

Лебезятников

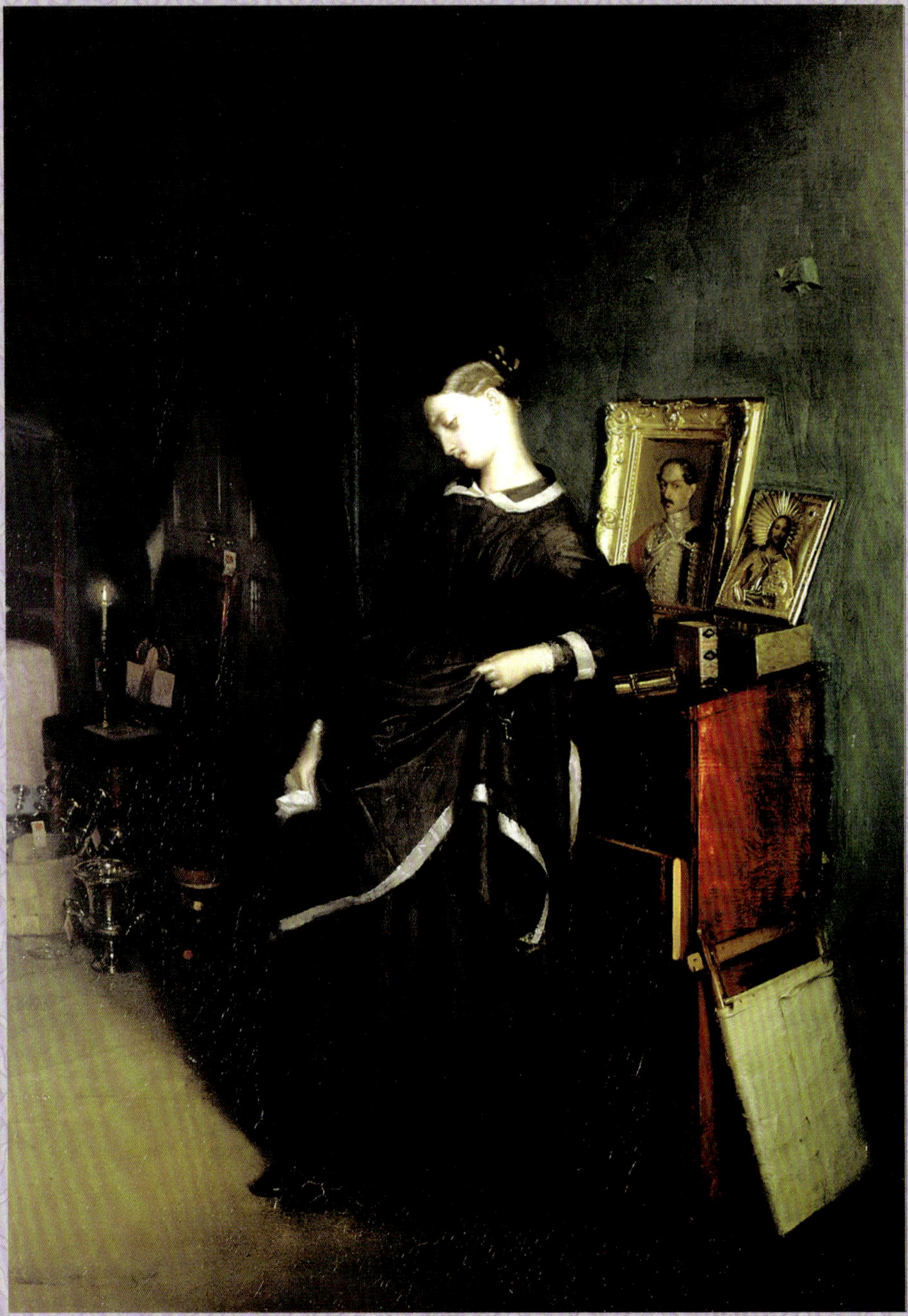

Мужчина оскорбляет женщину неравенством, если целует у ней руку.

Лебезятников

Рога — это только естественное следствие всякого законного брака, так сказать, поправка его, протест, так что в этом смысле они даже нисколько не унизительны... И если я когда-нибудь, — предположив нелепость, — буду в законном браке, то я даже рад буду вашим растреклятым рогам; я тогда скажу жене моей: «Друг мой, до сих пор я только любил тебя, теперь же я тебя уважаю, потому что ты сумела протестовать!»

Лебезятников

Это человек-то вошь!

Соня Мармеладова

Низкие потолки и тесные комнаты душу и ум теснят!

Раскольников

Зачем я так глуп, что если другие глупы и коли я знаю уж наверно, что они глупы, то сам не хочу быть умнее?

Раскольников

Если ждать, пока все станут умными, то слишком уж долго будет...

Раскольников

Кто крепок и силен умом и духом, тот над ними и властелин! Кто много посмеет, тот у них и прав. Кто на большее может плюнуть, тот у них и законодатель, а кто больше всех может посметь, тот и всех правее! Так доселе велось и так всегда будет!

Раскольников

- Власть дается только тому, кто посмеет наклониться и взять ее. Тут одно только, одно: стоит только посметь!

Раскольников

Тварь ли я дрожащая или право имею...

Раскольников

Разве я старушонку убил? Я себя убил, а не старушонку!

Раскольников

Если убедить человека логически, что, в сущности, ему не о чем плакать, то он и перестанет плакать.

Лебезятников

Всем человекам надобно воздуху, воздуху, воздуху-с... Прежде всего!

Свидригайлов

Изо ста кроликов никогда не составится лошадь, изо ста подозрений никогда не составится доказательства.

Порфирий Петрович

Лукаво не мудрствуйте; отдайтесь жизни прямо, не рассуждая; не беспокойтесь, — прямо на берег вынесет и на ноги поставит.

Порфирий Петрович

Ведь в том-то и штука, что вся эта проклятая психология о двух концах!

Порфирий Петрович

Станьте солнцем, вас все и увидят. Солнцу прежде всего надо быть солнцем.

Порфирий Петрович

В Петербурге много народу, ходя, говорят сами с собой. Это город полусумасшедших. Если б у нас были науки, то медики, юристы и философы могли бы сделать над Петербургом драгоценнейшие исследования, каждый по своей специальности. Редко где найдется столько мрачных, резких и странных влияний на душу человека, как в Петербурге.

Свидригайлов

Шулер — не игрок.

Свидригайлов

Чтобы беспристрастно судить о некоторых людях, нужно заранее отказаться от иных предвзятых взглядов и от обыденной привычки к обыкновенно окружающим нас людям и предметам.

Свидригайлов

Когда сердцу девушки станет жаль, то, уж разумеется, это для нее всего опаснее. Тут уж непременно захочется и «спасти», и образумить, и воскресить, и призвать к более благородным целям, и возродить к новой жизни и деятельности.

Свидригайлов

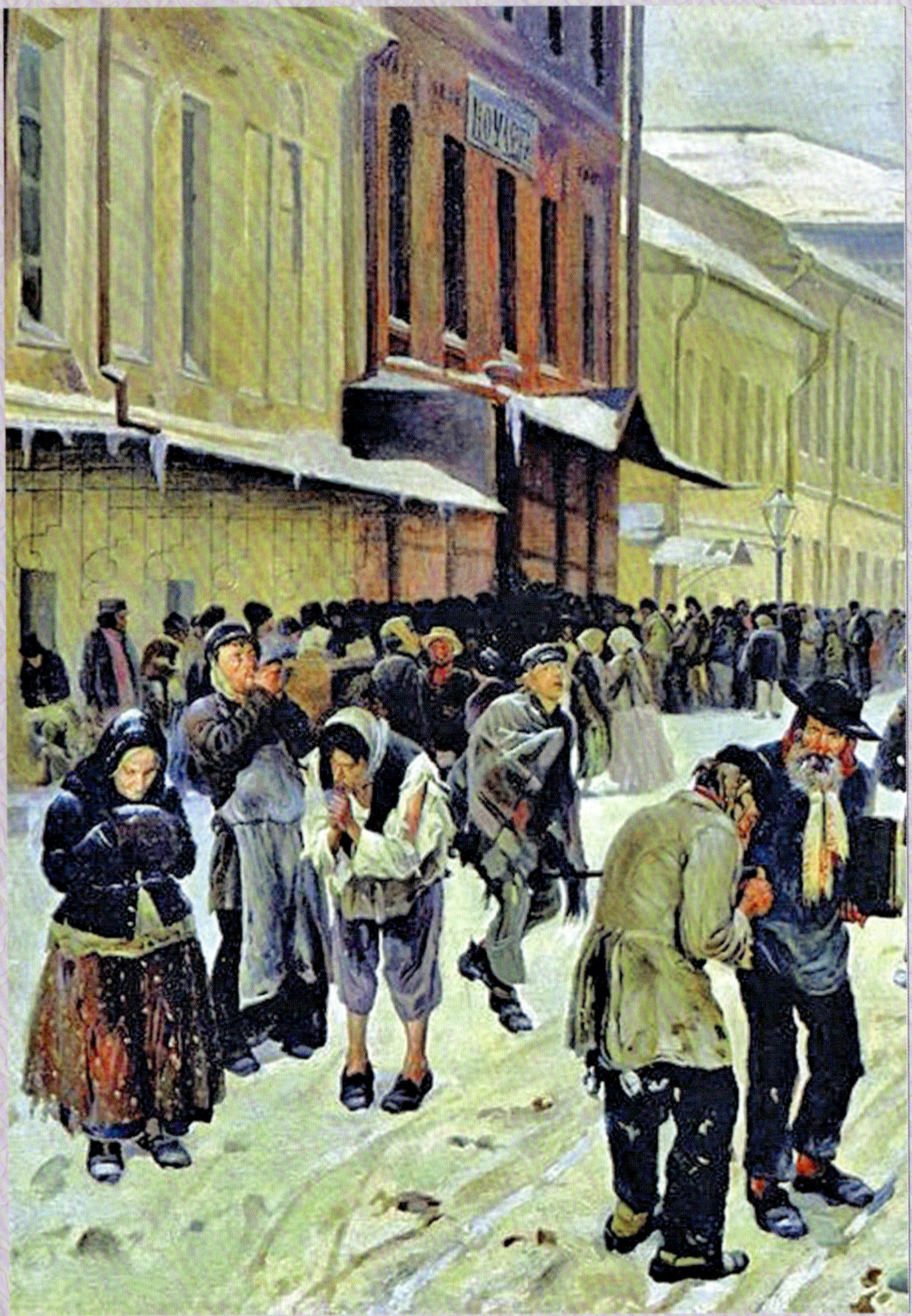

Порядочный человек обязан скучать.

Свидригайлов

Умная женщина и ревнивая женщина — два предмета разные, и вот в этом-то и беда.

Свидригайлов

Величайшее и незыблемое средство к покорению женского сердца, средство, которое никогда и никого не обманет и которое действует решительно на всех до единой, без всякого исключения. Это средство известное — лесть.

Свидригайлов

Нет ничего в мире труднее прямодушия, и нет ничего легче лести. Если в прямодушии только одна сотая доля нотки фальшивая, то происходит тотчас диссонанс, а за ним — скандал. Если же в лести даже всё до последней нотки фальшивое, и тогда она приятна и слушается не без удовольствия; хотя бы и с грубым удовольствием, но все-таки с удовольствием. И как бы ни груба была лесть, в ней непременно, по крайней мере, половина кажется правдою. И это для всех развитий и слоев общества. Даже весталку можно соблазнить лестью.

Свидригайлов

Всяк об себе сам промышляет и всех веселей тот и живет, кто всех лучше себя сумеет надуть.

Свидригайлов

Вор ворует, зато уж он про себя и знает, что он подлец.

Свидригайлов

Никогда не ручайтесь в делах, бывших между мужем и женой или любовником и любовницей. Тут есть всегда один уголок, который всегда всему свету остается неизвестен и который известен только им двум.

Свидригайлов

Русские люди вообще широкие люди... широкие, как их земля, и чрезвычайно склонны к фантастическому, к беспорядочному; но беда быть широким без особенной гениальности.

Свидригайлов

При неудаче всё кажется глупо.

Раскольников

Боязнь эстетики есть первый признак бессилия!..

Раскольников

Шляпа есть блин, я ее у Циммермана куплю; но что под шляпой сохраняется и шляпой прикрывается, того уж я не куплю-с!..

Порох

Жажда к просвещению неумеренная; но ведь просветился, и довольно. Зачем же злоупотреблять?

Порох

«Идиот» (1868)

Сказано: «Не убий», так за то, что он убил, и его убивать? Нет, это нельзя.

Князь Мышкин

Главная, самая сильная боль, может, не в ранах, а вот что вот знаешь наверно, что вот через час, потом через десять минут, потом через полминуты, потом теперь, вот сейчас — душа из тела вылетит, и что человеком уж больше не будешь, и что это уж наверно; главное то, что наверно. Вот как голову кладешь под самый нож и слышишь, как он склизнет над головой, вот эти-то четверть секунды всего и страшнее.

Князь Мышкин

Убивать за убийство несоразмерно большее наказание, чем самое преступление. Убийство по приговору несоразмерно ужаснее, чем убийство разбойничье.

Князь Мышкин

Приведите и поставьте солдата против самой пушки на сражении и стреляйте в него, он еще всё будет надеяться, но прочтите этому самому солдату приговор наверно, и он с ума сойдет или заплачет. Кто сказал, что человеческая природа в состоянии вынести это без сумасшествия?

Князь Мышкин

Есть глаза, и гляди. Не умеешь здесь взглянуть, так и за границей не выучишься.

Елизавета Прокофьевна Епанчина

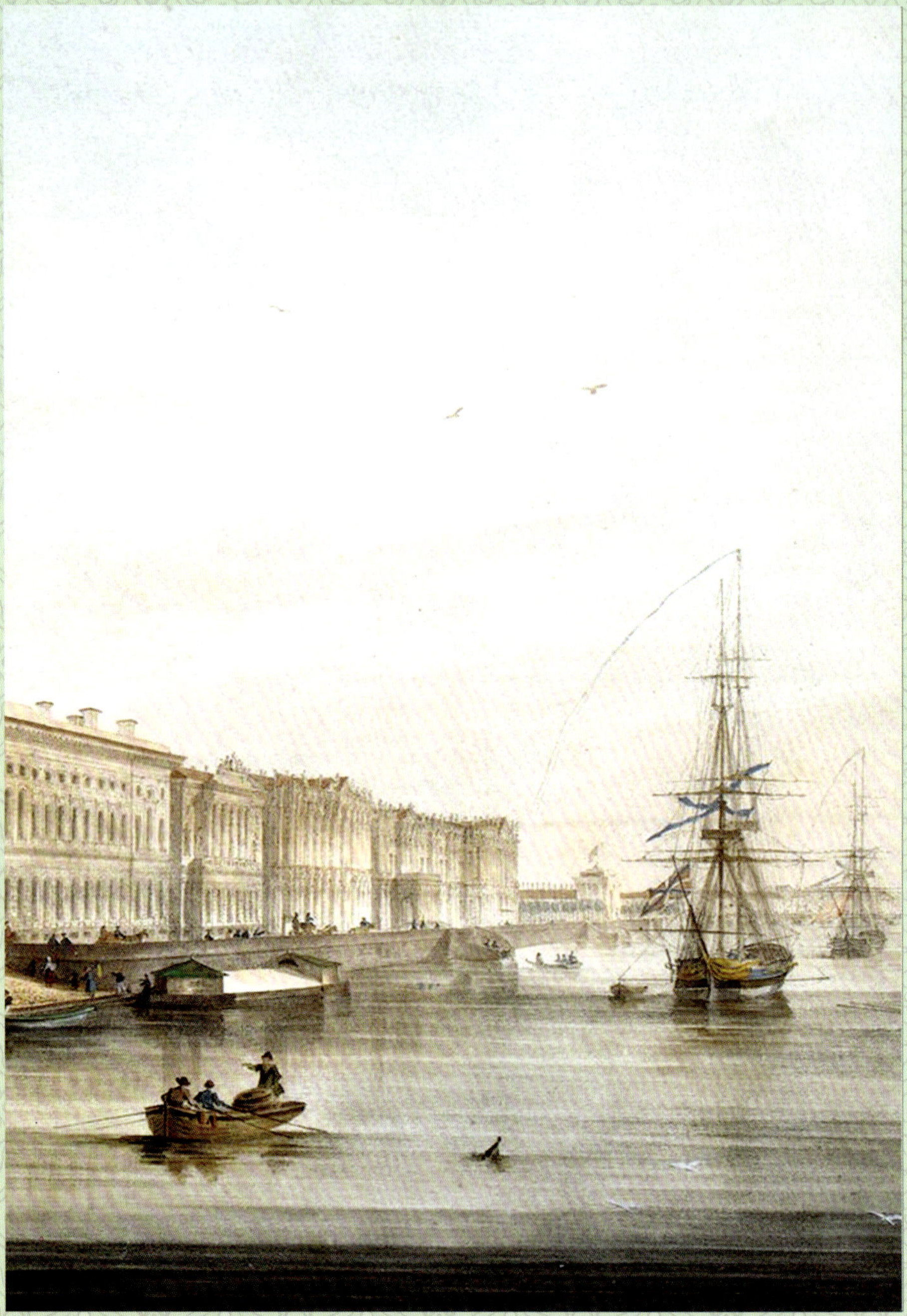

И в тюрьме можно огромную жизнь найти.

Князь Мышкин

Иногда пять минут дороже сокровища.

Александра Епанчина

Как плохо знают большие детей, отцы и матери даже своих детей. От детей ничего не надо утаивать под предлогом, что они маленькие и что им рано знать. Какая грустная и несчастная мысль! И как хорошо сами дети подмечают, что отцы считают их слишком маленькими и ничего не понимающими, тогда как они всё понимают.

Князь Мышкин

Через детей душа лечится...

Князь Мышкин

Красоту трудно судить; я еще не приготовился. Красота — загадка.

Князь Мышкин

Дура с сердцем и без ума такая же несчастная дура, как и дура с умом без сердца.

Елизавета Прокофьевна Епанчина

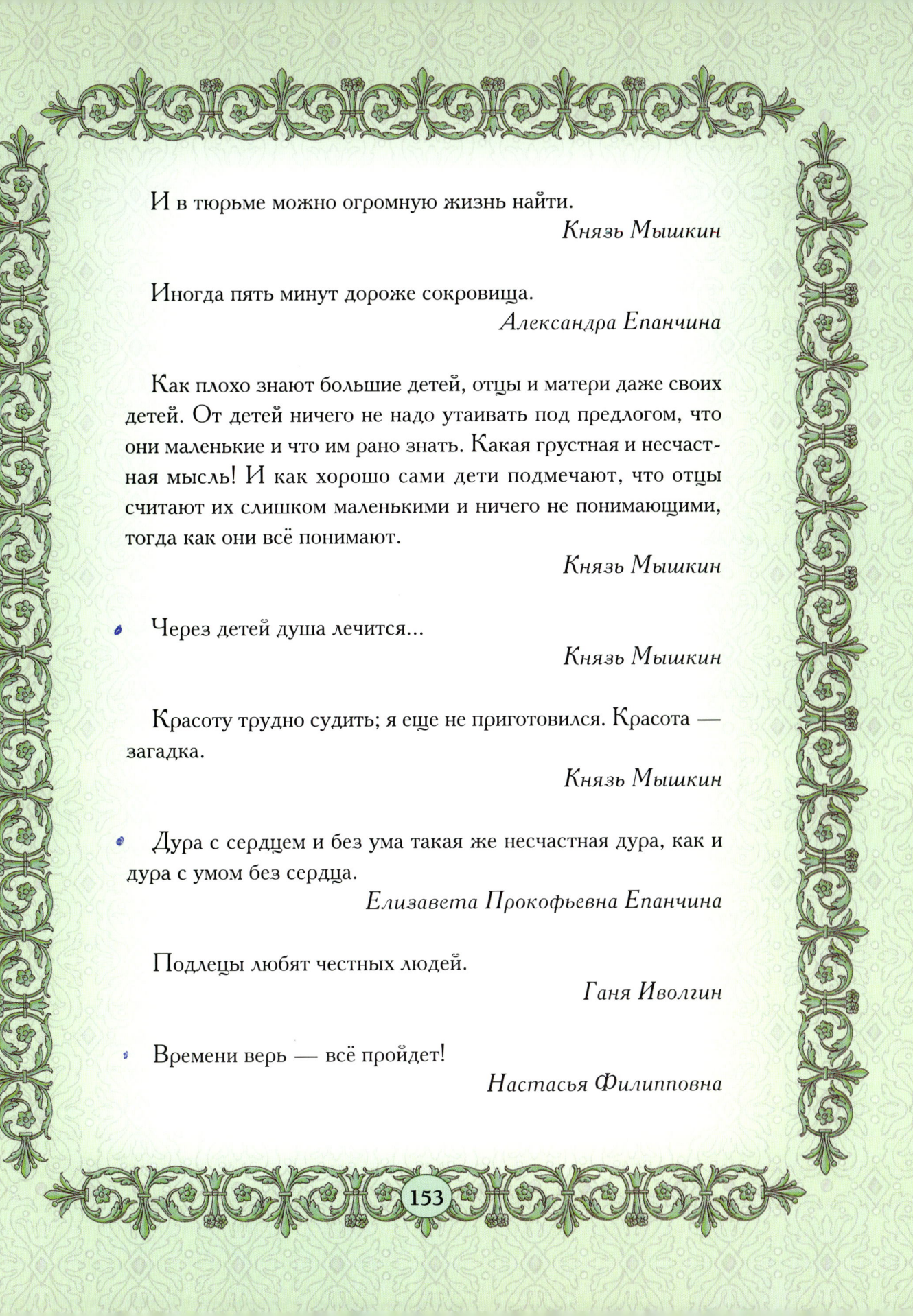

Подлецы любят честных людей.

Ганя Иволгин

Времени верь — всё пройдет!

Настасья Филипповна

Нет ничего обиднее человеку нашего времени и племени, как сказать ему, что он не оригинален, слаб характером, без особенных талантов и человек обыкновенный.

Ганя Иволгин

Деньги тем всего подлее и ненавистнее, что они даже таланты дают.

Ганя Иволгин

Всем известно, что правду говорят только те, у кого нет остроумия.

Фердыщенко

Дурака не вылечишь.

Елизавета Прокофьевна Епанчина

Сущность религиозного чувства ни под какие рассуждения, ни под какие проступки и преступления и ни под какие атеизмы не подходит; тут что-то не то, и вечно будет не то; тут что-то такое, обо что вечно будут скользить атеизмы и вечно будут не про то говорить. Но главное то, что всего яснее и скорее на русском сердце это заметишь.

Князь Мышкин

Есть что делать на нашем русском свете, верь мне!

Князь Мышкин

Все эти молнии и проблески высшего самоощущения и самосознания, а стало быть и «высшего бытия», не что иное, как болезнь, как нарушение нормального состояния, а если так, то это вовсе не высшее бытие, а, напротив, должно быть причислено к самому низшему. Что же в том, что это болезнь? Какое до того дело, что это напряжение ненормальное, если самый результат, если минута ощущения, припоминаемая и рассматриваемая уже в здоровом состоянии, оказывается в высшей степени гармонией, красотой, дает неслыханное и негаданное дотоле чувство полноты, меры, примирения и восторженного молитвенного слития с самым высшим синтезом жизни?

Князь Мышкин

Сострадание есть главнейший и, может быть, единственный закон бытия всего человечества.

Князь Мышкин

Ничего нет лучше для исправления, как прежнее с раскаянием вспоминать.

Елизавета Прокофьевна Епанчина

Что смешно было прежде и кстати, то совсем неинтересно теперь.

Князь Щ.

За деньги даже и ум на рынке можно купить, тем более в Швейцарии.

Антип Бурдовский

Природа насмешлива! Зачем она, зачем она создает самые лучшие существа с тем, чтобы потом насмеяться над ними? Сделала же она так, что единственное существо, которое признали на земле совершенством... сделала же она так, что,

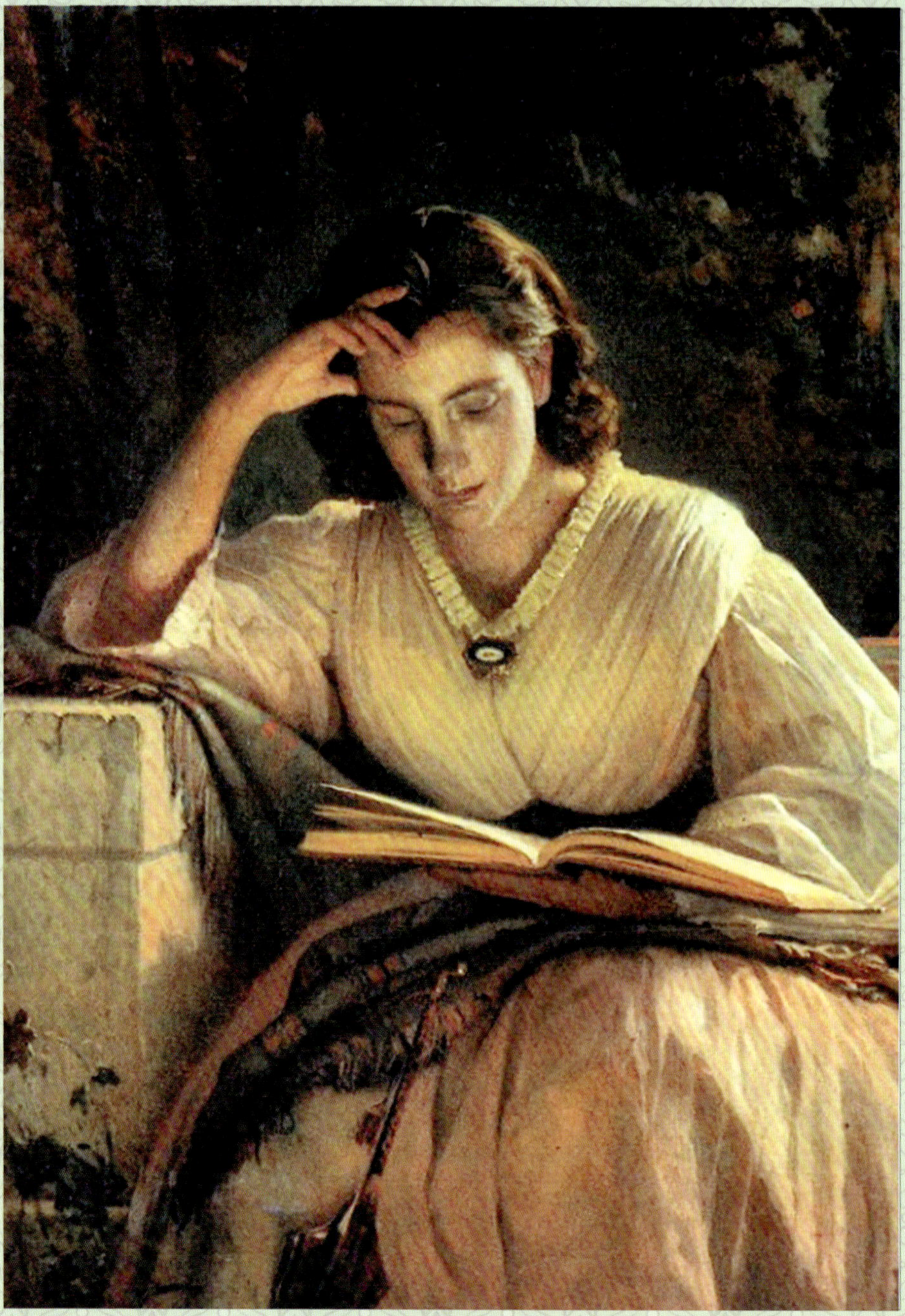

показав его людям, ему же и предназначила сказать то, из-за чего пролилось столько крови, что если б пролилась она вся разом, то люди бы захлебнулись, наверно!

Ипполит Терентьев

Да пусть мать дура была, да ты все-таки будь с ней человек!

Елизавета Прокофьевна Епанчина

От права силы до права тигров и крокодилов и даже до Данилова и Горского недалеко.

Евгений Павлович Родомский

У мертвого лет не бывает.

Ипполит Терентьев

И либералы у нас не русские, и консерваторы не русские, всё... И будьте уверены, что нация ничего не признает из того, что сделано помещиками и семинаристами, ни теперь, ни после...

Евгений Павлович Родомский

Кто из русских людей скажет, напишет или сделает что-нибудь свое, свое неотъемлемое и незаимствованное, тот неминуемо становится национальным, хотя бы он и по-русски плохо говорил. Это для меня аксиома.

Евгений Павлович Родомский

Все наши отъявленные, афишованные социалисты, как здешние, так и заграничные, больше ничего как либералы из помещиков времен крепостного права.

Евгений Павлович Родомский

Вы краснеете, это черта прекрасного сердца.

Князь Мышкин

Трус тот, кто боится и бежит; а кто боится и не бежит, тот еще не трус.

Князь Мышкин

Будь я как ангел пред тобою невинен, ты все-таки терпеть меня не будешь, пока будешь думать, что она не тебя, а меня любит. Вот это ревность, стало быть, и есть.

Князь Мышкин

Женщина способна замучить человека жестокостями и насмешками и ни разу угрызения совести не почувствует, потому что про себя каждый раз будет думать, смотря на тебя: «Вот теперь я его измучаю до смерти, да зато потом ему любовью моею наверстаю...»

Князь Мышкин

Чем вы спасете мир и нормальную дорогу ему в чем отыскали, — вы, люди науки, промышленности, ассоциаций, платы заработной и прочего?

Лукьян Тимофеевич Лебедев

Разве в самосохранении одном весь нормальный закон человечества?

Евгений Павлович Родомский

Неверие в дьявола есть французская мысль, есть легкая мысль. Вы знаете ли, кто есть дьявол? Знаете ли, как ему имя? И не зная даже имени его, вы смеетесь над формой его, по примеру Вольтерову, над копытами, хвостом и рогами его, вами же изобретенными; ибо нечистый дух есть великий и грозный дух, а не с копытами и с рогами...

Лукьян Тимофеевич Лебедев

Закон саморазрушения и закон самосохранения одинаково сильны в человечестве!

Лукьян Тимофеевич Лебедев

Всякая почти действительность хотя и имеет непреложные законы свои, но почти всегда невероятна и неправдоподобна. И чем даже действительнее, тем иногда и неправдоподобнее.

Лукьян Тимофеевич Лебедев

Мир спасет красота!

Князь Мышкин (И. Терентьев)

Люди и созданы, чтобы друг друга мучить.

Ипполит Терентьев

Смирение есть страшная сила.

Князь Мышкин

Колумб был счастлив не тогда, когда открыл Америку, а когда открывал ее; будьте уверены, что самый высокий момент его счастья был, может быть, ровно за три дня до открытия Нового Света, когда бунтующий экипаж в отчаянии чуть не поворотил корабля в Европу, назад! Не в Новом Свете тут дело, хотя бы он провалился. Колумб помер, почти не ви-

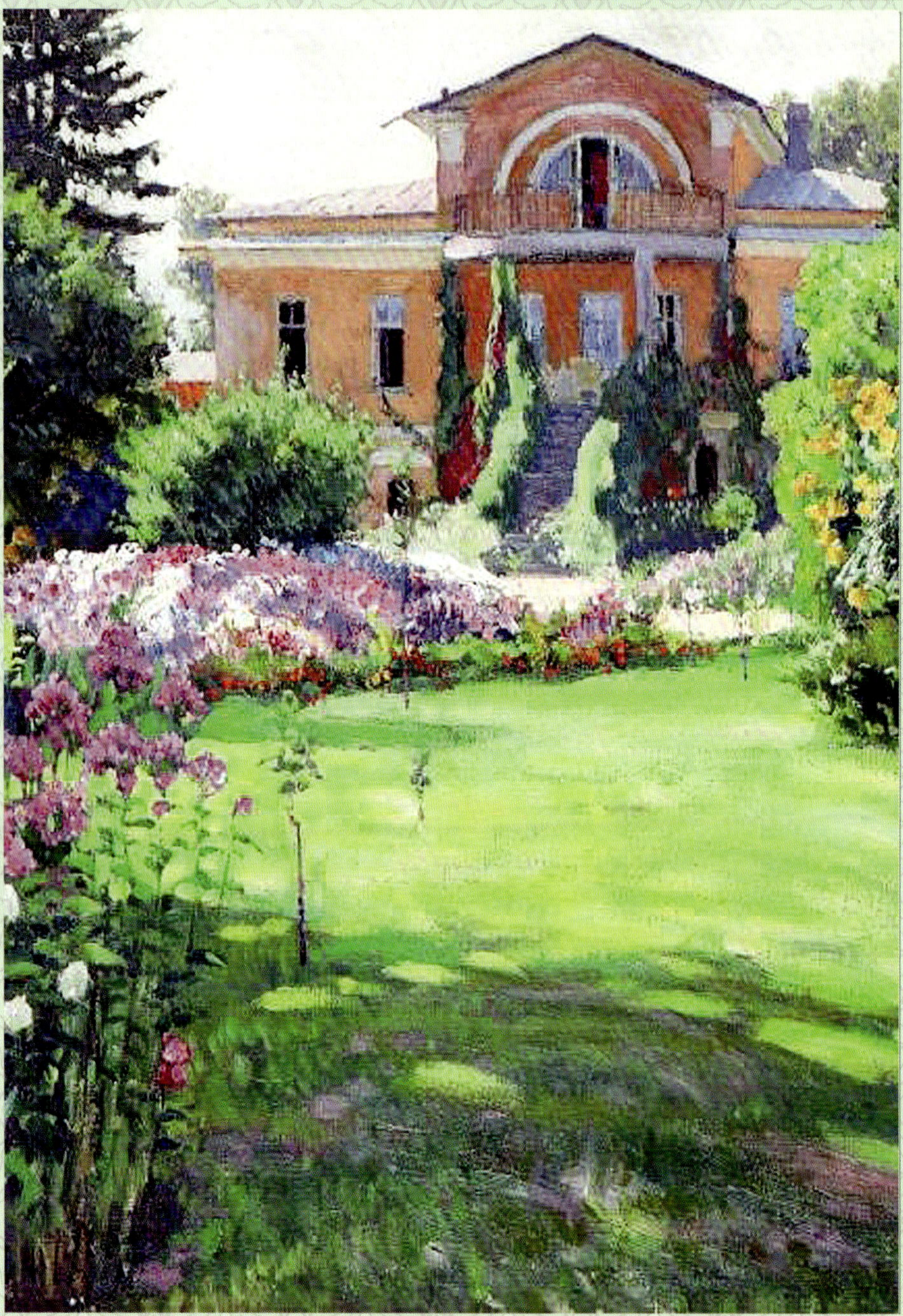

дав его и, в сущности, не зная, что он открыл. Дело в жизни, в одной жизни, — в открывании ее, беспрерывном и вечном, а совсем не в открытии!

Ипполит Терентьев

Во всякой гениальной или новой человеческой мысли, или просто даже во всякой серьезной человеческой мысли, зарождающейся в чьей-нибудь голове, всегда остается нечто такое, чего никак нельзя передать другим людям, хотя бы вы исписали целые томы и растолковывали вашу мысль тридцать пять лет; всегда останется нечто, что ни за что не захочет выйти из-под вашего черепа и останется при вас навеки; с тем вы и умрете, не передав никому, может быть, самого-то главного из вашей идеи.

Ипполит Терентьев

Есть люди, которые в своей раздражительной обидчивости находят чрезвычайное наслаждение, и особенно когда она в них доходит (что случается всегда очень быстро) до последнего предела; в это мгновение им даже, кажется, приятнее быть обиженными, чем не обиженными. Эти раздражающиеся всегда потом ужасно мучатся раскаянием, если они умны, разумеется, и в состоянии сообразить, что разгорячились в десять раз более, чем следовало.

Ипполит Терентьев

Единичное добро останется всегда, потому что оно есть потребность личности, живая потребность прямого влияния одной личности на другую.

Ипполит Терентьев

Кто посягает на единичную «милостыню», тот посягает на природу человека и презирает его личное достоинство.

Ипполит Терентьев

Все ваши мысли, все брошенные вами семена, может быть уже забытые вами, воплотятся и вырастут; получивший от вас передаст другому. И почему вы знаете, какое участие вы будете иметь в будущем разрешении судеб человечества?

Ипполит Терентьев

Есть такой предел позора в сознании собственного ничтожества и слабосилия, дальше которого человек уже не может идти и с которого начинает ощущать в самом позоре своем громадное наслаждение…

Ипполит Терентьев

Пусть зажжено сознание волею высшей силы, пусть оно оглянулось на мир и сказало: «Я есмь!», — и пусть ему вдруг предписано этою высшею силой уничтожиться, потому что там так для чего-то, — и даже без объяснения для чего, — это надо, пусть, я всё это допускаю, но, опять-таки вечный вопрос: для чего при этом понадобилось смирение мое? Неужто нельзя меня просто съесть, не требуя от меня похвал тому, что меня съело?

Ипполит Терентьев

Я согласен, что иначе, то есть без беспрерывного поядения друг друга, устроить мир было никак невозможно; я даже согласен допустить, что ничего не понимаю в этом устройстве; но зато вот что я знаю наверно: если уже раз мне дали сознать, что «я есмь», то какое мне дело до того, что мир устроен с ошибками и что иначе он не может стоять? Кто же и за что меня после этого будет судить?

Ипполит Терентьев

Я никогда, несмотря даже на всё желание мое, не мог представить себе, что будущей жизни и провидения нет. Вернее всего, что всё это есть, но что мы ничего не понимаем в будущей жизни и в законах ее. Но если это так трудно и совершенно даже невозможно понять, то неужели я буду отвечать за то, что не в силах был осмыслить непостижимое?

Ипполит Терентьев

Берегитесь вы этих доморощенных Ласенеров наших! Повторяю вам, преступление слишком обыкновенное прибежище этой бездарной, нетерпеливой и жадной ничтожности.

Евгений Павлович Родомский

Когда лжешь, то если ловко вставишь что-нибудь не совсем обыкновенное, что-нибудь эксцентрическое, ну, знаете, что-нибудь, что уж слишком редко или даже совсем не бывает, то ложь становится гораздо вероятнее.

Аглая Епанчина

Деликатности и достоинству само сердце учит, а не танцмейстер.

Елизавета Прокофьевна Епанчина

Ангел не может ненавидеть, не может и не любить.

Настасья Филипповна

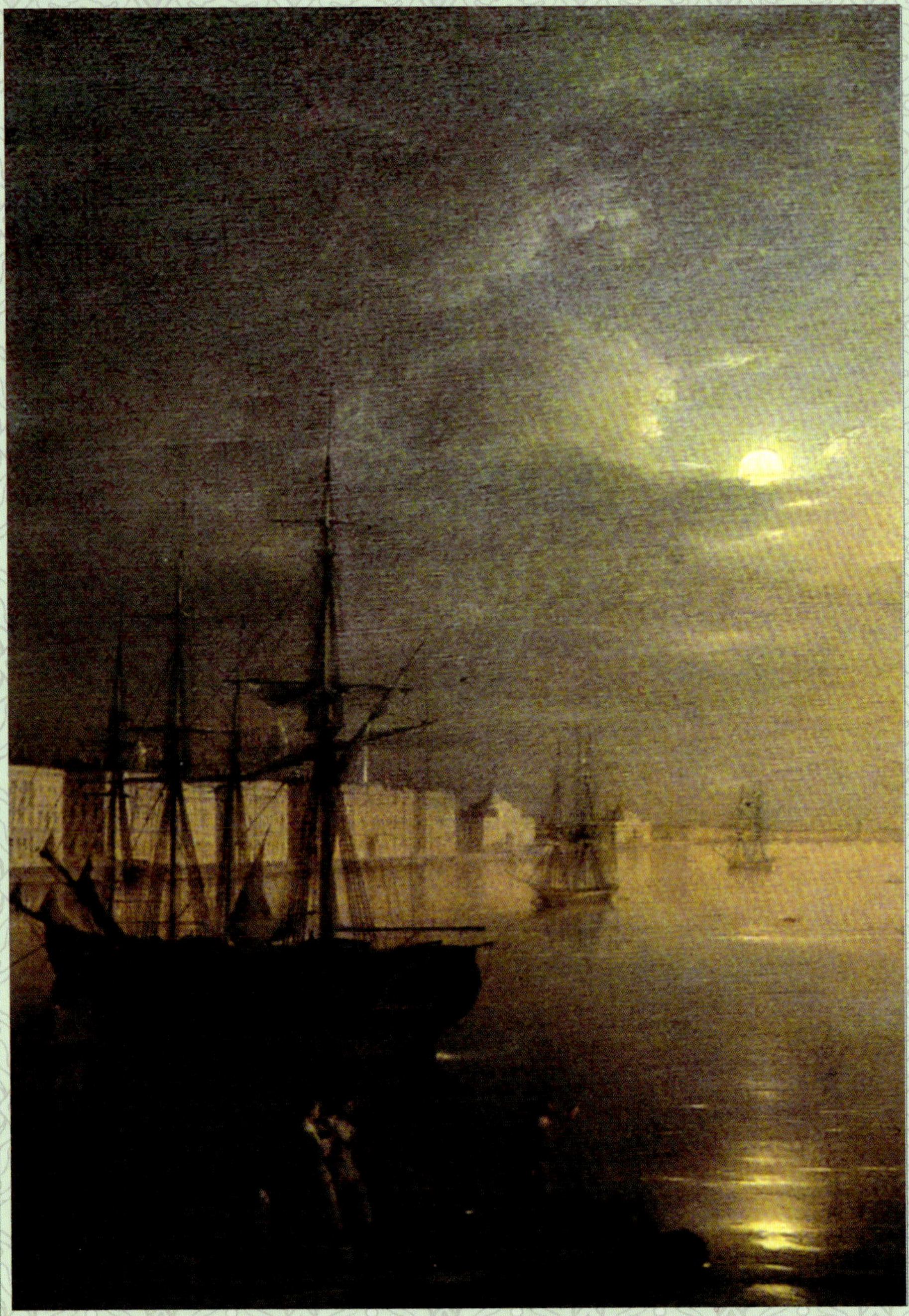

Совершенство нельзя ведь любить; на совершенство можно только смотреть как на совершенство.

Настасья Филипповна

В отвлеченной любви к человечеству любишь почти всегда одного себя.

Настасья Филипповна

Всё до известной черты, и все до известной черты.

Ганя Иволгин

Невинная ложь для веселого смеха, хотя бы и грубая, не обижает сердца человеческого. Иной и лжет-то, если хотите, из одной только дружбы, чтобы доставить тем удовольствие собеседнику.

Генерал Иволгин

Пусть бы выдумал это сочинитель, — знатоки народной жизни и критики тотчас же крикнули бы, что это невероятно; а прочтя в газетах как факт, вы чувствуете, что из таких-то именно фактов поучаетесь русской действительности.

Князь Мышкин

Русское сердце в состоянии даже в самом враге своего отечества отличить великого человека!

Генерал Иволгин

Какие мы еще дети, Коля! и... и... как это хорошо, что мы дети!

Князь Мышкин

Приятнее сидеть с бобами, чем на бобах.

Генерал Иволгин

А насчет значения, — то ведь еще бог знает, в чем будет полагаться, через несколько лет, значение порядочного человека у нас в России: в прежних ли обязательных успехах по службе или в чем другом?

Александра Епанчина

Лучше быть несчастным, но знать, чем счастливым и жить... в дураках.

Ипполит Терентьев

Кто мог страдать больше, стало быть, и достоин страдать больше.

Князь Мышкин

Тогдашние люди (клянусь вам, меня это всегда поражало) совсем точно и не те люди были, как мы теперь, не то племя было, какое теперь, в наш век, право, точно порода другая... Тогда люди были как-то об одной идее, а теперь нервнее, развитее, сенситивнее, как-то о двух, о трех идеях зараз... теперешний человек шире, — и, клянусь, это-то и мешает ему быть таким односоставным человеком, как в тех веках...

Князь Мышкин

Социализм — порождение католичества и католической сущности! Он тоже, как и брат его атеизм, вышел из отчаяния, в противоположность католичеству в смысле нравственном, чтобы заменить собой потерянную нравственную власть религии, чтоб утолить жажду духовную возжаждавшего человечества и спасти его не Христом, а тоже насилием! Это тоже свобода чрез насилие, это тоже объединение чрез меч и кровь!

Князь Мышкин

Русская страстность наша: у нас коль в католичество перейдет, то уж непременно иезуитом станет, да еще из самых подземных; коль атеистом станет, то непременно начнет требовать искоренения веры в бога насилием, то есть, стало быть, и мечом! Отчего это, отчего разом такое исступление? Неужто не знаете? Оттого, что он отечество нашел, которое здесь просмотрел, и обрадовался; берег, землю нашел и бросился ее целовать!

Князь Мышкин

Не из одного ведь тщеславия, не всё ведь от одних скверных тщеславных чувств происходят русские атеисты и русские иезуиты, а и из боли духовной, из жажды духовной, из тоски по высшему делу, по крепкому берегу, по родине, в которую веровать перестали, потому что никогда ее и не знали!

Князь Мышкин

Кто от родной земли отказался, тот и от бога своего отказался.

Старообрядец

Атеистом же так легко сделаться русскому человеку, легче чем всем остальным во всем мире! И наши не просто становятся атеистами, а непременно уверуют в атеизм, как бы в новую

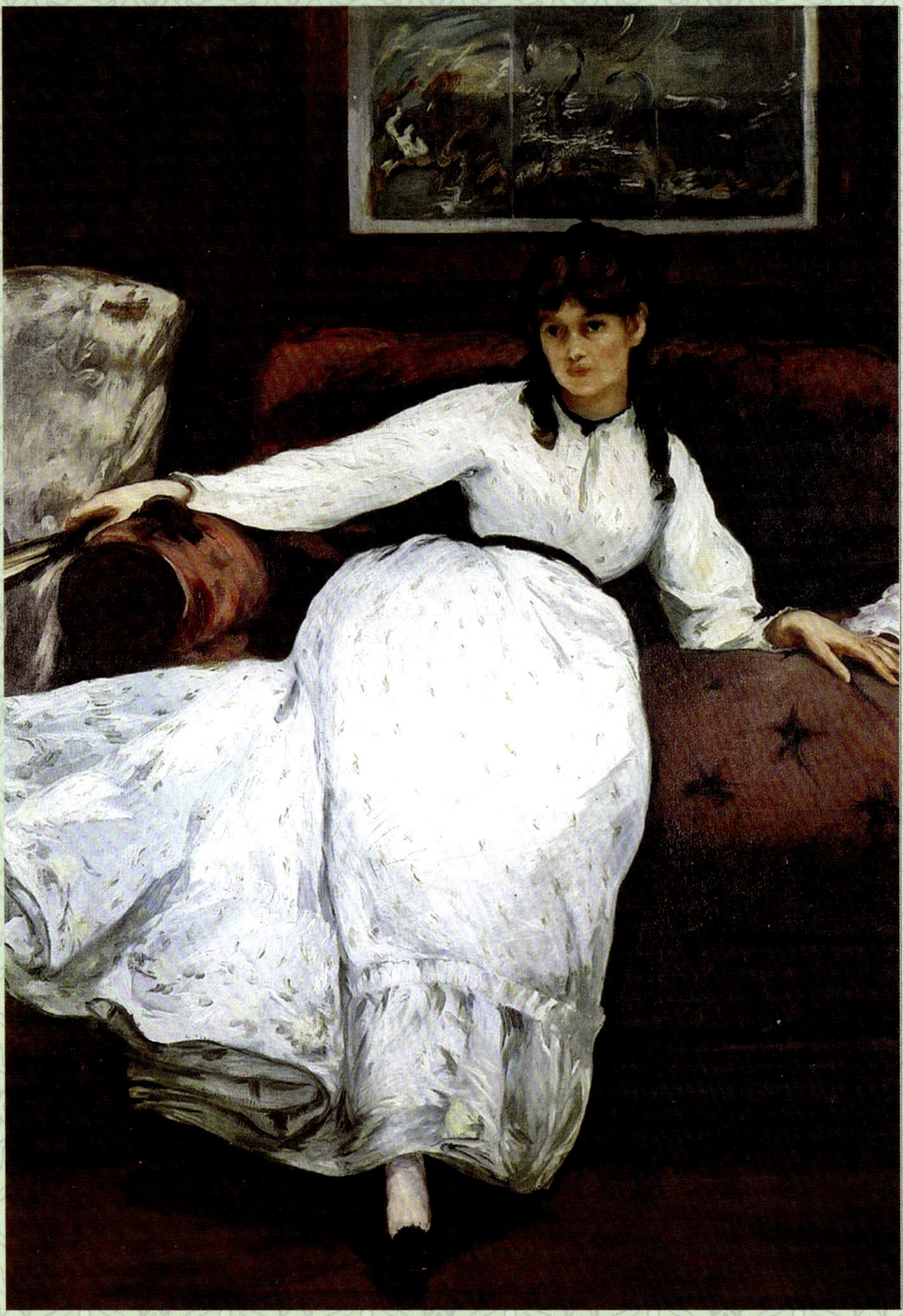

веру, никак и не замечая, что уверовали в нуль. Такова наша жажда!

Князь Мышкин

Откройте русскому человеку русский Свет, дайте отыскать ему это золото, это сокровище, сокрытое от него в земле! Покажите ему в будущем обновление всего человечества и воскресение его, может быть, одною только русскою мыслью, русским богом и Христом, и увидите, какой исполин могучий и правдивый, мудрый и кроткий вырастет пред изумленным миром, изумленным и испуганным, потому что они ждут от нас одного лишь меча, меча и насилия, потому что они представить себе нас не могут, судя по себе, без варварства.

Князь Мышкин

Что в том, что на одного передового такая бездна отсталых и недобрых? В том-то и радость моя, что я теперь убежден, что вовсе не бездна, а всё живой материал!

Князь Мышкин

Быть смешным даже иногда хорошо, да и лучше: скорее простить можно друг другу, скорее и смириться; не всё же понимать сразу, не прямо же начинать с совершенства! Чтобы достичь совершенства, надо прежде многого не понимать! А слишком скоро поймем, так, пожалуй, и не хорошо поймем.

Князь Мышкин

Сколько вещей на каждом шагу таких прекрасных, которые даже самый потерявшийся человек находит прекрасными? Посмотрите на ребенка, посмотрите на божию зарю, посмотрите на травку, как она растет, посмотрите в глаза, которые на вас смотрят и вас любят...

Князь Мышкин

Ничему не удивляться, говорят, есть признак большого ума; по-моему, это в равной же мере могло бы служить и признаком большой глупости...

Ипполит Терентьев

Жизнь не из одних завтраков, да обедов, да князей Щ. состоит.

Ипполит Терентьев

Захотела быть честною, так в прачки бы шла.

Аглая Епанчина

Кого боишься, того не презираешь.

Настасья Филипповна

Что ложью началось, то ложью и должно было кончиться; это закон природы.

Евгений Павлович Родомский

И всё это, и вся эта заграница, и вся эта ваша Европа, всё это одна фантазия, и все мы, за границей, одна фантазия...

Елизавета Прокофьевна Епанчина

У вас нежности нет: одна правда, стало быть, — несправедливо.

Аглая Епанчина

Малодушие-с всегда повторяется с человеком, когда уж очень хочется отыскать... при значительных и печальных пропажах-с: и видит, что нет ничего, место пустое, а все-таки раз пятнадцать в него заглянет.

Лукьян Тимофеевич Лебедев

Всякие записки очевидцев драгоценность, даже кто бы ни был очевидец.

Генерал Иволгин

Искренность ведь стоит жеста, так ли?

Князь Мышкин

Что такое мое горе и моя беда, если я в силах быть счастливым? Знаете, я не понимаю, как можно проходить мимо дерева и не быть счастливым, что видишь его? Говорить с человеком и не быть счастливым, что любишь его!

Князь Мышкин

Есть случаи, что и корабли сжигать иногда можно, и домой можно даже не возвращаться.

Ипполит Терентьев

Почему мы никогда не можем *всего* узнать про другого, когда это надо, когда этот другой виноват!..

Князь Мышкин

И как это любить двух? Двумя разными любвями какими-нибудь?

Евгений Павлович Родомский

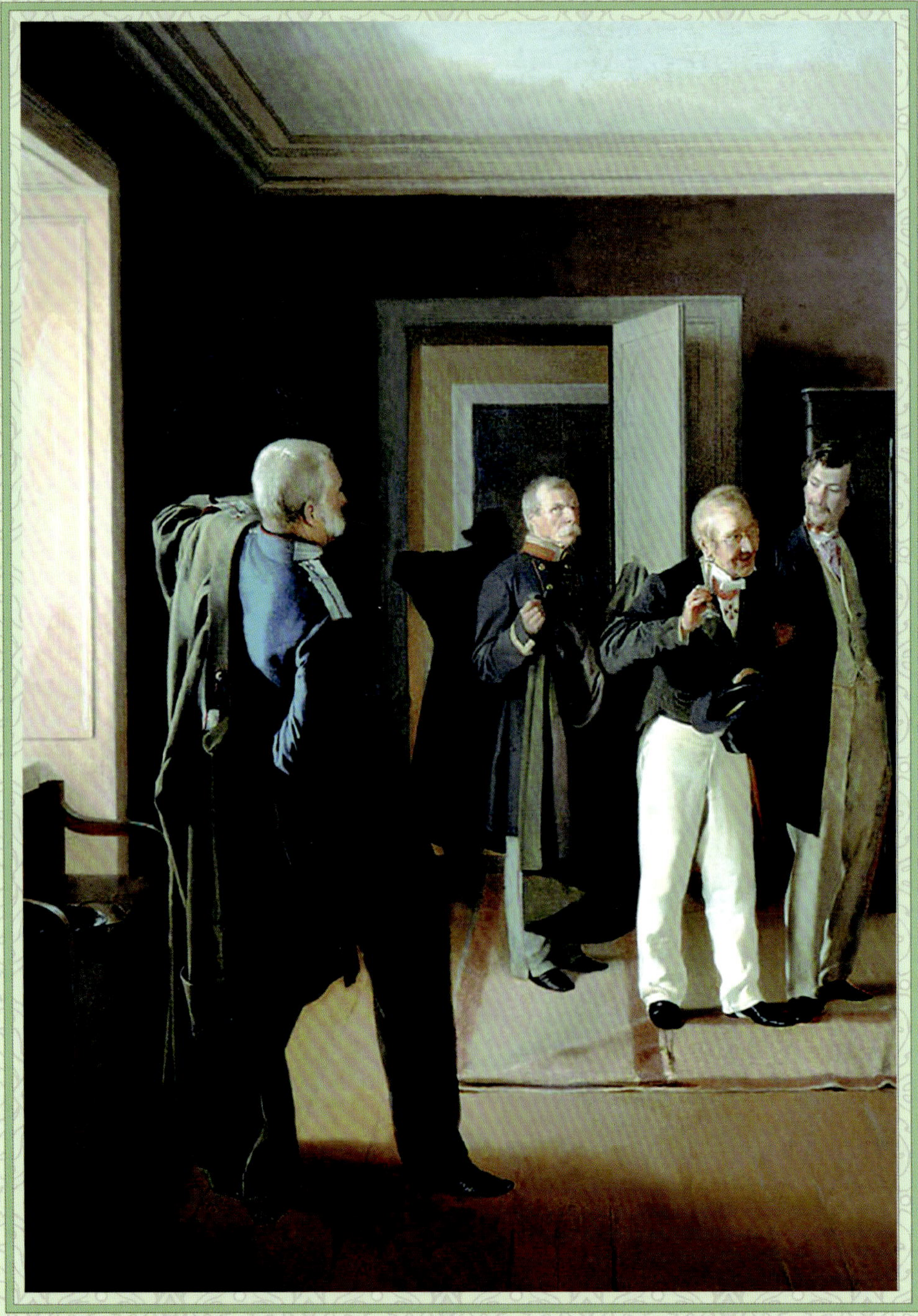

Михаил Евграфович Салтыков-Щедрин
(1826–1889)

«История одного города» (1869—1870)

Нам глупый-то князь, пожалуй, еще лучше будет! Сейчас мы ему коврижку в руки: жуй, а нас не замай!

Глуповец N

Несть глупости горшия, яко глупость!

Князь

Недоимка — это святое дело!

Петр Петрович Фердыщенко

Нам терпеть можно! потому мы знаем, что у нас есть начальники!

Глуповец N

Ты думаешь, начальство-то спит? Нет, брат, оно одним глазком дремлет, а другим поди уж где видит!

Глуповец N

Терпим-терпим, а тоже и промеж нас глупого человека не мало найдется! Как бы чего не сталось!

Глуповец N

Убеждениями с этим народом ничего не поделаешь! Тут не убеждения требуются, а одно из двух: либо хлеб, либо... команда!

Петр Петрович Фердыщенко

С правдой дома сидеть не приходится! потому она, правда-матушка, непоседлива! Ты глядишь: как бы в избу да на полати влезти, ан она, правда-матушка, из избы вон гонит...

Евсеич

Ежели чувствуешь, что закон полагает тебе препятствие, то, сняв оный со стола, положи под себя. И тогда все сие, сделавшись невидимым, много тебя в действии облегчит.

Василиск Семенович Бородавкин

Очень часто мы замечаем, что предметы, по-видимому, совершенно неодушевленные (камню подобные), начинают ощущать вожделение, как только приходят в соприкосновение с зрелищами, неодушевленности их недоступными.

Летописец

Всякий человек да имеет сердце сокрушенно.

Феофилакт Иринархович Беневоленский

Всяка душа да трепещет.

Феофилакт Иринархович Беневоленский

Всякий сверчок да познает соответствующий званию его шесток.

Феофилакт Иринархович Беневоленский

Есть законы мудрые, которые хотя человеческое счастие устрояют (таковы, например, законы о повсеместном всех людей продовольствовании), но, по обстоятельствам, не всегда бывают полезны; есть законы немудрые, которые, ничьего счастья не устрояя, по обстоятельствам бывают, однако ж, благопотребны (примеров сему не привожу: сам знаешь!); и есть, наконец, законы средние, не очень мудрые, но и не весьма немудрые, такие, которые, не будучи ни полезными, ни бесполезными, бывают, однако ж, благопотребны в смысле наилучшего человеческой жизни наполнения.

Феофилакт Иринархович Беневоленский

Когда мы мним, что счастию нашему нет пределов, что мудрые законы не про нас писаны, а действию немудрых мы не подлежим, тогда являются на помощь законы средние, которых роль в том и заключается, чтоб напоминать живущим, что несть на земле дыхания, для которого не было бы своевременно написано хотя какого-нибудь закона.

Феофилакт Иринархович Беневоленский

Апокалиптическое письмо... может понять только тот, кто его получает.

Феофилакт Иринархович Беневоленский

Без закона все, что угодно, можно! только вот законов писать нельзя-с!

Секретарь Беневоленского

Средние законы имеют в себе то удобство, что всякий, читая их, говорит: какая глупость! а между тем всякий же

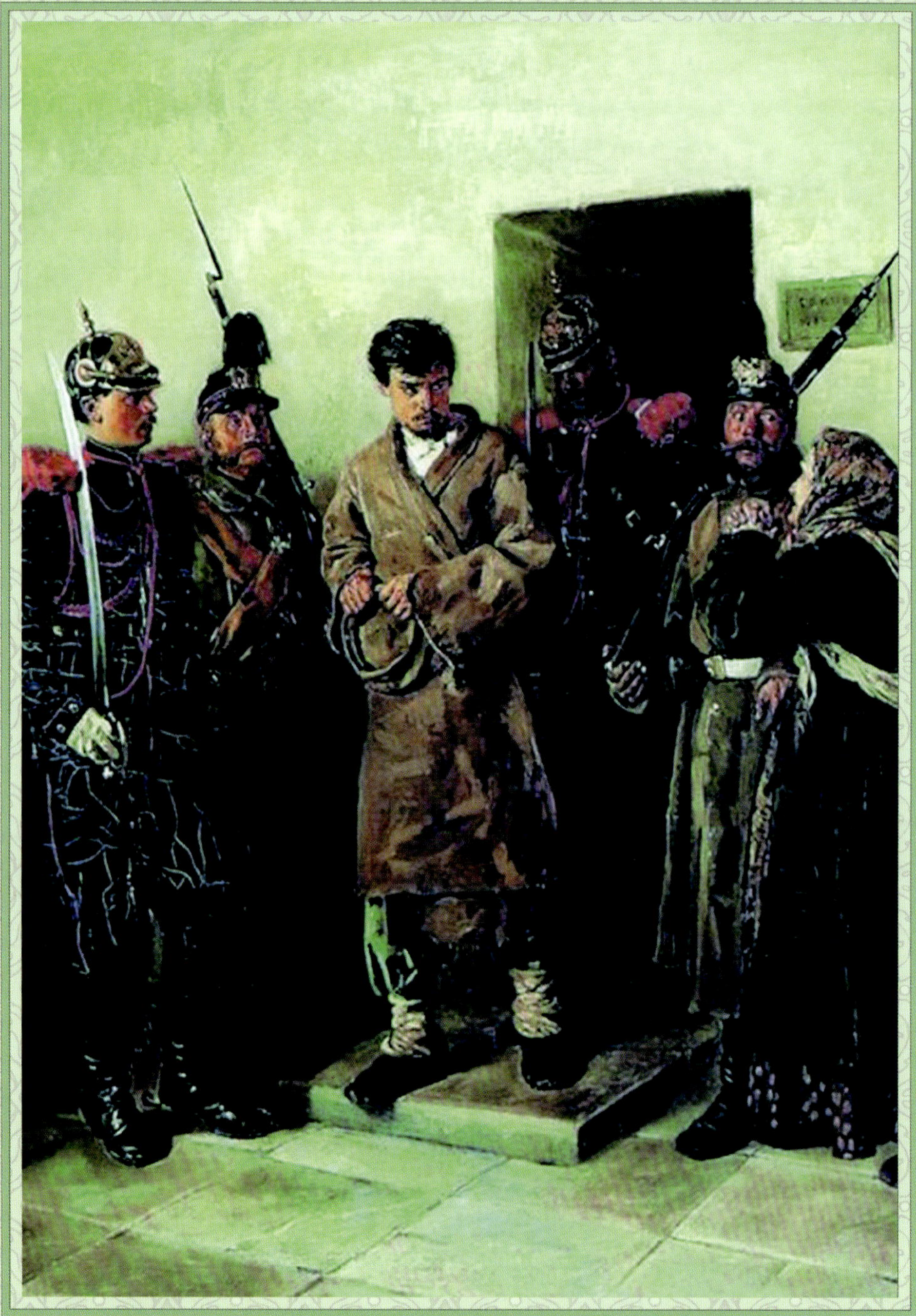

неудержимо стремится исполнять их. Ежели бы, например, издать такой закон: «всякий да яст», то это будет именно образец тех средних законов, к выполнению которых каждый устремляется без малейших мер понуждения.

Феофилакт Иринархович Беневоленский

Цель издания законов двоякая: одни издаются для вящего народов и стран устроения, другие — для того, чтобы законодатели не коснели в праздности...

Феофилакт Иринархович Беневоленский

Всякий да печет по праздникам пироги, не возбраняя себе таковое печение и в будни.

Феофилакт Иринархович Беневоленский

Делать пироги из грязи, глины и строительных материалов навсегда возбраняется.

Феофилакт Иринархович Беневоленский

Смысл каждой конституции таков: всякий в дому своем благополучно да почивает!

Феофилакт Иринархович Беневоленский

Новых идей не понимаю. Не понимаю даже того, зачем их следует понимать-с.

Иван Пантелеич Прыщ

Хлеб пущай свиньи едят, а мы свиней съедим — тот же хлеб будет!

Глуповец N

Душа есть и у лягушки, токмо малая видом и не бессмертная.

Линкин

Мнишь ты всех людей добродетельными сделать, а про то позабыл, что добродетель не от тебя, а от бога, и от бога же всякому человеку пристойное место указано.

Василиск Семенович Бородавкин

Худы... те законы, кои писать надо, а те законы исправны, кои и без письма в естестве у каждого человека нерукотворно написаны.

Алешка Беспятов

Злодеем может быть вор, но это злодей, так сказать, третьестепенный; злодеем называется убийца, но и это злодей лишь второй степени, наконец, злодеем может быть вольнодумец — это уже злодей настоящий, и притом закоренелый и нераскаянный.

Василиск Семенович Бородавкин

Градоначальническое многомыслие может иметь последствия не только вредные, но и с трудом исправимые!

Василиск Семенович Бородавкин

Дворянин повинуется благородно и вскользь предъявляет резоны; купец повинуется с готовностью и просит принять хлеб-соль; наконец, подлый народ повинуется просто и, чувствуя себя виноватым, раскаивается и просит прощения. Что будет, ежели градоначальник в сии оттенки не вникнет, а особливо ежели он подлому народу предоставит предъявлять резоны?

Василиск Семенович Бородавкин

«Обязанности!» — о, сколь горькое это для многих градоначальников слово!

Василиск Семенович Бородавкин

При благоразумном употреблении, даже горькие вещества могут легко превращаться в сладкие!

Василиск Семенович Бородавкин

В чем выражаются меры кротости? Меры сии преимущественно выражаются в приветствиях и пожеланиях. Обыватели, а в особенности подлый народ, великие до сего охотники; но при этом необходимо, чтобы градоначальник был в мундире и имел открытую физиономию и благосклонный взгляд. Нелишнее также, чтобы на лице играла улыбка.

Василиск Семенович Бородавкин

Градоначальник никогда не должен действовать иначе, как чрез посредство мероприятий. Всякое его действие не есть действие, а есть мероприятие.

Василиск Семенович Бородавкин

Ежели градоначальник, выйдя из своей квартиры, прямо начнет палить, то он достигнет лишь того, что перепалит всех обывателей и, как древний Марий, останется на развалинах один с письмоводителем.

Василиск Семенович Бородавкин

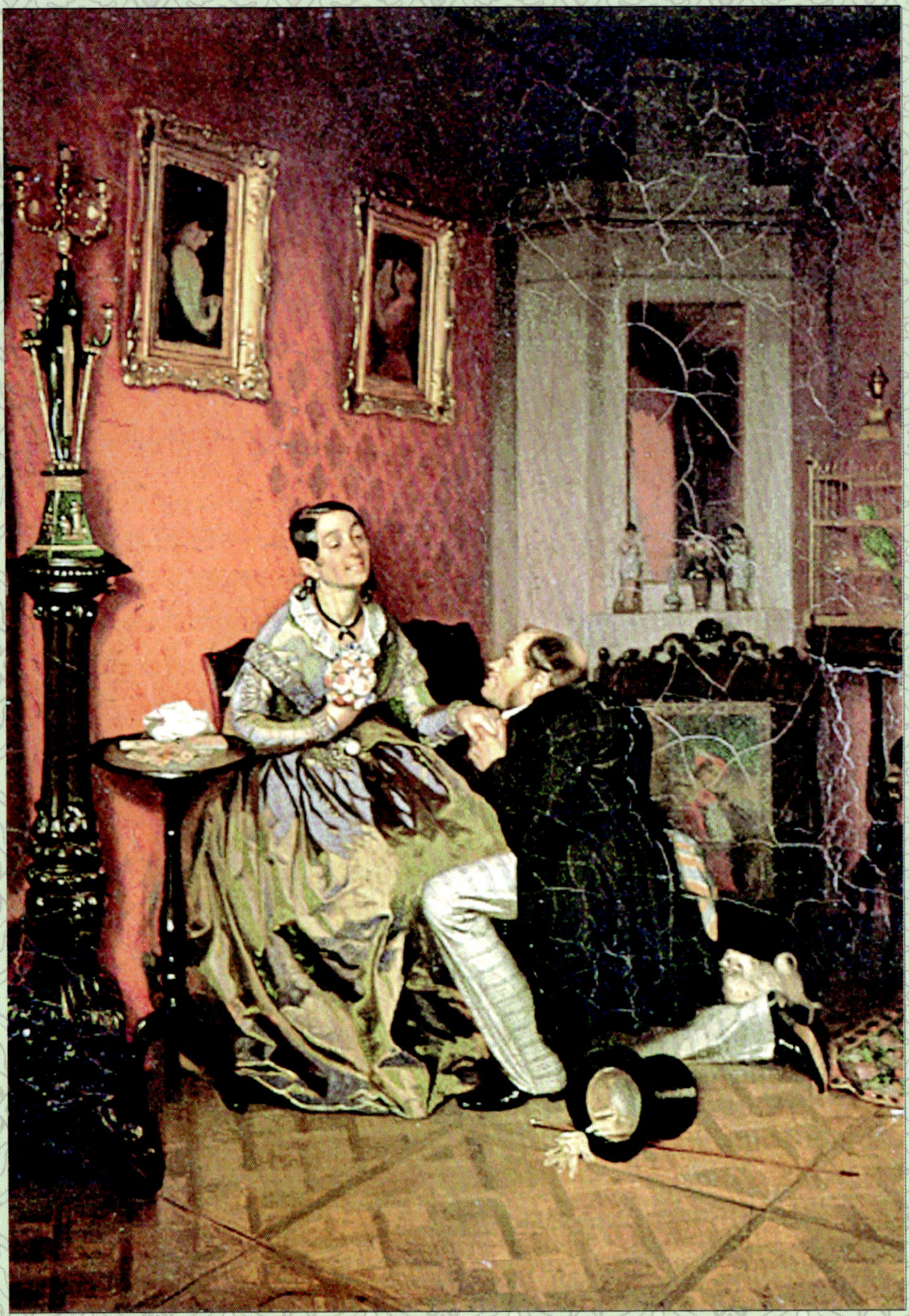

Приветливый вид, благосклонный взгляд суть такие же меры внутренней политики, как и экзекуция.

Василиск Семенович Бородавкин

Обыватель всегда в чем-нибудь виноват и потому всегда же надлежит на порочную его волю воздействовать.

Василиск Семенович Бородавкин

Науки бывают разные; одни трактуют об удобрении полей, о построении жилищ человеческих и скотских, о воинской доблести и непреоборимой твердости — сии суть полезные; другие, напротив, трактуют о вредном фармасонском и якобинском вольномыслии, о некоторых, якобы природных человеку, понятиях и правах, причем касаются даже строения мира — сии суть вредные.

Василиск Семенович Бородавкин

Градоначальники, как особливо обреченные, должны и воспитание получать особливое. Следует градоначальников от сосцов материнских отлучать и воспитывать не обыкновенным материнским млеком, а млеком указов правительствующего сената и предписаний начальства. Сие есть истинное млеко градоначальниково, и напитавшийся им тверд будет в единомыслии и станет ревниво и строго содержать свое градоначальство.

Василиск Семенович Бородавкин

Взыскание недоимок есть первейший градоначальника долг и обязанность.

Василиск Семенович Бородавкин

Для удовлетворения воображения допускать картинки. Из наук преподавать три: а) арифметику, как необходимое пособие при взыскании недоимок; б) науку о необходимости очищать улицы от навоза; и в) науку о постепенности мероприятий. В рекреационное время занимать чтением начальственных предписаний и анекдотов из жизни доблестных администраторов. При такой системе можно сказать наперед: а) что градоначальники будут крепки и б) что они не дрогнут.

Василиск Семенович Бородавкин

Градоначальник не тучный, но и не тощий, хотя бы и не был сведущ в законах, всегда имеет успех. Ибо он бодр, свеж, быстр и всегда готов.

Ксаверий Георгиевич Микаладзе

Ничто так не подрывает власть, как некоторая выдающаяся или заметная для всех гнусность.

Ксаверий Георгиевич Микаладзе

При отправлении казенных должностей мундир, так сказать, предшествует человеку, а не наоборот.

Ксаверий Георгиевич Микаладзе

Градоначальник устроен, однако же, яко и человеки, и, следовательно, имеет некоторые естественные надобности. Одна из сих надобностей — и преимущественнейшая — есть привлекательный женский пол. Нельзя довольно изъяснить, сколь она настоятельна и сколь много от нее ущерба для казны происходит. Есть градоначальники, кои вожделеют ежемгновенно и, находясь в сем достойном жалости виде, оставляют резолюции городнического правления по целым месяцам без утверждения. Надлежит, чтобы упомянутые выше руководства от сей пагубной надобности градоначальников предостерегали и сохраняли супружеское их ложе в надлежащей опрятности.

Василиск Семенович Бородавкин

Одною строгостью, хотя бы оная была стократ сугуба, ни голода людского утолить, ни наготы человеческой одеть не можно.

Феофилакт Иринархович Беневоленский

«Господа Головлевы» (1875—1880)

Пить скверно, да и не пить нельзя — потому сна нет!

Степан Головлев

Были и у нас денежки — и нет их! Был человек — и нет его! Так-то вот и все на сем свете! сегодня ты и сыт и пьян, живешь в свое удовольствие, трубочку покуриваешь... «А завтра — где ты, человек?»

Степан Головлев

Питье тогда на пользу, когда при нем и закуска благопотребная есть.

Степан Головлев

И колбасы поедим. Походом шли — не то едали.

Степан Головлев

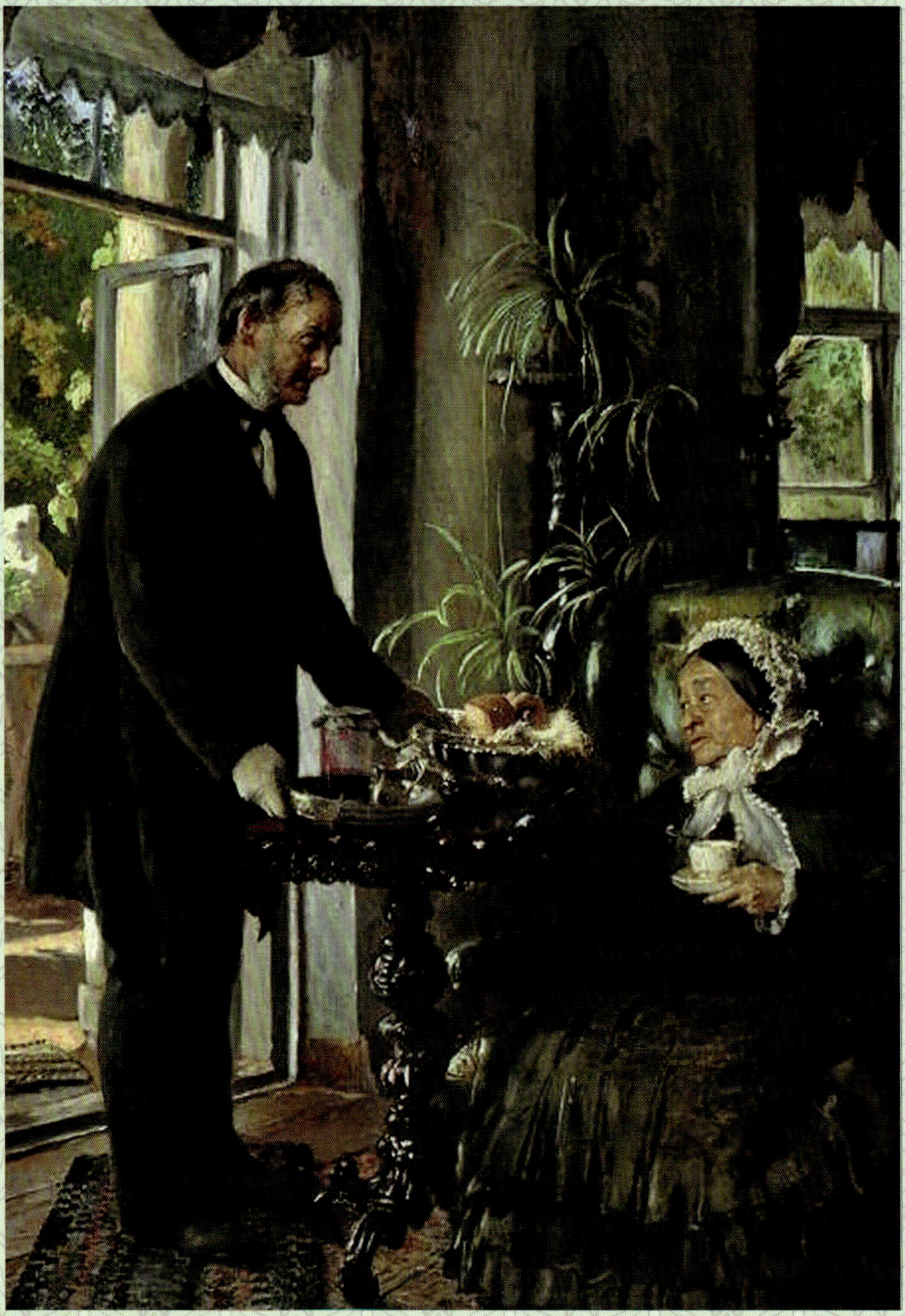

Чаем одним наливаешься? Нехорошо, брат; оттого и брюхо у тебя растет. С чаем надобно тоже осторожно: чашку выпей, а сверху рюмочкой прикрой. Чай мокроту накопляет, а водка разбивает.

Степан Головлев

Водка — святое дело: отвинтил манерку, налил, выпил — и шабаш.

Степан Головлев

Дети — это любящие существа, в которых все, начиная от них самих и кончая последней тряпкой, которую они на себе имеют, — все принадлежит родителям. Поэтому родители могут судить детей; дети же родителей — никогда. Обязанность детей — чтить, а не судить.

Иудушка Головлев

Вы — мать, вам одним известно, как с нами, вашими детьми, поступать. Заслужили мы — вы наградите нас, провинились — накажите. Наше дело — повиноваться, а не критиковать. Если б вам пришлось даже и переступить, в минуту родительского гнева, меру справедливости — и тут мы не смеем роптать, потому что пути провидения скрыты от нас.

Иудушка Головлев

Как бы мы ни были высокоумны и даже знатны, но ежели родителей не почитаем, то оные как раз и высокоумие, и знатность нашу в ничто обратят. Таковы правила, кои всякий живущий в сем мире человек затвердить должен.

Арина Петровна Головлева

Хорошо, голубушка, коли кто с богом в ладу живет! И он к богу с молитвой, и бог к нему с помощью.

Иудушка Головлев

По нынешнему времени, совсем собственности иметь не надо! Деньги — это так! Деньги взял, положил в карман и удрал с ними! А недвижимость...

Павел Головлев

У кого совести нет, для того все законы открыты, а у кого есть совесть, для того и закон закрыт. Поди, отыскивай его в книге-то!

Павел Головлев

Наукам верят, а в бога не верят. Даже мужики — и те в ученые норовят.

Отец благочинный

Против всего нынче науки пошли. Против дождя — наука, против вёдра — наука. Прежде, бывало, попросту: придут да молебен отслужат — и даст бог. Вёдро нужно — вёдро господь пошлет; дождя нужно — и дождя у бога не занимать стать. Всего у бога довольно. А с тех пор как по науке начали жить — словно вот отрезало; все пошло безо времени. Сеять нужно — засуха, косить нужно — дождик!

Отец благочинный

В бога не верят, бессмертия души не признают... а жрать хотят!

Иудушка Головлев

Коли захочет бог — замерзнет человек, не захочет — жив останется. Опять и про молитву надо сказать: есть молитва угодная и есть молитва неугодная. Угодная достигает, а неугодная — все равно, что она есть, что ее нет.

Иудушка Головлев

Человек обо всем молится, потому что ему всего нужно. И маслица нужно, и капустки нужно, и огурчиков — ну, словом, всего. Иногда даже чего и не нужно, а он все, по слабости человеческой, просит. Ан богу-то сверху виднее. Ты у него маслица просишь, а он тебе капустки либо лучку даст; ты об вёдрышке да об тепленькой погодке хлопочешь, а он тебе дождичка да с градцем пошлет. И должен ты это понимать и не роптать.

Иудушка Головлев

Мы здесь мудрствуем да лукавим, и так прикинем, и этак примерим, а бог разом, в один момент, все наши планы-соображения в прах обратит.

Иудушка Головлев

Без божьей милости нигде не обойдешься, никуда от нее не убежишь.

Иудушка Головлев

Нынче, маменька, и без мужа все равно что с мужем живут. Нынче над предписаниями-то религии смеются. Дошли до куста, под кустом обвенчались — и дело в шляпе. Это у них гражданским браком называется.

Иудушка Головлев

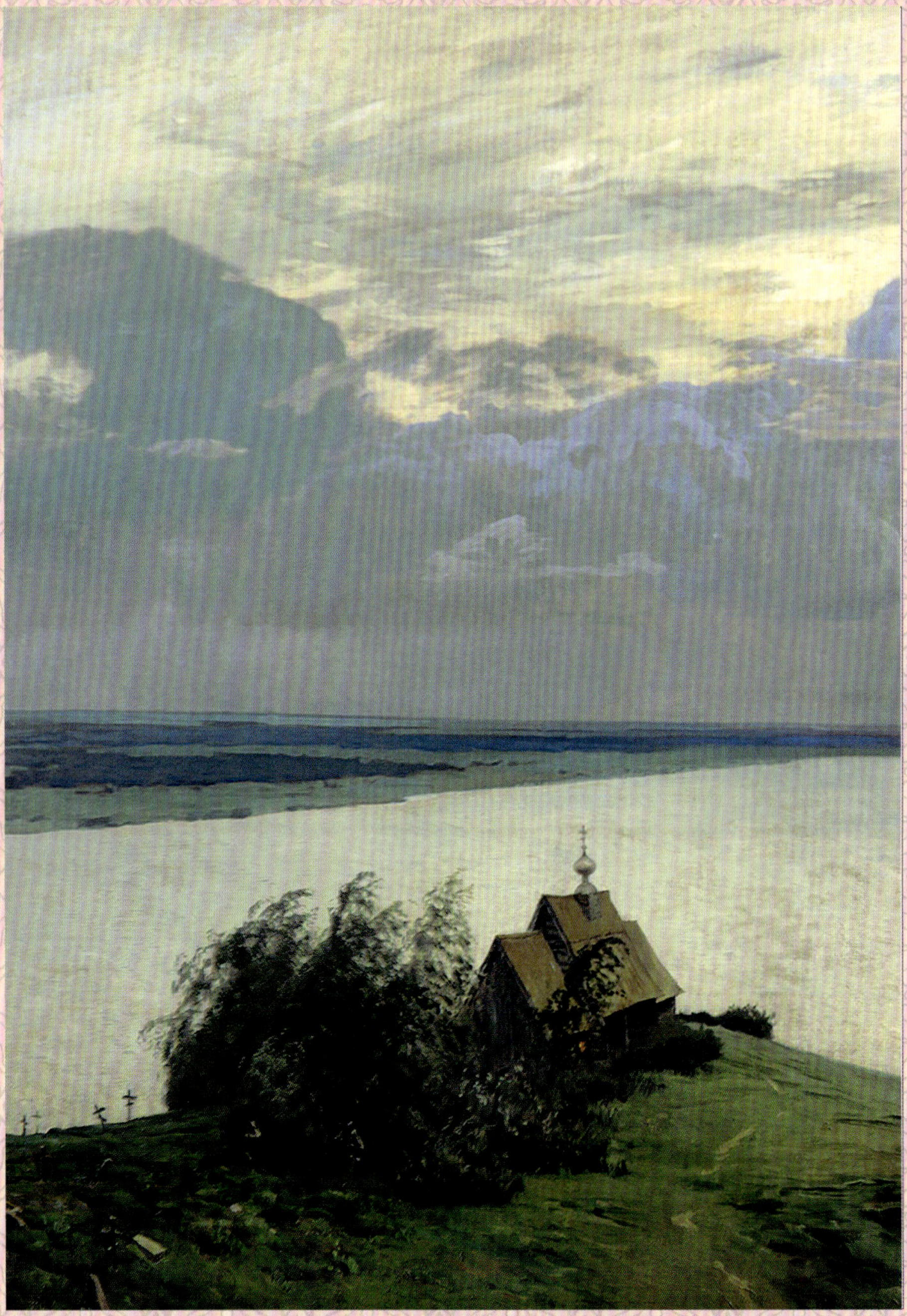

По нужде и закону перемена бывает!

Иудушка Головлев

В нужде и кулик соловьем свищет. И святые в нужде согрешили, не то что мы, грешные!

Арина Петровна Головлева

От железного попа да каменной просвиры ждать!

Петенька Головлев

Ежели отцу и лишний разок поклонишься, так ведь голова не отвалится: отец он!

Арина Петровна Головлева

У родителей только и можно слате́нько поспать.

Иудушка Головлев

С отцом не объясняются-с. У отца прощенья просят.

Иудушка Головлев

— Ты знаешь ли, что в Писании-то сказано: без воли божьей...
— Это насчет волоса? — знаю и это! Но вот беда: нынче все шиньоны носят, а это, кажется, не предусмотрено!

Иудушка Головлев и Аннинька

Хоть и не по шерстке иногда правда, хоть и горьконько — а все ее выслушаешь! И должно выслушать, потому что она — правда.

Иудушка Головлев

В чужом кармане, мой друг, легко деньги считать. Иногда нам кажется, что у человека золотые горы, а поглядеть да посмотреть, так у него на маслице да на свечечку — и то не его, а богово!

Иудушка Головлев

Богу ведь не киот, а молитва твоя нужна! Коли ты искренно приступаешь, так и перед плохенькими образами молитва твоя дойдет! А коли ты только так: болты-болты! да по сторонам поглядеть, да книксен сделать — так и хорошие образа тебя не спасут!

Иудушка Головлев

У кого, мой друг, дело есть, да кто собой управлять умеет — тот никогда скуки не знает.

Иудушка Головлев

Иногда много хочешь сделать, а выходит мало, а иногда будто и мало делается, ан смотришь, с божьею помощью, все дела незаметно прикончил.

Иудушка Головлев

Как нужен дядя — он и голубчик, и миленький, и душенька, а не нужен — сейчас ему хвост покажут!

Иудушка Головлев

Пьяницы — те живут, потому что пьяница не слышит. Ему хоть в трубу труби — у него все равно голова как горшком прикрыта.

Евпраксеюшка

Ты не все на свой аршин меряй — и об старших подумай! «По мне» да «не по мне» — разве можно так говорить! А ты говори: «по-божьему» или не «по-божьему» — вот это будет дельно, вот это будет так!

Иудушка Головлев

Чего нам скучать? мы не господа!

Евпраксеюшка

Страшно, когда человек говорит и не знаешь, зачем он говорит, что говорит и кончит ли когда-нибудь.

Аннинька

Я когда у батюшки жила, тощая-претощая была. А теперь — ишь какая! печь печью сделалась! Скука-то, стало быть, впрок идет!

Евпраксеюшка

Хотя дело и сделано, но ведь его и переделать можно. Не только мы, грешные, а и бог свои действия переменяет: сегодня пошлет дождичка, а завтра вёдрышка даст!

Иудушка Головлев

Свой хлеб лучше. Как-то легче живется, как чувствуешь, что никому не обязан.

Аннинька

Во всяком звании и приятности и неприятности бывают, но человек, по слабости своей, первыми восхищается, а последние старается позабыть. Для чего позабыть? а именно

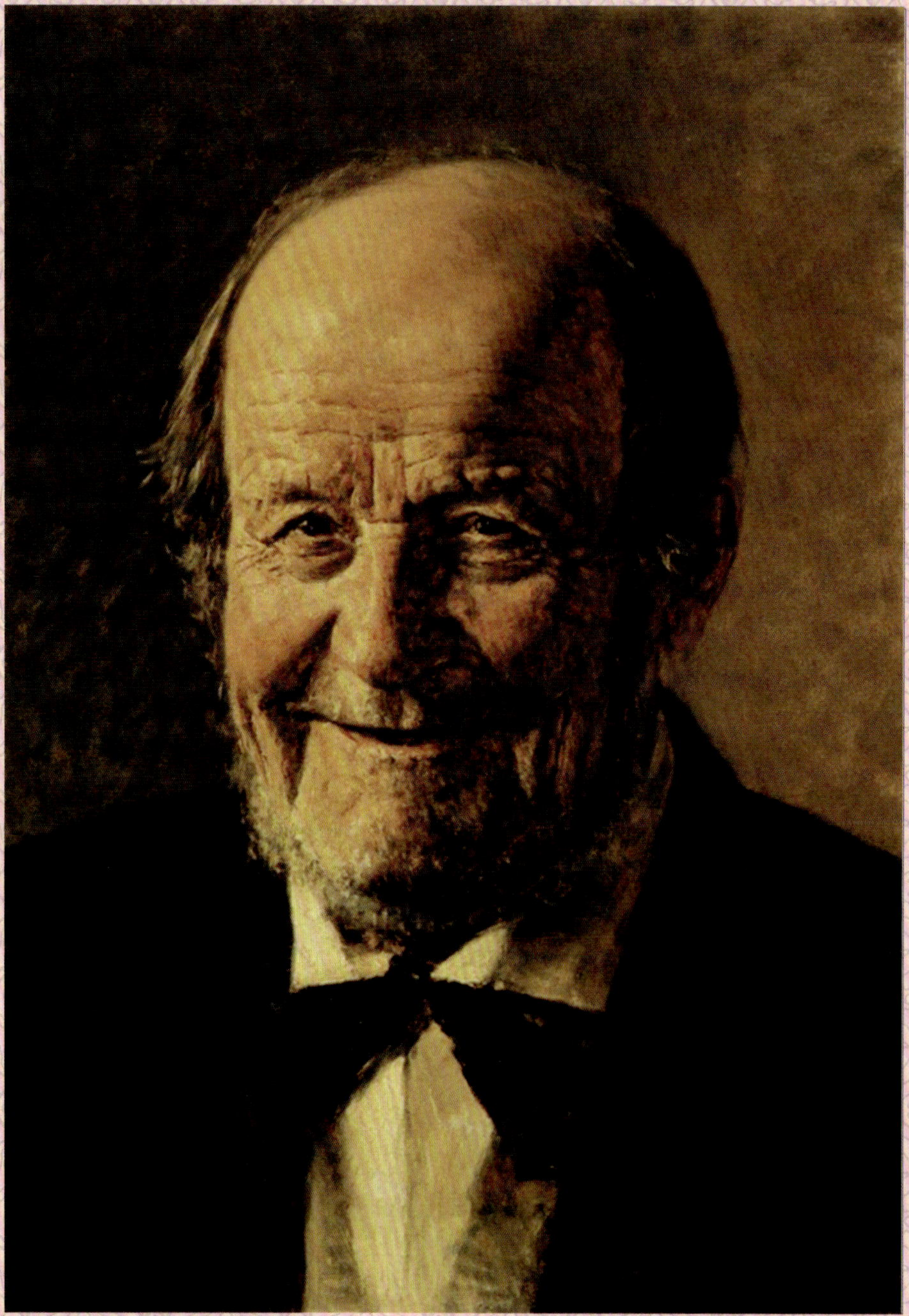

для того, сударыня, дабы и сего последнего напоминовения о долге и добродетельной жизни, по возможности, не иметь перед глазами.

Батюшка из Воплино

Главное, сударыня, сокровище свое надлежит соблюсти! И вот это-то сокровище, мнится, в актерском звании соблюсти — дело довольно сомнительное.

Батюшка из Воплино

Ничего я не знаю! ничего я не позволяю и ничего не разрешаю!

Иудушка Головлев

Одного Володьку бог взял, другого дал! Вот оно, бог-то! В одном месте теряешь, думаешь, что и не найдешь — ан бог-то возьмет да в другом месте сторицей вознаградит!

Иудушка Головлев

Человек нередко, в мечтании своем, стремится недосягаемая досягнуть и к недоступному доступ найти. А вследствие того, или повод для раскаяния, или и самую скорбь для себя обретает.

Отец Александр

Многие нынче любят кругом да около ходить: и то не так, и другое не по-ихнему, и третье вот этак бы сделать, а я этого не люблю. И сам не загадываю, и в других не похвалю. Высокоумие это.

Иудушка Головлев

Мы все здесь — странники.

Иудушка Головлев

Этого и правительство нам не воспрещает: кушать кушайте, а язык за зубами держите!

Иудушка Головлев

Ум дан человеку не для того, чтоб испытывать неизвестное, а для того, чтоб воздерживаться от грехов.

Иудушка Головлев

Вера — сама по себе, а ум сам по себе. Вера на цель указывает, а ум — пути изыскивает. Туда толкнется, там постучится... блуждает, а между тем и полезное что-нибудь отыщет. Вот лекарства разные, травы целебные, пластыри, декокты — все это ум изобретает и открывает. Но надобно, чтоб все было согласно с верою — на пользу, а не на вред.

Иудушка Головлев

Человек без ума в скором времени делается игралищем страстей.

Иудушка Головлев

Первое грехопадение человеческое оттого произошло, что дьявол, в образе змия, рассуждение человеческое затмил.

Иудушка Головлев

Люди не только впадают в грех мысленный, но и преступления совершают — и все через недостаток ума. Плоть искушает, а ума нет — вот и летит человек в пропасть.

И сладенького-то хочется, и веселенького, и приятненького, а в особенности ежели женский пол... как тут без ума уберечись! А коли ежели у меня есть ум, я взял канфарки или маслица; там потер, в другом месте подсыпал — смотришь, искушение-то с меня как рукой сняло!

Иудушка Головлев

Ни у птиц, ни у зверей, ни у пресмыкающих — ума нет. Птица — это что такое? Ни у ней горя, ни заботушки — летает себе! Вот давеча смотрю в окно: копаются воробьи носами в навозе — и будет с них! А человеку — этого мало!

Иудушка Головлев

В тех случаях, когда и без ума вера спасает — тогда птицам подражать нужно. Вот богу молиться, стихи сочинять...

Иудушка Головлев

Птицам ум не нужен, потому что у них соблазнов нет. Или, лучше сказать, есть соблазны, да никто с них за это не взыскивает. У них все натуральное: ни собственности нет, за которой нужно присмотреть, ни законных браков нет, а следовательно, нет и вдовства. Ни перед богом, ни перед начальством они в ответе не состоят: один у них начальник — петух!

Иудушка Головлев

Человек все так сам для себя устроил, что ничего у него натурального нет, а потому ему и ума много нужно. И самому чтобы в грех не впасть, и других бы в соблазн не ввести.

Иудушка Головлев

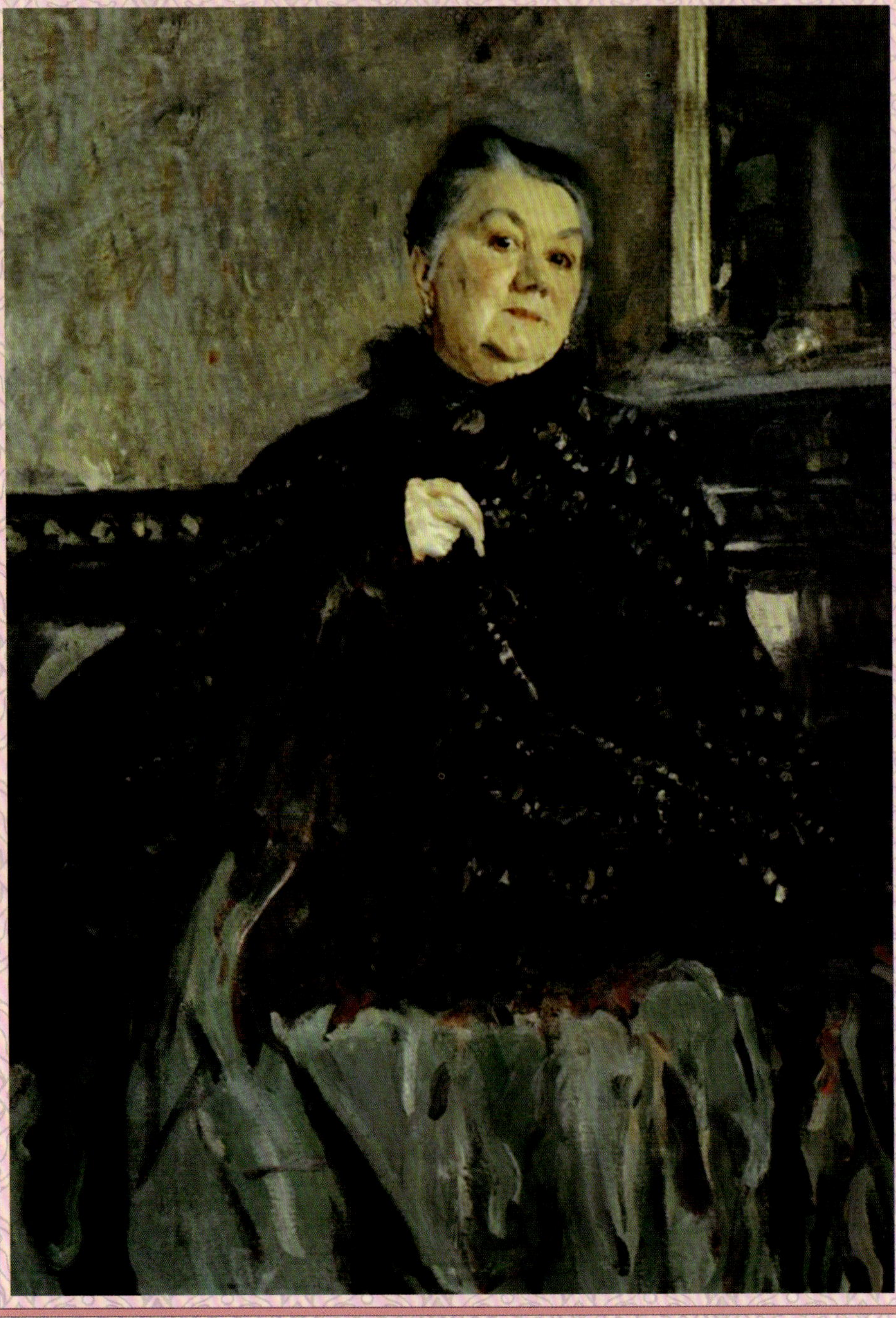

Ежели с прислугой в короткие отношения войти — непременно она командовать в доме начнет.

Иудушка Головлев

Кто говорит: тяжко! а я говорю: чем тяжче, тем лучше, только бы бог укрепил! Не всем сладенького да легонького — надо кому-нибудь и для бога потрудиться! Здесь себя сократишь — там получишь! Здесь — «трудом» это называется, а там — заслугой зовется!

Иудушка Головлев

Ничто так не облегчает души, как молитва! И скорби, и гнев, и даже болезнь — все от нее, как тьма нощная от солнца, бежит!

Отец Александр

И всегда так вести себя нужно, чтобы жизнь наша, словно свеча в фонаре, вся со всех сторон видна была... И осуждать меньше будут — потому, не за что!

Иудушка Головлев

Не всем в палатах жить да по балам прыгать — надо кому-нибудь и в избеночке курненькой пожить, за землицей-матушкой походить да похолить ее!

Иудушка Головлев

Труд — та же молитва! Вот мы — мы настоящим манером молимся! встанем перед образом, крестное знамение творим, и ежели наша молитва угодна богу, то он подает нам за нее! А мужичок — тот трудится! Иной и рад бы настоящим манером помолиться, да ему вряд и в праздник поспеть. А бог все-таки видит его труды — за труды ему подает, как нам за молитву.

Иудушка Головлев

Счастье-то — еще бабушка надвое сказала — где оно? Иной и в палатах и в неженье живет, да через золото слезы льет, а другой и в соломку зароется, хлебца с кваском покушает, а на душе-то у него рай!

Иудушка Головлев

Все мы люди, все человеки, все сладенького да хорошенького хотим!

Иудушка Головлев

Так-то и всегда с нами бывает! Мечтаем мы, воздушные замки строим, умствуем, думаем и бога самого перемудрить — а бог возьмет да в одну минуту все наше высокоумие в ничто обратит!

Иудушка Головлев

Позор — дело привычки, его можно перенести, но нищету — никогда!

Любинька

Цифра — святое дело; она уж не солжет!

Иудушка Головлев

Кабы мы бога помнили, и он бы об нас не забывал.

Иудушка Головлев

Лев Николаевич Толстой
(1828–1910)

«Война и мир» (1865—1868)

Стоит одному могущественному государству, как Россия, прославленному за варварство, стать бескорыстно во главе союза, имеющего целью равновесие Европы, — и оно спасет мир!

Аббат Морио

Ничто так не нужно молодому человеку, как общество умных женщин.

Василий Сергеевич Курагин

Свобода и равенство — всё громкие слова, которые уже давно компрометировались.

Виконт Мортемар

Надо в поступках государственного человека различать поступки частного лица.

Андрей Болконский

Никогда, никогда не женись, мой друг; вот тебе мой совет: не женись до тех пор, пока ты не скажешь себе, что ты сделал все, что мог, и до тех пор, пока ты не перестанешь любить ту женщину, какую ты выбрал, пока ты не увидишь ее ясно; а то

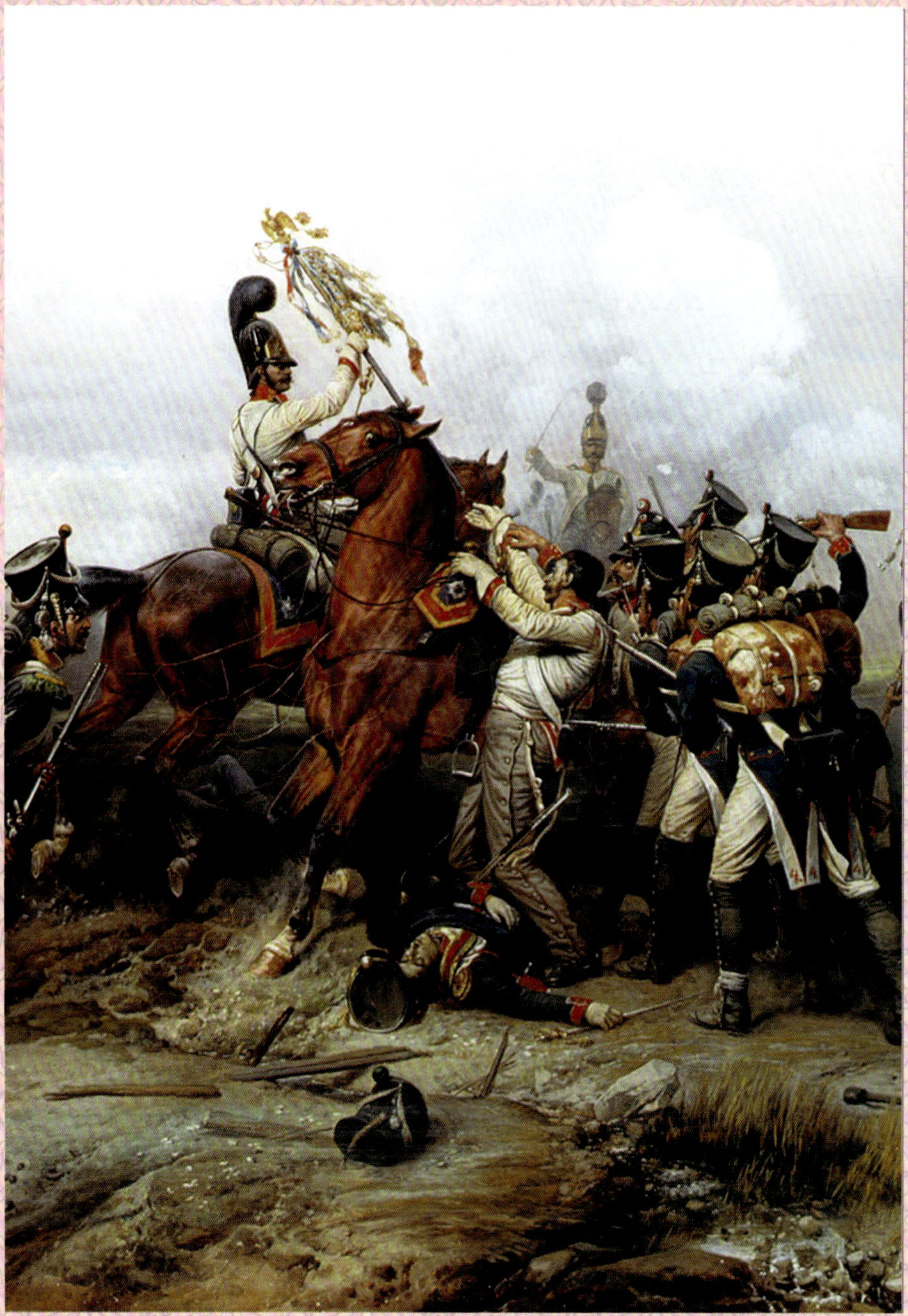

ты ошибешься жестоко и непоправимо. Женись стариком, никуда негодным... А то пропадет все, что в тебе есть хорошего и высокого. Все истратится по мелочам. Да, да, да! Не смотри на меня с таким удивлением. Ежели ты ждешь от себя чего-нибудь впереди, то на каждом шагу ты будешь чувствовать, что для тебя все кончено, все закрыто, кроме гостиной, где ты будешь стоять на одной доске с придворным лакеем и идиотом...

Андрей Болконский

Вечный мир возможен... Но только не политическим равновесием.

Пьер Безухов

Нельзя, mon cher, везде все говорить, что только думаешь.
Андрей Болконский

Ежели бы все воевали только по своим убеждениям, войны бы не было.

Андрей Болконский

Свяжи себя с женщиной — и, как скованный колодник, теряешь всякую свободу. И все, что есть в тебе надежд и сил, все только тяготит и раскаянием мучает тебя.

Андрей Болконский

Нездоровы, брат, бывают только дураки да развратники, а ты меня знаешь: с утра до вечера занят, воздержан, ну и здоров.

Николай Андреевич Болконский

Эгоизм, тщеславие, тупоумие, ничтожество во всем — вот женщины, когда они показываются так, как они есть. Посмотришь на них в свете, кажется, что что-то есть, а ничего, ничего, ничего!

Андрей Болконский

На все воля божья: и на печи лежа умрешь, и в сражении бог помилует.

Марья Дмитриевна Ахросимова

Есть только два источника людских пороков: праздность и суеверие...

Николай Андреевич Болконский

Есть только две добродетели: деятельность и ум...

Николай Андреевич Болконский

У каждого своя ахиллесова пятка.

Андрей Болконский

Все кажется хорошим, что было прежде.

Андрей Болконский

Никто помочь не может, коли натура не поможет.

Андрей Болконский

Боишься неизвестности, вот чего. Как там ни говори, что душа на небо пойдет... ведь это мы знаем, что неба нет, а есть атмосфера одна.

Капитан Тушин

Мы все не без слабостей.
>> *Михаил Илларионович Кутузов*

Обстоятельства бывают сильнее нас.
>> *Михаил Илларионович Кутузов*

Мы спим, пока не любим. Мы дети пг'аха... а полюбил — и ты бог, ты чист, как в пег'вый день созданья...
>> *Василий Денисов*

Женщина — подруга мужчины.
>> *Ипполит Курагин*

Живи так, чтобы быть готовой ко всему.
>> *Марья Болконская*

Как немцы возьмутся за аккуратность — конца нет!
>> *Андрей Болконский*

На войне энергия молодых людей часто вернее указывает путь, чем вся опытность старых кунктаторов.
>> *Князь Долгоруков*

А перед сражением нет ничего важнее... как выспаться хорошенько.
>> *Михаил Илларионович Кутузов*

Что же мне делать, ежели я ничего не люблю, как только славу, любовь людскую. Смерть, раны, потеря семьи, ничто мне не страшно. И как ни дороги, ни милы мне многие

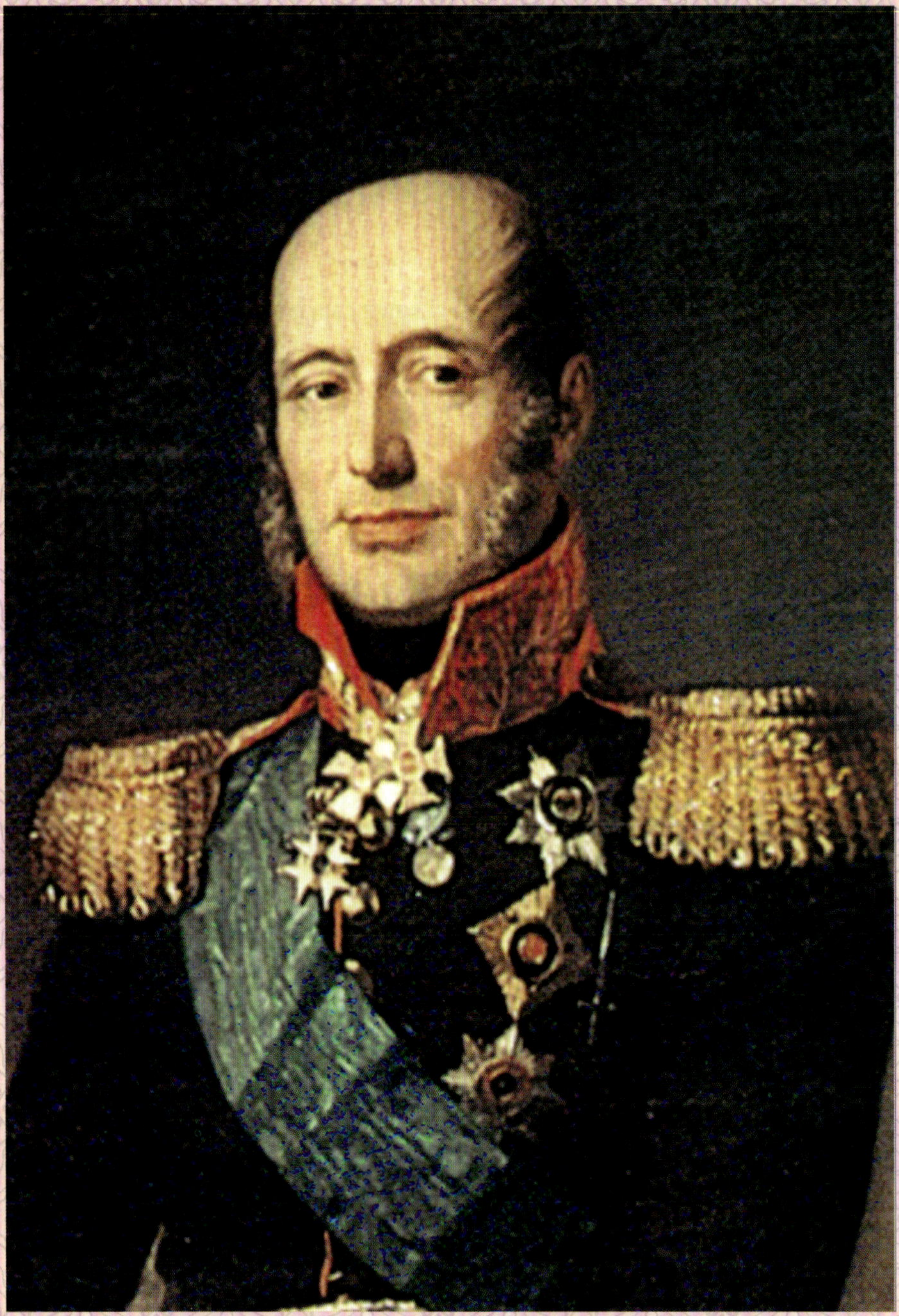

люди — отец, сестра, жена, — самые дорогие мне люди, — но, как ни страшно и неестественно это кажется, я всех их отдам сейчас за минуту славы, торжества над людьми, за любовь к себе людей, которых я не знаю и не буду знать, за любовь вот этих людей.

Андрей Болконский

Не может быть колебания в победе, особенно в тот день, в который идет речь о чести французской пехоты.

Наполеон

Как же я не видал прежде этого высокого неба? И как я счастлив, я, что узнал его наконец. Да! все пустое, все обман, кроме этого бесконечного неба. Ничего, ничего нет, кроме его. Но и того даже нет, ничего нет, кроме тишины, успокоения. И слава Богу!..

Андрей Болконский

Похвала великого полководца есть лучшая награда солдату.

Князь Репнин

Ежели ты идешь на дуэль и пишешь завещания да нежные письма родителям, ежели ты думаешь о том, что тебя могут убить, ты — дурак и наверно пропал; а ты иди с твердым намерением его убить, как можно поскорее и повернее, тогда всё исправно.

Федор Долохов

Молодость не мешает быть храбрым.

Поручик Сухтелен

Ничего, ничего нет верного, кроме ничтожества всего того, что мне понятно, и величия чего-то непонятного, но важнейшего!

Андрей Болконский

Надо лелеять мужей хорошеньких женщин.

Василий Денисов

Гораздо благороднее сознать свою ошибку, чем довести дело до непоправимого.

Князь Несвицкий

Кто прав, кто виноват? Никто. А жив — и живи: завтра умрешь, как мог я умереть час тому назад. И стоит ли того мучиться, когда жить остается одну секунду в сравнении с вечностью?

Пьер Безухов

Добродетели никто не любит, она всем глаза колет.

Марья Ивановна Долохова

Ежели я еще дорожу жизнью, то дорожу только потому, что надеюсь еще встретить такое небесное существо, которое бы возродило, очистило и возвысило меня.

Федор Долохов

Я никого знать не хочу кроме тех, кого люблю; но кого я люблю, того люблю так, что жизнь отдам, а остальных передавлю всех, коли станут на дороге. У меня есть обожаемая, неоцененная мать, два-три друга, ты в том числе, а на остальных я обращаю внимание только на столько, на сколько они полезны или вредны. И все почти вредны, в особенности женщины.

Федор Долохов

Мужчин я встречал любящих, благородных, возвышенных; но женщин, кроме продажных тварей — графинь или кухарок, всё равно — я не встречал еще. Я не встречал еще той небесной чистоты, преданности, которых я ищу в женщине. Ежели бы я нашел такую женщину, я бы жизнь отдал за нее.

Федор Долохов

Дурак, кто на счастье хочет играть; играть надо наверное.

Федор Долохов

Что дурно? Что хорошо? Что надо любить, что ненавидеть? Для чего жить, и что такое я? Что такое жизнь, что смерть? Какая сила управляет всем?.. умрешь — все кончится. Умрешь и все узнаешь, или перестанешь спрашивать.

Пьер Безухов

Смерть, которая все кончит и которая должна прийти нынче или завтра, — все равно через мгновение, в сравнении с вечностью.

Пьер Безухов

Ничего не найдено, ничего не придумано. Знать мы можем только то, что ничего не знаем. И это высшая степень человеческой премудрости.

Пьер Безухов

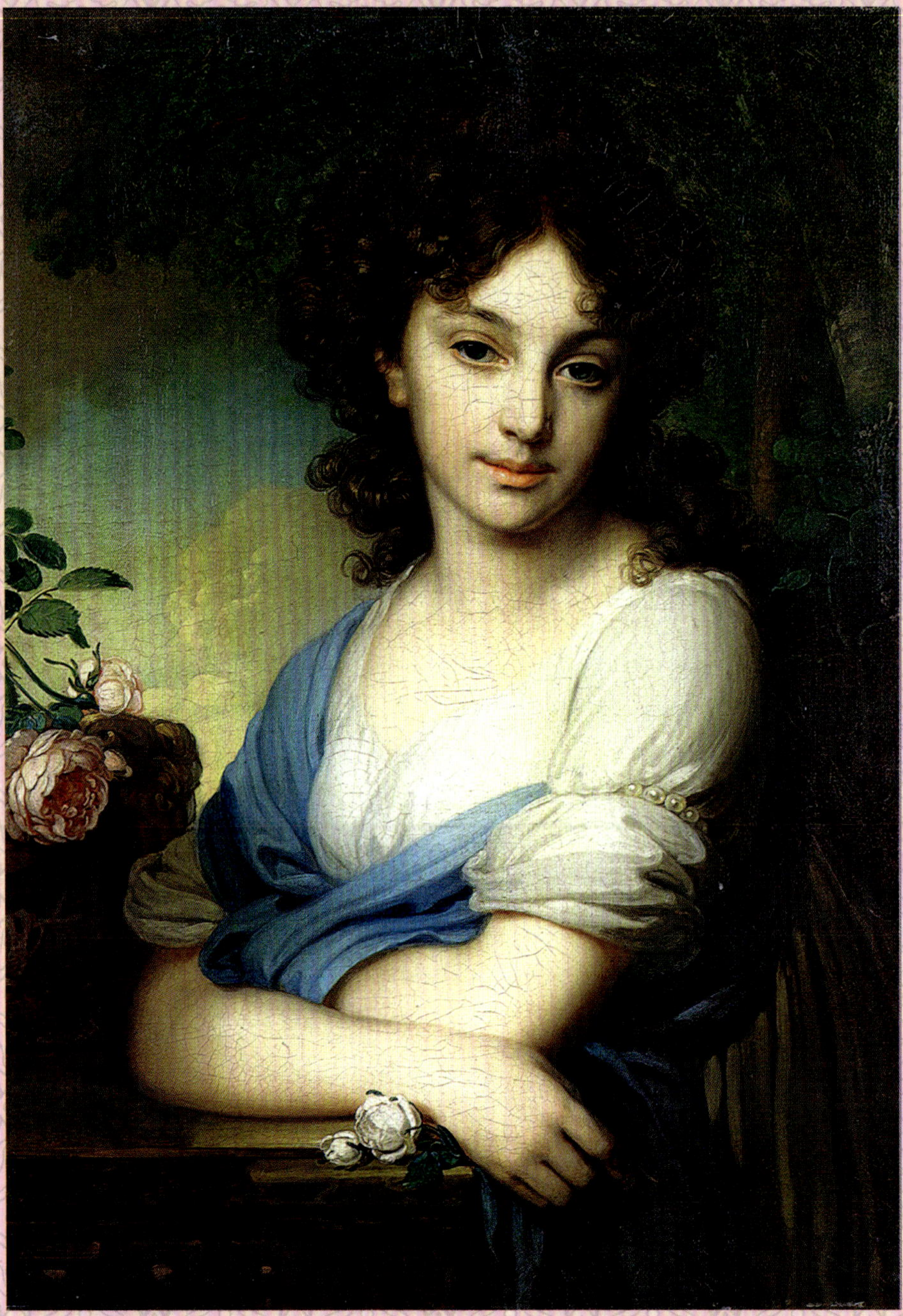

Я никогда не посмею сказать, что я знаю истину. Никто один не может достигнуть до истины; только камень за камнем, с участием всех, миллионами поколений, от праотца Адама и до нашего времени, воздвигается тот храм, который должен быть достойным жилищем Великого Бога.

Осип Алексеевич Баздеев

Вы не знаете Его, государь мой, и оттого вы очень несчастны. Вы не знаете Его, а Он здесь, Он во мне. Он в моих словах, Он в тебе, и даже в тех кощунствующих речах, которые ты произнес сейчас!.. Ежели бы Его не было, мы бы с вами не говорили о Нем, государь мой. О чем, о ком мы говорили? Кого ты отрицал? Кто Его выдумал, ежели Его нет? Почему явилось в тебе предположение, что есть такое непонятное существо? Почему ты и весь мир предположили существование такого непостижимого существа, существа всемогущего, вечного и бесконечного во всех своих свойствах?.. Он есть, но понять Его трудно. Ежели бы это был человек, в существовании которого ты бы сомневался, я бы привел к тебе этого человека, взял бы его за руку и показал тебе. Но как я, ничтожный смертный, покажу все всемогущество, всю вечность, всю благость Его тому, кто слеп, или тому, кто закрывает глаза, чтобы не видать, не понимать Его, и не увидать, и не понять всю свою мерзость и порочность?

Осип Алексеевич Баздеев

Кто ты? Что ты? Ты мечтаешь о себе, что ты мудрец, потому что ты мог произнести эти кощунственные слова, а ты глупее и безумнее малого ребенка, который бы, играя частями искусно сделанных часов, осмелился бы говорить, что, потому что он не понимает назначения этих часов, он и не верит в мастера, который их сделал.

Осип Алексеевич Баздеев

Высшая мудрость и истина есть как бы чистейшая влага, которую мы хотим воспринять в себя. Могу ли я в нечистый сосуд воспринять эту чистую влагу и судить о чистоте ее? Только внутренним очищением самого себя я могу до известной чистоты довести воспринимаемую влагу.

Осип Алексеевич Баздеев

Высшая мудрость основана не на одном разуме, не на тех светских науках физики, истории, химии и т. д., на которые распадается знание умственное. Высшая мудрость одна. Высшая мудрость имеет одну науку — науку всего, науку, объясняющую все мироздание и занимаемое в нем место человека. Для того чтобы вместить в себя эту науку, необходимо очистить и обновить своего внутреннего человека, и потому прежде, чем знать, нужно верить и совершенствоваться. И для достижения этих целей в душе нашей вложен свет Божий, называемый совестью.

Осип Алексеевич Баздеев

Погляди духовными глазами на своего внутреннего человека и спроси у самого себя, доволен ли ты собой. Чего ты достиг, руководясь одним умом? Что ты такое? Вы молоды, вы богаты, вы умны, образованы, государь мой. Что вы сделали из всех этих благ, данных вам? Довольны ли вы собой и своей жизнью?

Осип Алексеевич Баздеев

Очисти себя, и по мере очищения ты будешь познавать мудрость.

Осип Алексеевич Баздеев

Как легко, как мало усилия нужно, чтобы сделать так много добра, и как мало мы об этом заботимся!

Пьер Безухов

Убить злую собаку даже очень хорошо.

Андрей Болконский

То, что справедливо и несправедливо — не дано судить людям. Люди вечно заблуждались и будут заблуждаться, и ни в чем больше, как в том, что они считают справедливым и несправедливым.

Андрей Болконский

Несправедливо то, что есть зло для другого человека.

Пьер Безухов

Мы все знаем, что такое зло для себя.

Пьер Безухов

Мне кажется, что единственно возможное счастье — есть счастье животное.

Андрей Болконский

Что за воображенье, что медицина кого-нибудь и когда-нибудь вылечивала…

Андрей Болконский

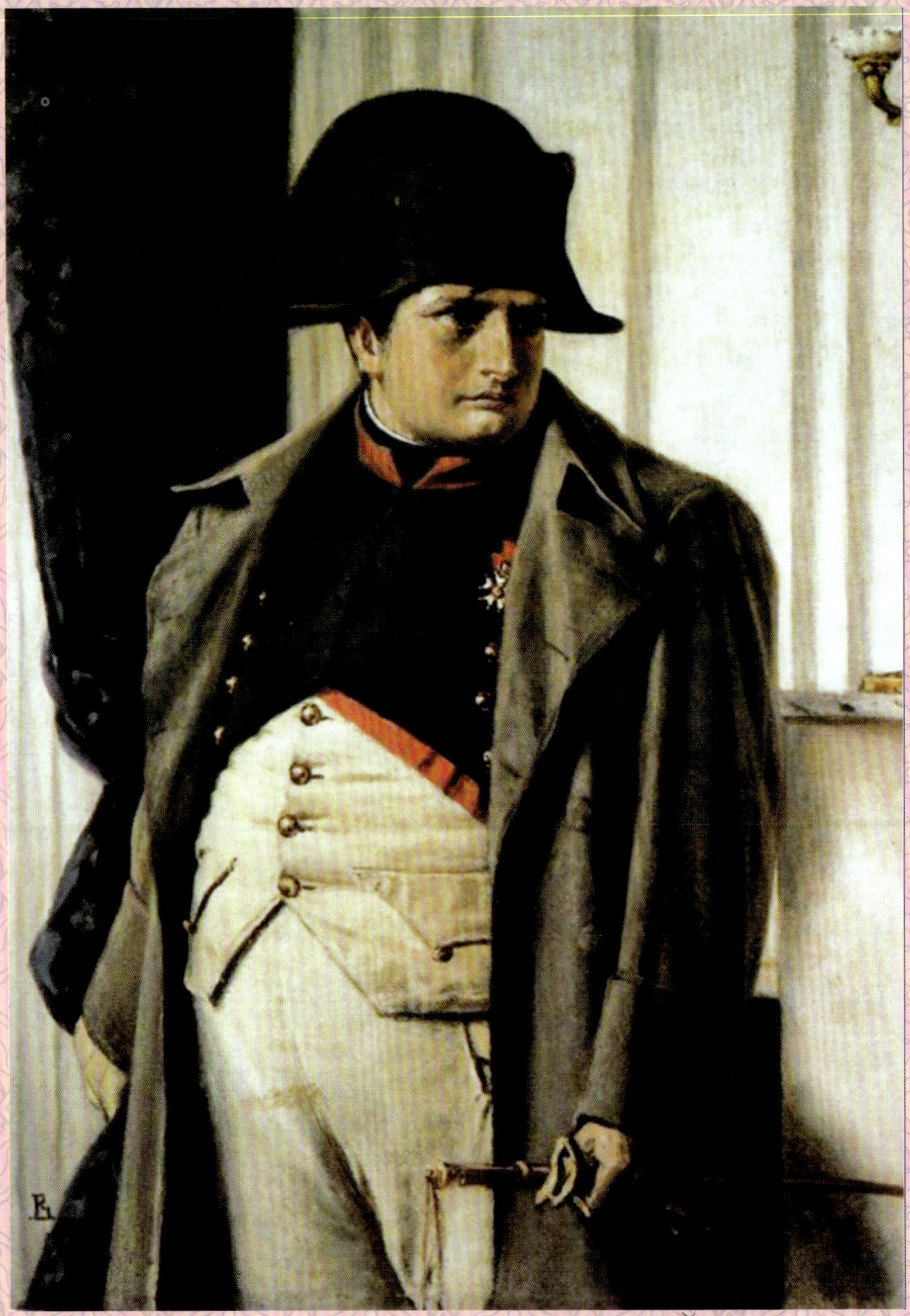

Я знаю в жизни только два действительные несчастья: угрызение совести и болезнь. И счастие есть только отсутствие этих двух зол. Жить для себя, избегая только этих двух зол, вот вся моя мудрость теперь.

Андрей Болконский

Жить только так, чтобы не делать зла, чтоб не раскаиваться, этого мало. Я жил так, я жил для себя и погубил свою жизнь. И только теперь, когда я живу, по крайней мере, стараюсь жить для других, только теперь я понял все счастие жизни.

Пьер Безухов

Я жил для славы. (Ведь что же слава? та же любовь к другим, желание сделать для них что-нибудь, желание их похвалы.) Так я жил для других, и не почти, а совсем погубил свою жизнь. И с тех пор стал спокойнее, как живу для одного себя.

Андрей Болконский

Я строю дом, развожу сад, а ты больницы. И то и другое может служить препровождением времени. Но что справедливо, что добро — предоставь судить тому, кто все знает, а не нам.

Андрей Болконский

Вы говорите, что не можете видеть царства добра и правды на земле. И я не видал его и его нельзя видеть, ежели смотреть на нашу жизнь как на конец всего. На земле, именно на этой земле, нет правды — все ложь и зло; но в мире, во всем мире есть царство правды, и мы теперь дети земли, а вечно дети всего мира. Разве я не чувствую в своей душе, что я составляю часть этого огромного, гармонического целого. Разве я не чувствую, что я в этом огромном бесчисленном количестве существ, в которых проявляется Божество, — высшая сила, как хотите, — что я составляю одно звено, одну ступень от низших существ к высшим. Ежели я вижу, ясно вижу эту лестницу, которая ведет от растения к человеку, то отчего же я предположу, что эта лестница прерывается со мною, а не ведет дальше и дальше. Я чувствую, что я не только не могу исчезнуть, как ничто не исчезает в мире, но что я всегда буду и всегда был. Я чувствую, что кроме меня надо мной живут духи и что в этом мире есть правда.

Пьер Безухов

Жизнь и так не оставляет в покое.

Андрей Болконский

Жизнь и смерть, вот что убеждает. Убеждает то, что видишь дорогое тебе существо, которое связано с тобой, перед которым ты был виноват и надеялся оправдаться, и вдруг это существо страдает, мучается и перестает быть... Зачем? Не может быть, чтоб не было ответа! И я верю, что он есть.... Вот что убеждает, вот что убедило меня.

Андрей Болконский

Убеждают в необходимости будущей жизни не доводы, а то, когда идешь в жизни рука об руку с человеком, и вдруг человек этот исчезнет там в нигде, и ты сам останавливаешься перед этой пропастью и заглядываешь туда.

Андрей Болконский

Ежели есть Бог и есть будущая жизнь, то есть истина, есть добродетель; и высшее счастье человека состоит в том, чтобы стремиться к достижению их. Надо жить, надо любить, надо верить, что живем не нынче только на этом клочке земли, а жили и будем жить вечно там во всем.

Пьер Безухов

Я счастлив, когда могу сделать добро, но исправить несправедливость есть величайшее счастье.

Николай Ростов

Коли бы мы стали обо всем судить да рассуждать, так этак ничего святого не останется.

Николай Ростов

Весна, и любовь, и счастие! И как не надоест вам все один и тот же глупый и бессмысленный обман. Все одно и то же, и все обман! Нет ни весны, ни солнца, ни счастия. Вон смотрите, сидят задавленные мертвые ели, всегда одинакие, и вон и я растопырил свои обломанные, ободранные пальцы, где ни выросли они — из спины, из боков; как выросли — так и стою, и не верю вашим надеждам и обманам.

Старый дуб (в мыслях А. Болконского)

Как мы не властны в своих симпатиях и антипатиях.

Андрей Болконский

Законов много, исполнять некому старых. Нынче все законы пишут, писать легче, чем делать.

Алексей Андреевич Аракчеев

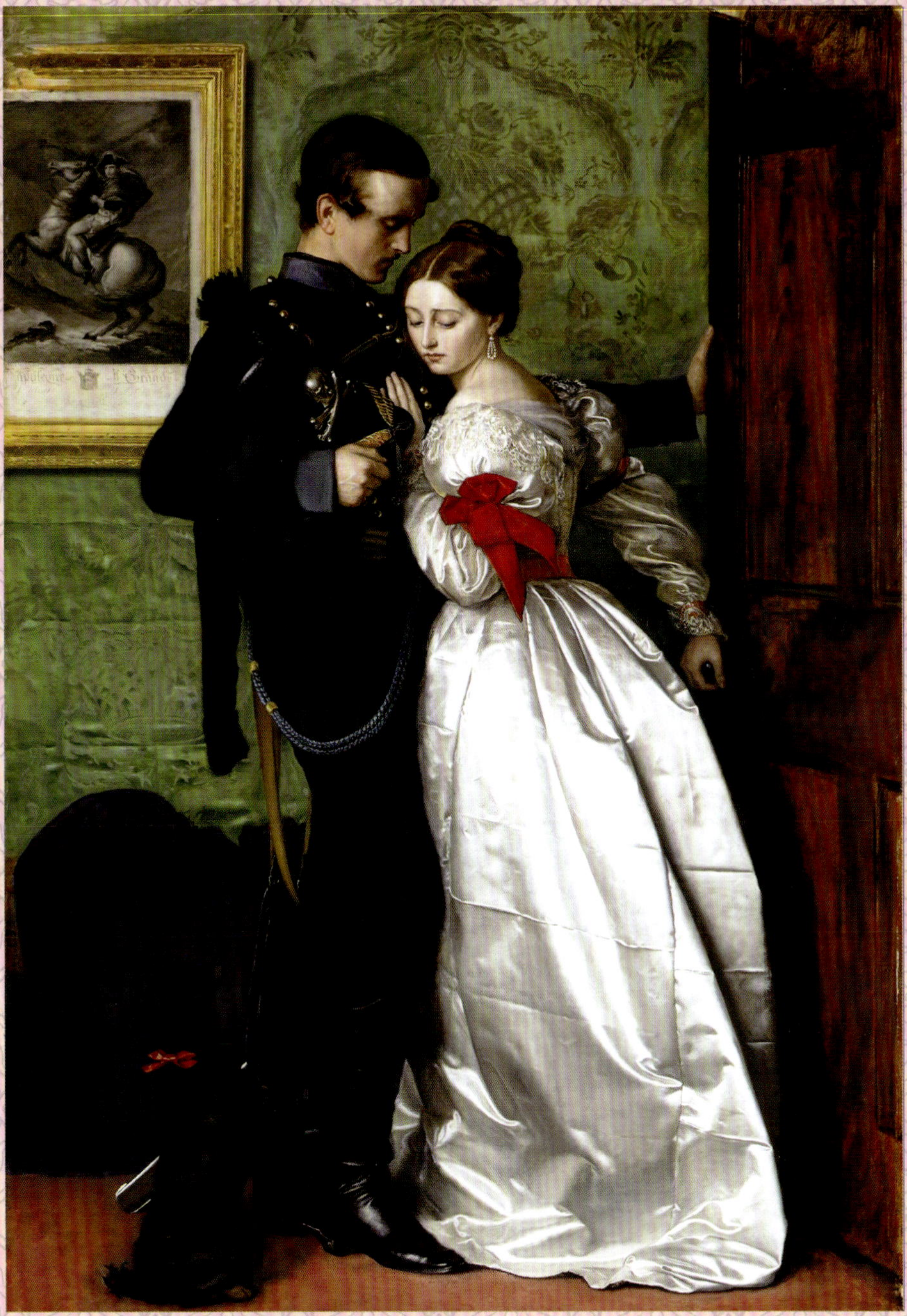

Да, он прав, тысячу раз прав этот дуб, пускай другие, молодые, вновь поддаются на этот обман, а мы знаем жизнь, — наша жизнь кончена!

Андрей Болконский

Нет, жизнь не кончена в тридцать один год. Мало того, что я знаю все то, что есть во мне, надо, чтобы и все знали это: и Пьер, и эта девочка, которая хотела улететь в небо, надо, чтобы все знали меня, чтобы не для одного меня шла моя жизнь, чтоб не жили они так независимо от моей жизни, чтоб на всех она отражалась и чтобы все они жили со мною вместе!

Андрей Болконский

Честь, l'honneur, есть или отрицательное понятие неделанья предосудительных поступков, или известный источник соревнования для получения одобрения и наград, выражающих его.

Михаил Михайлович Сперанский

Всякая насильственная реформа достойна порицания потому, что нимало не исправит зла, пока люди остаются таковы, каковы они есть, и потому, что мудрость не имеет нужды в насилии.

Пьер Безухов

Теперь нужно, чтобы человек, управляемый своими чувствами, находил в добродетели чувственные прелести. Нельзя искоренить страстей; должно только стараться направить их к благородной цели, и потому надобно, чтобы каждый мог удовлетворить своим страстям в пределах добродетели.

Пьер Безухов

Только превратности жизни могут показать нам тщету ее и могут содействовать нашей врожденной любви к смерти, или возрождению к новой жизни.

Осип Алексеевич Баздеев

Науки человеческие всё подразделяют — чтобы понять, всё убивают — чтобы рассмотреть.

Пьер Безухов

Надо пользоваться своей свободой, пока так много в себе чувствую силы и молодости. Пьер был прав, говоря, что надо верить в возможность счастия, чтобы быть счастливым, и я теперь верю в него. Оставим мертвым хоронить мертвых, а пока жив, надо жить и быть счастливым.

Андрей Болконский

Чем менее нравится женщина, тем она бывает постояннее.

Андрей Болконский

В наше время девушка имеет столько свободы, что удовольствие быть замеченною часто заглушает в ней истинное чувство.

Вера Ростова (Берг)

Религия, и только одна религия, может нас, уже не говорю утешить, но избавить от отчаяния; одна религия может объяснить нам то, чего без ее помощи не может понять человек: для чего, зачем существа добрые, возвышенные, умеющие находить счастие в жизни, никому не только не вредящие, но необходимые для счастия других — призываются к Богу, а остаются жить злые, бесполезные, вредные, или такие, которые в тягость себе и другим.

Марья Болконская

Все, что ни случается с нами, все для нашего блага.

Марья Болконская

Оставить семью, родину, все заботы о мирских благах для того, чтобы не прилепляясь ни к чему, ходить в посконном рубище, под чужим именем с места на место, не делая вреда людям, и молясь за них, молясь и за тех, которые гонят, и за тех, которые покровительствуют: выше этой истины и жизни нет истины и жизни!

Марья Болконская

Никогда ничего не пойму здесь, в этом дурацком мире.

Николай Ростов

Умрешь — чистое дело марш! — ничего не останется. Что ж и грешить-то!

Михаил Никанорович

Отчего же трудно представить вечность? Нынче будет, завтра будет, всегда будет, и вчера было и третьего дня было...

Наташа Ростова

Все мы исповедуем христианский закон прощения обид и любви к ближнему — закон, вследствие которого мы воздвигли в Москве сорок сороков церквей, а вчера засекли кнутом бежавшего человека, и служитель того же самого закона

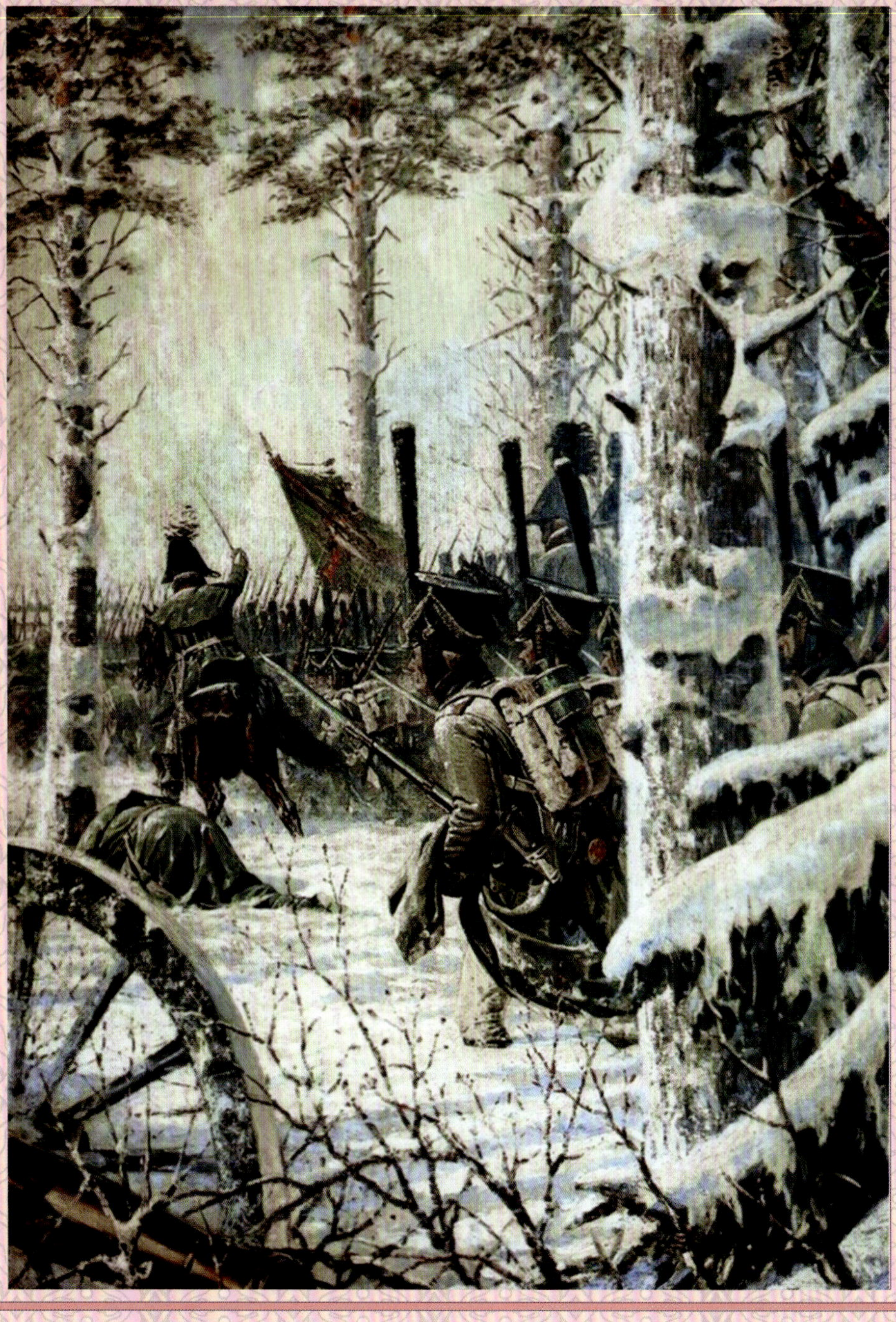

любви и прощения, священник, давал целовать солдату крест перед казнью.

Пьер Безухов

Нет ни ничтожного, ни важного, все равно; только бы спастись от нее, как умею! Только бы не видеть ее, эту страшную ее.

Пьер Безухов (о жизни)

Посмотрите на нашу молодежь, посмотрите на наших барынь. Наши боги — французы, наше царство небесное — Париж.

Федор Васильевич Растопчин

Она не удостоивает быть умной... Да нет, она обворожительна, и больше ничего.

Пьер Безухов (о Н. Ростовой)

Разве от этого святость какая, что концерты на клиросе поют? Не люблю, одно баловство!

Марья Дмитриевна Ахросимова

Государь должен находиться при армии только тогда, когда он полководец.

Наполеон

Ежели тебе кажется, что кто-нибудь виноват перед тобой, забудь это и прости. Мы не имеем права наказывать. И ты поймешь счастье прощать.

Марья Болконская

Сумасшедший только, будучи шведом, может заключать союзы с Россией.

Наполеон

Большое количество монастырей и церквей есть всегда признак отсталости народа.

Наполеон

Не думай, что горе сделали люди. Люди — орудие его.

Марья Болконская

Мужчина не должен и не может забывать и прощать.

Андрей Болконский

Помни, что несчастия происходят от бога и что люди никогда не бывают виноваты.

Марья Болконская

Какая же могла быть теория и наука в деле, которого условия и обстоятельства неизвестны и не могут быть определены, в котором сила деятелей войны еще менее может быть определена? Никто не мог и не может знать, в каком будет положении наша и неприятельская армия через день, и никто не может знать, какая сила этого или того отряда. Иногда, когда нет труса впереди, который закричит: «Мы отрезаны!» — и побежит, а есть веселый, смелый человек впереди, который крикнет: «Ура!» — отряд в пять тысяч сто́ит тридцати тысяч, как под Шенграбеном, а иногда пятьдесят тысяч бегут перед восемью, как под Аустерлицем. Какая же может быть наука в таком деле, в котором, как во всяком практическом деле, ничто не может быть определено и все зависит от бесчисленных условий, значение которых определяется в одну минуту, про которую никто не знает, когда она наступит.

Андрей Болконский

Выгоды всякого положения могут быть очевидны только в тот момент, когда совершится событие.

Андрей Болконский

Отчего все говорят: гений военный? Разве гений тот человек, который вовремя успеет велеть подвезти сухари и идти тому направо, тому налево? Оттого только, что военные люди облечены блеском и властью и массы подлецов льстят власти, придавая ей несвойственные качества гения, их называют гениями.

Андрей Болконский

Лучшие генералы, которых я знал, — глупые или рассеянные люди.

Андрей Болконский

Не только гения и каких-нибудь качеств особенных не нужно хорошему полководцу, но, напротив, ему нужно отсутствие самых лучших высших, человеческих качеств — любви, поэзии, нежности, философского пытливого сомнения. Он должен быть ограничен, твердо уверен в том, что то, что он делает, очень важно (иначе у него недостанет терпения), и тогда только он будет храбрый полководец. Избави бог, коли он человек, полюбит кого-нибудь, пожалеет, подумает о том, что справедливо и что нет. Понятно, что исстари еще для них

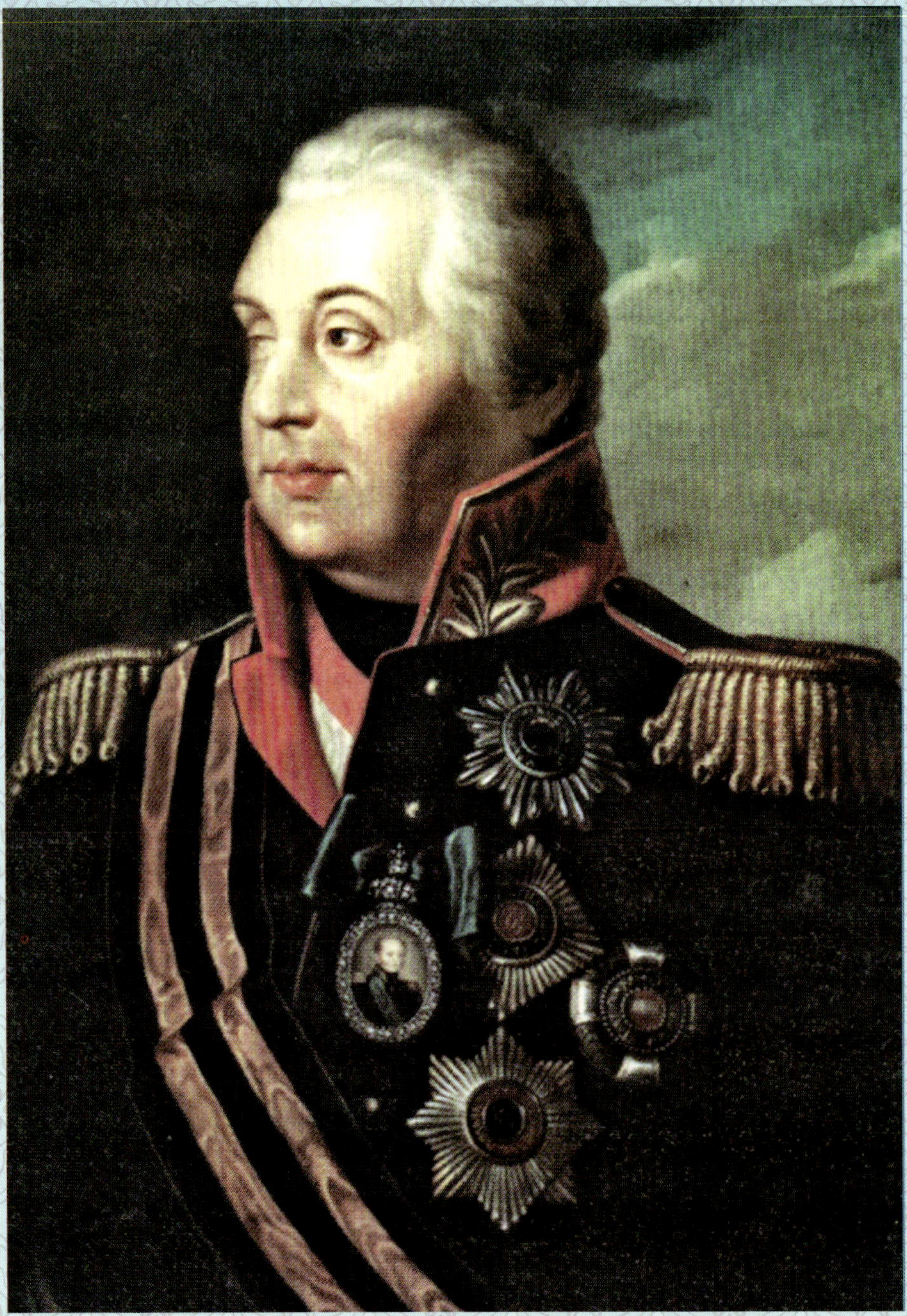

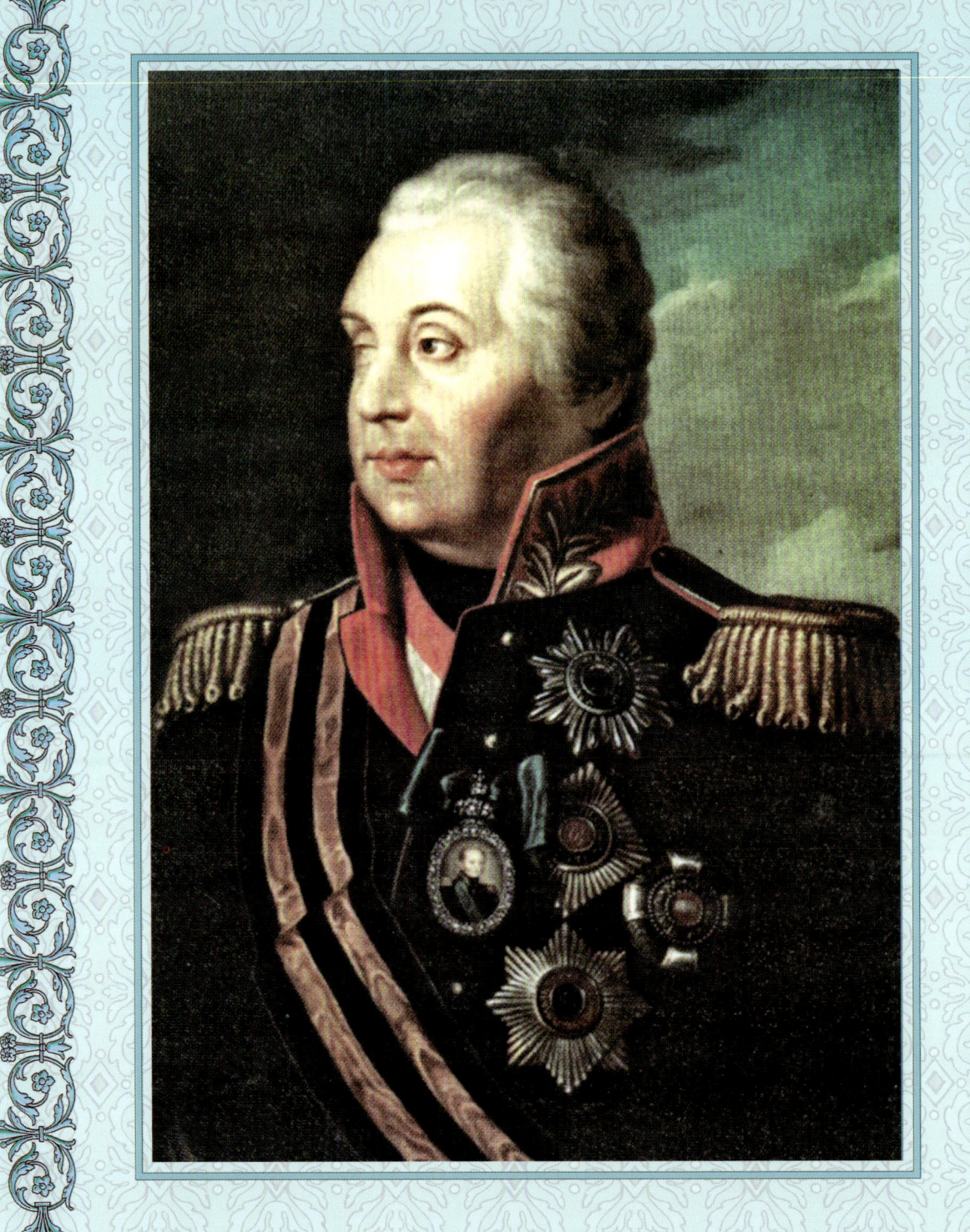

подделали теорию гениев, потому что они — власть. Заслуга в успехе военного дела зависит не от них, а от того человека, который в рядах закричит: пропали, или закричит: ура! И только в этих рядах можно служить с уверенностью, что ты полезен!
Андрей Болконский

Советчиков всегда много, а людей нет.
Михаил Илларионович Кутузов

Немало упрекали меня и за войну и за мир... а все пришло вовремя. Все приходит вовремя для того, кто умеет ждать.
Михаил Илларионович Кутузов

Всё поскорее, а скорое на долгое выходит.
Михаил Илларионович Кутузов

Нет сильнее тех двух воинов, терпение и время; те всё сделают, да советчики этим ухом не слышат, — вот что плохо.
Михаил Илларионович Кутузов

В сомнении, мой милый, воздерживайся.
Михаил Илларионович Кутузов

Кто извиняется, тот обвиняет себя.

Жюли Карагина

— Говорят же, что война подобна шахматной игре.
— Да, только с тою маленькою разницей, что в шахматах над каждым шагом ты можешь думать сколько угодно, что ты там вне условий времени, и еще с той разницей, что конь всег-

да сильнее пешки и две пешки всегда сильнее одной, а на войне один батальон иногда сильнее дивизии, а иногда слабее роты. Относительная сила войск никому не может быть известна.

Пьер Безухов и Андрей Болконский

— Успех никогда не зависел и не будет зависеть ни от позиции, ни от вооружения, ни даже от числа; а уж меньше всего от позиции.
— А от чего же?
— От того чувства, которое есть во мне, в нем, в каждом солдате.

Андрей Болконский и Пьер Безухов

Сражение выиграет тот, кто твердо решил его выиграть.

Андрей Болконский

Не брать пленных. Это одно изменило бы всю войну и сделало бы ее менее жестокой. А то мы играли в войну — вот что скверно, мы великодушничаем и тому подобное. Это великодушничанье и чувствительность — вроде великодушия и чувствительности барыни, с которой делается дурнота, когда она видит убиваемого теленка; она так добра, что не может видеть кровь, но она с аппетитом кушает этого теленка под соусом.

Андрей Болконский

Нам толкуют о правах войны, о рыцарстве, о парламентерстве, щадить несчастных и так далее. Все вздор. Я видел в 1805 году рыцарство, парламентерство: нас надули, мы надули. Грабят чужие дома, пускают фальшивые ассигнации, да хуже всего — убивают моих детей, моего отца и говорят о правилах войны и великодушии к врагам. Не брать пленных, а убивать и идти на смерть!

Андрей Болконский

Ежели бы не было великодушничанья на войне, то мы шли бы только тогда, когда сто́ит того идти на верную смерть, как теперь. Тогда не было бы войны за то, что Павел Иваныч обидел Михаила Иваныча. А ежели война как теперь, так война. И тогда интенсивность войск была бы не та, как теперь. Тогда бы все эти вестфальцы и гессенцы, которых ведет Наполеон, не пошли бы за ним в Россию, и мы бы не ходили драться в Австрию и в Пруссию, сами не зная зачем.

Андрей Болконский

Война не любезность, а самое гадкое дело в жизни, и надо понимать это и не играть в войну. Надо принимать строго и серьезно эту страшную необходимость. Все в этом: откинуть ложь, и война так война, а не игрушка. А то война — это любимая забава праздных и легкомысленных людей...

Андрей Болконский

Все цари, кроме китайского, носят военный мундир, и тому, кто больше убил народа, дают большую награду... Сойдутся, как завтра, на убийство друг друга, перебьют, перекалечат десятки тысяч людей, а потом будут служить благодарственные молебны за то, что побили много людей (которых число еще прибавляют), и провозглашают победу, полагая, что чем больше побито людей, тем больше заслуга. Как бог оттуда смотрит и слушает их!

Андрей Болконский

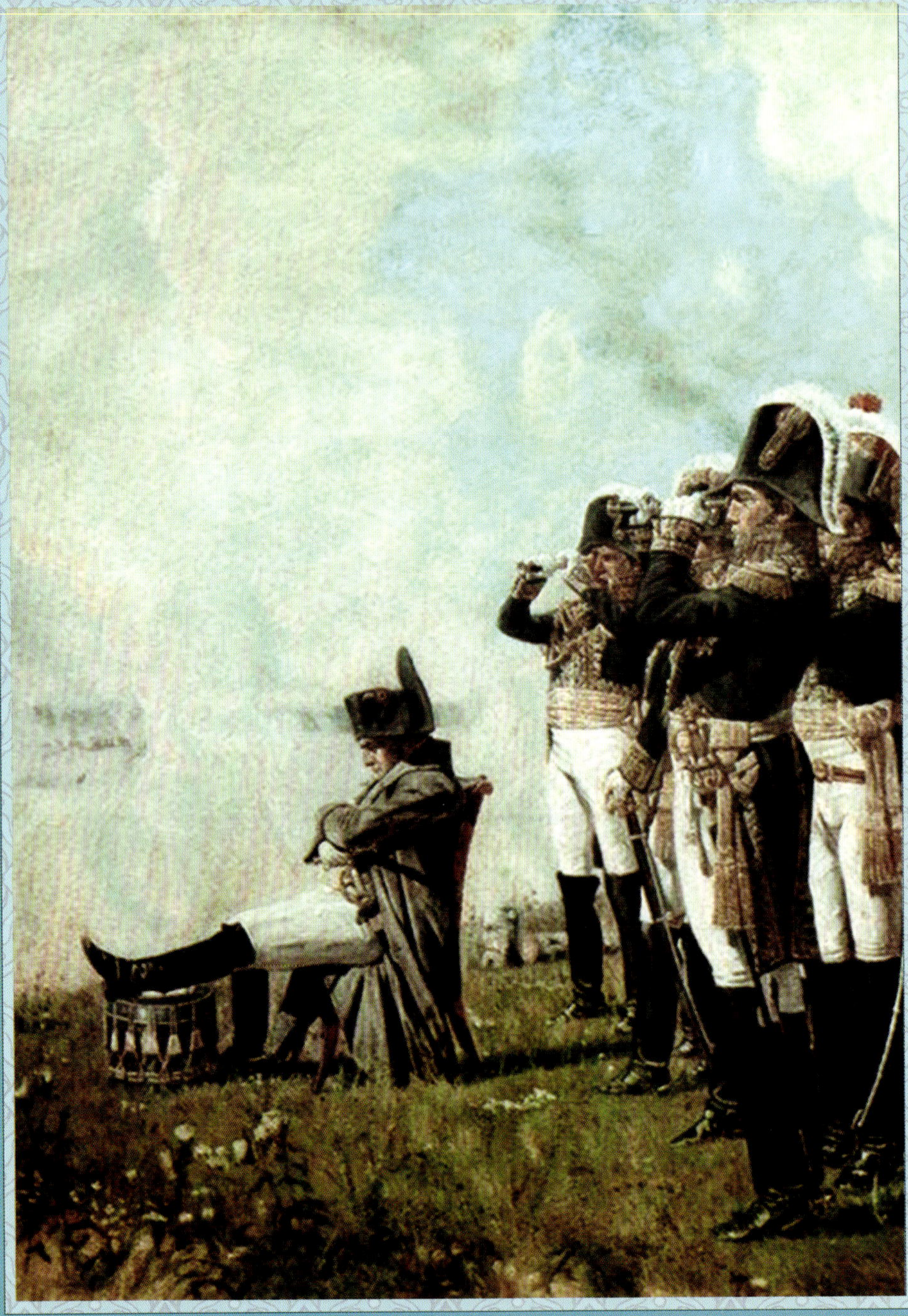

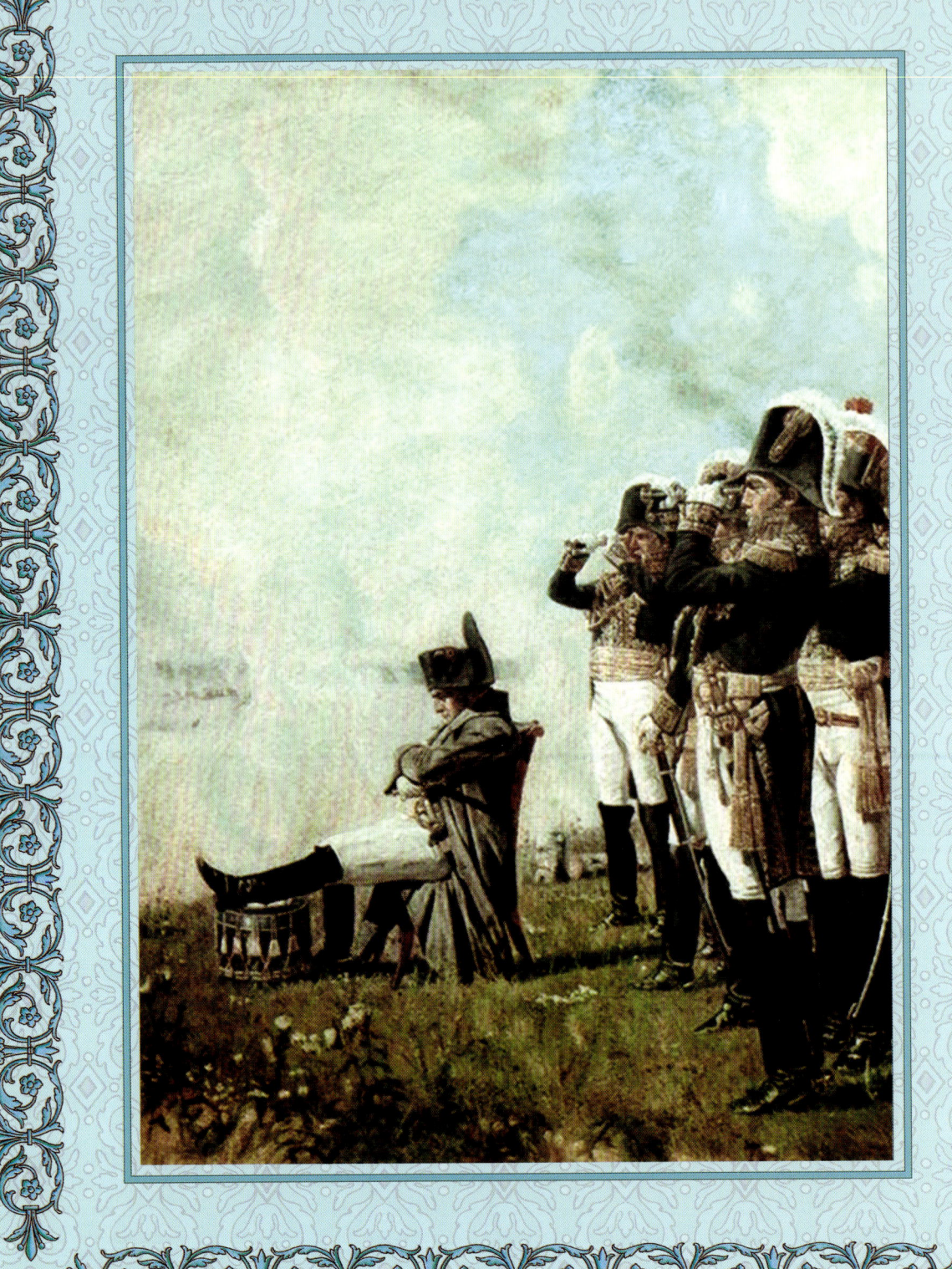

Военное сословие самое почетное. А что такое война, что нужно для успеха в военном деле, какие нравы военного общества? Цель войны — убийство, орудия войны — шпионство, измена и поощрение ее, разорение жителей, ограбление их или воровство для продовольствия армии; обман и ложь, называемые военными хитростями; нравы военного сословия — отсутствие свободы, то есть дисциплина, праздность, невежество, жестокость, разврат, пьянство. И несмотря на то — это высшее сословие, почитаемое всеми.

Андрей Болконский

Последнее время мне стало тяжело жить. Я вижу, что стал понимать слишком много. А не годится человеку вкушать от древа познания добра и зла... Ну, да не надолго!

Андрей Болконский

А что будет там и что такое было здесь? Отчего мне так жалко было расставаться с жизнью? Что-то было в этой жизни, чего я не понимал и не понимаю.

Андрей Болконский

Солдатом быть, просто солдатом! Войти в эту общую жизнь всем существом, проникнуться тем, что делает их такими. Но как скинуть с себя все это лишнее, дьявольское, все бремя этого внешнего человека?

Пьер Безухов

Сострадание, любовь к братьям, к любящим, любовь к ненавидящим нас, любовь к врагам — да, та любовь, которую проповедовал бог на земле, которой меня учила княжна Марья и которой я не понимал; вот отчего мне жалко было жизни, вот оно то, что еще оставалось мне, ежели бы я был жив. Но теперь уже поздно. Я знаю это!

Андрей Болконский

Хороша ли, плоха ли моя голова, а положиться больше не на кого.

Михаил Илларионович Кутузов

Война есть наитруднейшее подчинение свободы человека законам бога.

Пьер Безухов

Простота есть покорность богу; от него не уйдешь.

Пьер Безухов

Ничем не может владеть человек, пока он боится смерти. А кто не боится ее, тому принадлежит все.

Пьер Безухов

Ежели бы не было страдания, человек не знал бы границ себе, не знал бы себя самого.

Пьер Безухов

Один бог с нами.

Верещагин

Народная толпа страшна, она отвратительна. Они, как волки: их ничем не удовлетворишь, кроме мяса.

Федор Васильевич Растопчин

Самое трудное состоит в том, чтобы уметь соединять в душе своей значение всего. Все соединить? Нет, не соединить. Нельзя соединять мысли, а сопрягать все эти мысли — вот что нужно! Да, сопрягать надо, сопрягать надо!

Пьер Безухов

Мне открылось новое счастье, неотъемлемое от человека. Счастье, находящееся вне материальных сил, вне материальных внешних влияний на человека, счастье одной души, счастье любви! Понять его может всякий человек, но сознать и предписать его мог только один бог.

Андрей Болконский

Да, любовь, но не та любовь, которая любит за что-нибудь, для чего-нибудь или почему-нибудь, но та любовь, которую я испытал в первый раз, когда, умирая, я увидал своего врага и все-таки полюбил его. Я испытал то чувство любви, которая есть самая сущность души и для которой не нужно предмета. Я и теперь испытываю это блаженное чувство. Любить ближних, любить врагов своих. Все любить — любить бога во всех проявлениях.

Андрей Болконский

Любить человека дорогого можно человеческой любовью; но только врага можно любить любовью божеской.

Андрей Болконский

Жена для совета, теща для привета, а нет милей родной матушки!

Платон Каратаев

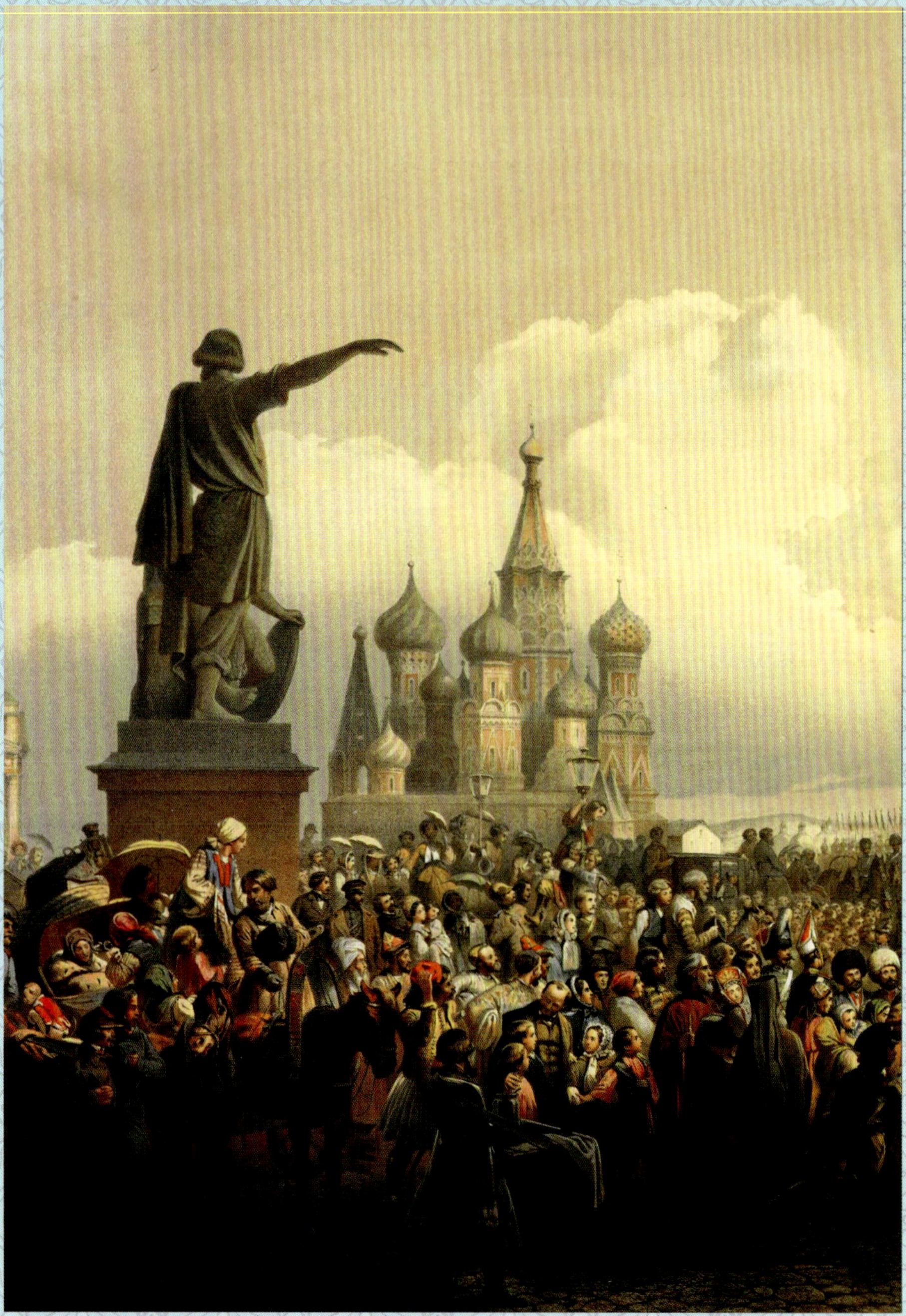

Любя человеческой любовью, можно от любви перейти к ненависти; но божеская любовь не может измениться. Ничто, ни смерть, ничто не может разрушить ее. Она есть сущность души.

Андрей Болконский

Не тужи, дружок: час терпеть, а век жить!

Платон Каратаев

Где суд, там и неправда.

Платон Каратаев

Москва, она городам мать. Как не скучать на это смотреть.

Платон Каратаев

Червь капусту гложе, а сам прежде того пропадае.

Платон Каратаев

Рок головы ищет. А мы всё судим: то не хорошо, то не ладно.

Платон Каратаев

Уговорец — делу родной братец.

Платон Каратаев

Солдат в отпуску — рубаха из порток.

Платон Каратаев

Любовь? Что такое любовь? Любовь мешает смерти. Любовь есть жизнь. Все, все, что я понимаю, я понимаю только потому, что люблю. Все есть, все существует только потому, что я люблю. Все связано одною ею. Любовь есть бог, и умереть — значит мне, частице любви, вернуться к общему и вечному источнику.

Андрей Болконский

Наше счастье, дружок, как вода в бредне: тянешь — надулось, а вытащишь — ничего нету.

Платон Каратаев

Это была смерть. Я умер — я проснулся. Да, смерть — пробуждение!

Андрей Болконский

Без снасти и вша не убьешь.

Платон Каратаев

Потная рука торовата, сухая неподатлива.

Платон Каратаев

России да лету — союзу нету.

Платон Каратаев

Терпение и время, вот мои воины-богатыри.

Михаил Илларионович Кутузов

И какие искусные маневры предлагают мне все эти! Им кажется, что, когда они выдумали две-три случайности, они выдумали их все. А им всем нет числа!

Михаил Илларионович Кутузов

Все маневры, все наступления! К чему? Все отличиться. Точно что-то веселое есть в том, чтобы драться. Они точно дети, от которых не добьешься толку, как было дело, оттого что все хотят доказать, как они умеют драться.

Михаил Илларионович Кутузов

На болезнь плакаться — бог смерти не даст.

Платон Каратаев

Жизнь есть всё. Жизнь есть бог. Все перемещается и движется, и это движение есть бог. И пока есть жизнь, есть наслаждение самосознания божества. Любить жизнь, любить бога.

Пьер Безухов

Когда два человека ссорятся — всегда оба виноваты.

Пьер Безухов

Мы думаем, как нас выкинет из привычной дорожки, что все пропало; а тут только начинается новое, хорошее. Пока есть жизнь, есть и счастье. Впереди много, много.

Пьер Безухов

Ежели люди порочные связаны между собой и составляют силу, то людям честным надо сделать только то же самое.

Пьер Безухов

От величественного до смешного только один шаг...

Наполеон

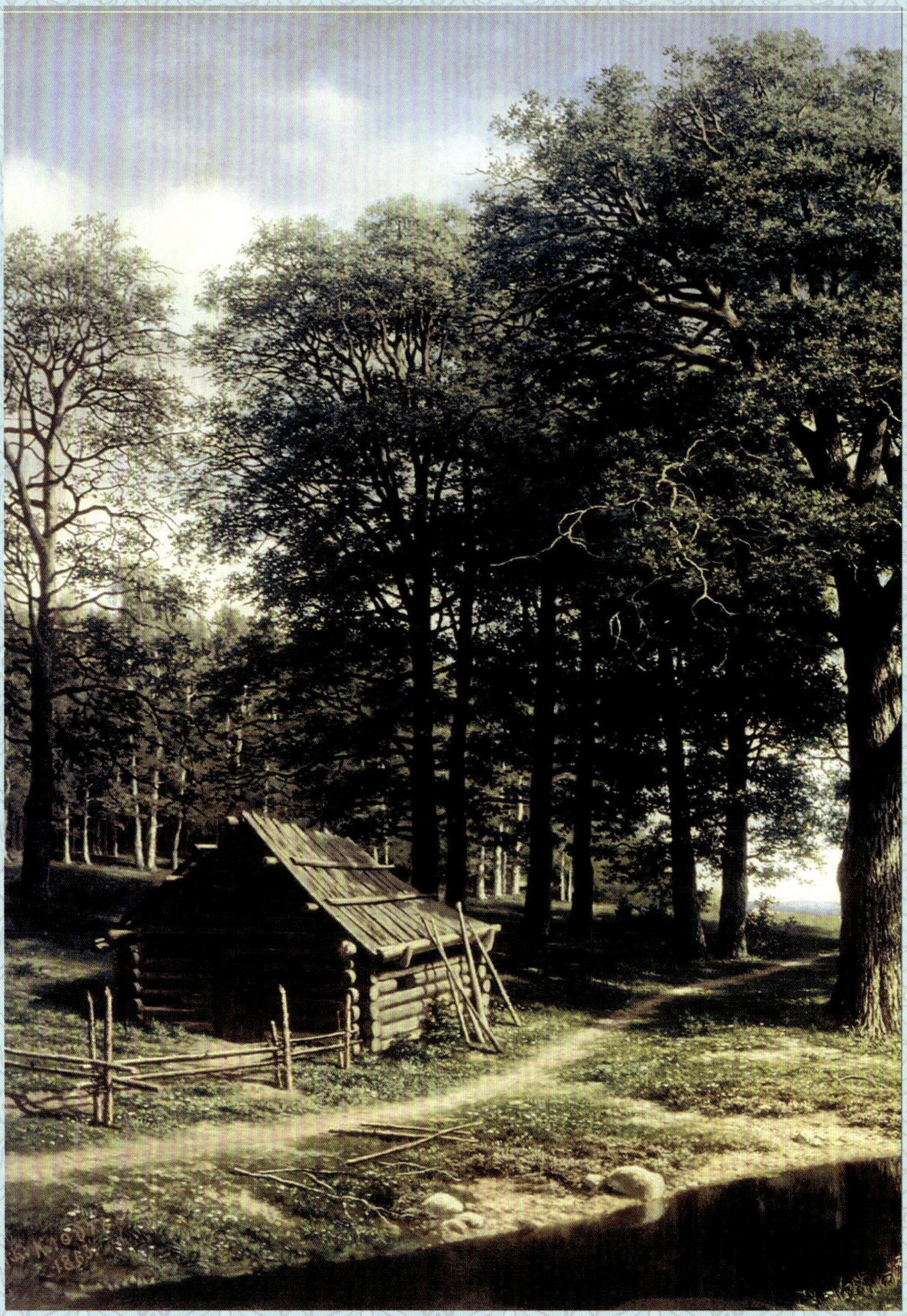

Антон Павлович Чехов
(1860–1904)

«Палата № 6» (1892)

В городе душно и скучно жить, у общества нет высших интересов, оно ведет тусклую, бессмысленную жизнь, разнообразя ее насилием, грубым развратом и лицемерием; подлецы сыты и одеты, а честные питаются крохами.

Иван Дмитриевич Громов

Нужно, чтоб общество сознало себя и ужаснулось.

Иван Дмитриевич Громов

Если физическую и нравственную нечистоту прогнать с одного места, то она перейдет на другое; надо ждать, когда она сама выветрится.

Андрей Ефимович Рагин

Предрассудки и все эти житейские гадости и мерзости нужны, так как они с течением времени перерабатываются во что-нибудь путное, как навоз в чернозем.

Андрей Ефимович Рагин

На земле нет ничего такого хорошего, что в своем первоисточнике не имело бы гадости.

Андрей Ефимович Рагин

Оказать серьезную помощь сорока приходящим больным от утра до обеда нет физической возможности, значит, поневоле выходит один обман. Принято в отчетном году двенадцать тысяч приходящих больных, значит, попросту рассуждая, обмануто двенадцать тысяч человек.

Андрей Ефимович Рагин

Класть же серьезных больных в палаты и заниматься ими по правилам науки тоже нельзя, потому что правила есть, а науки нет.

Андрей Ефимович Рагин

К чему мешать людям умирать, если смерть есть нормальный и законный конец каждого? Что из того, если какой-нибудь торгаш или чиновник проживет лишних пять, десять лет?

Андрей Ефимович Рагин

Если же видеть цель медицины в том, что лекарства облегчают страдания, то невольно напрашивается вопрос: зачем их облегчать? Во-первых, говорят, что страдания ведут человека к совершенству, и, во-вторых, если человечество в самом деле научится облегчать свои страдания пилюлями и каплями, то оно совершенно забросит религию и философию, в которых до сих пор находило не только защиту от всяких бед, но даже счастие.

Андрей Ефимович Рагин

Даже интеллигенция не возвышается над пошлостью.

Андрей Ефимович Рагин

Ум проводит резкую грань между животным и человеком, намекает на божественность последнего и в некоторой степени даже заменяет ему бессмертие, которого нет. Исходя из этого, ум служит единственно возможным источником наслаждения. Мы же не видим и не слышим около себя ума, — значит, мы лишены наслаждения.

Андрей Ефимович Рагин

Книги — это ноты, а беседа — пение.

Андрей Ефимович Рагин

Жизнь есть досадная ловушка. Когда мыслящий человек достигает возмужалости и приходит в зрелое сознание, то он невольно чувствует себя как бы в ловушке, из которой нет выхода. В самом деле, против его воли вызван он какими-то случайностями из небытия к жизни... Зачем? Хочет он узнать смысл и цель своего существования, ему не говорят или же говорят нелепости; он стучится — ему не отворяют; к нему приходит смерть — тоже против его воли.

Андрей Ефимович Рагин

Ум есть наслаждение незаменимое.

Андрей Ефимович Рагин

О, зачем человек не бессмертен? Зачем мозговые центры и извилины, зачем зрение, речь, самочувствие, гений, если всему этому суждено уйти в почву и, в конце концов, охладеть вместе с земною корой, а потом миллионы лет без смысла и без цели носиться с землей вокруг солнца? Для того, чтобы охладеть и потом носиться, совсем не нужно извлекать из небытия че-

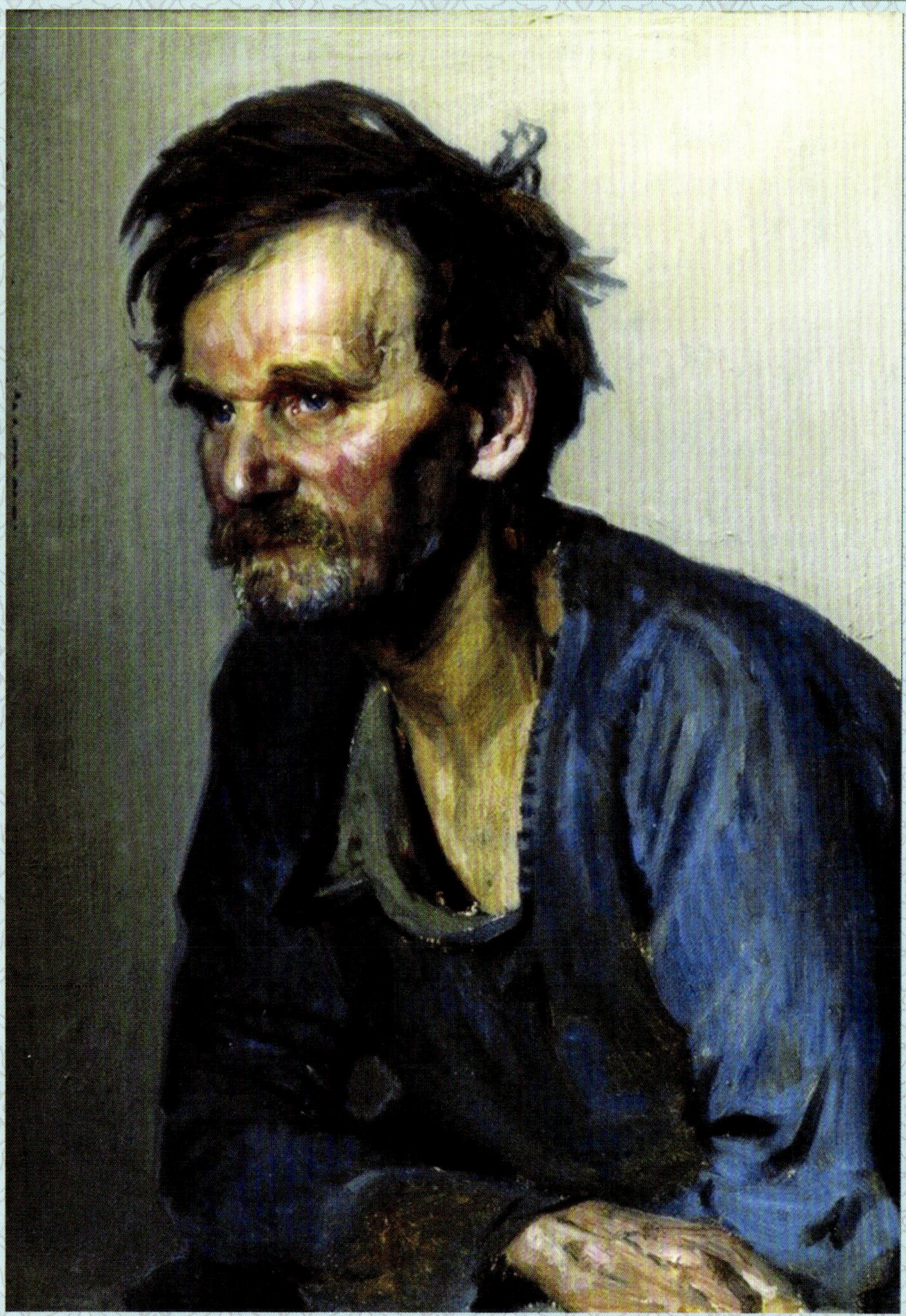

ловека с его высоким, почти божеским умом, и потом, словно в насмешку, превращать его в глину.

Андрей Ефимович Рагин

Обмен веществ! Но какая трусость утешать себя этим суррогатом бессмертия! Бессознательные процессы, происходящие в природе, ниже даже человеческой глупости, так как в глупости есть все-таки сознание и воля, в процессах же ровно ничего.

Андрей Ефимович Рагин

Только трус, у которого больше страха перед смертью, чем достоинства, может утешать себя тем, что тело его будет со временем жить в траве, в камне, в жабе…

Андрей Ефимович Рагин

Видеть свое бессмертие в обмене веществ так же странно, как пророчить блестящую будущность футляру после того, как разбилась и стала негодною дорогая скрипка.

Андрей Ефимович Рагин

Всё зависит от случая. Кого посадили, тот сидит, а кого не посадили, тот гуляет, вот и всё. В том, что я доктор, а вы душевнобольной, нет ни нравственности, ни логики, а одна только пустая случайность.

Андрей Ефимович Рагин

Я служу вредному делу и получаю жалованье от людей, которых обманываю; я не честен. Но ведь сам по себе я ничто, я только частица необходимого социального зла: все уездные чиновники вредны и даром получают жалованье... Значит, в своей нечестности виноват не я, а время... Родись я двумястами лет позже, я был бы другим.

Андрей Ефимович Рагин

Когда общество ограждает себя от преступников, психических больных и вообще неудобных людей, то оно непобедимо.

Андрей Ефимович Рагин

Раз существуют тюрьмы и сумасшедшие дома, то должен же кто-нибудь сидеть в них. Не вы — так я, не я — так кто-нибудь третий.

Андрей Ефимович Рагин

Настанут лучшие времена! Пусть я выражаюсь пошло, смейтесь, но воссияет заря новой жизни, восторжествует правда, и — на нашей улице будет праздник!

Иван Дмитриевич Громов

У Достоевского или у Вольтера кто-то говорит, что если бы не было бога, то его выдумали бы люди. А я глубоко верю, что если нет бессмертия, то его рано или поздно изобретет великий человеческий ум.

Иван Дмитриевич Громов

Я люблю жизнь, люблю страстно! У меня мания преследования, постоянный мучительный страх, но бывают минуты, когда меня охватывает жажда жизни, и тогда я боюсь сойти с ума.

Иван Дмитриевич Громов

Свободное и глубокое мышление, которое стремится к уразумению жизни, и полное презрение к глупой суете мира — вот два блага, выше которых никогда не знал человек. И вы можете обладать ими, хотя бы вы жили за тремя решетками. Диоген жил в бочке, однако же был счастливее всех царей земных.

Андрей Ефимович Рагин

Между теплым, уютным кабинетом и этою палатой нет никакой разницы.

Андрей Ефимович Рагин

Покой и довольство человека не вне его, а в нем самом.

Андрей Ефимович Рагин

Обыкновенный человек ждет хорошего или дурного извне, то есть от коляски и кабинета, а мыслящий — от самого себя.

Андрей Ефимович Рагин

Диоген не нуждался в кабинете и в теплом помещении; там и без того жарко. Лежи себе в бочке да кушай апельсины и оливки. А доведись ему в России жить, так он не то что в декабре, а в мае запросился бы в комнату. Небось, скрючило бы от холода.

Иван Дмитриевич Громов

Мудрец, или, попросту, мыслящий, вдумчивый человек отличается именно тем, что презирает страдание; он всегда доволен и ничему не удивляется.

Андрей Ефимович Рагин

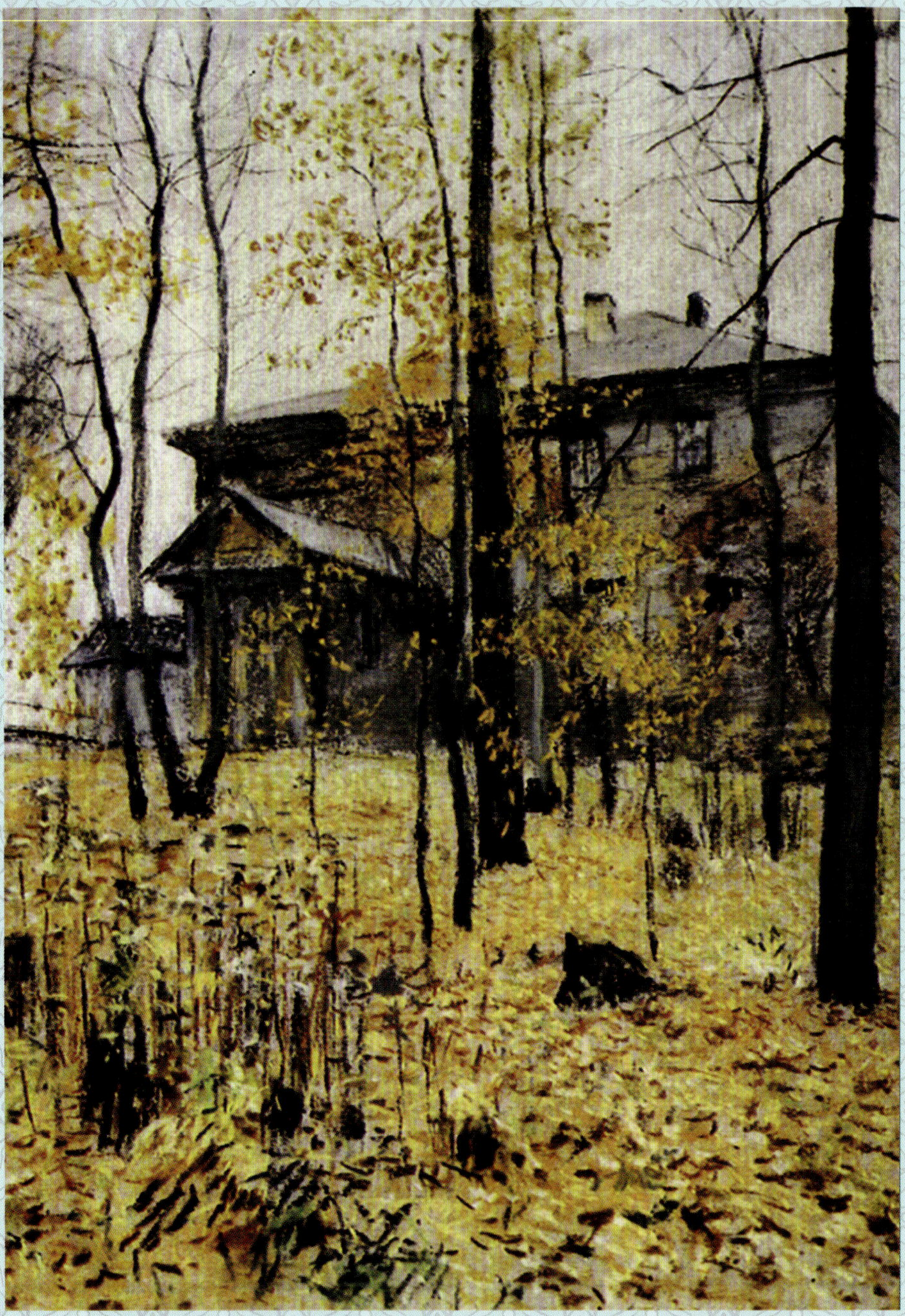

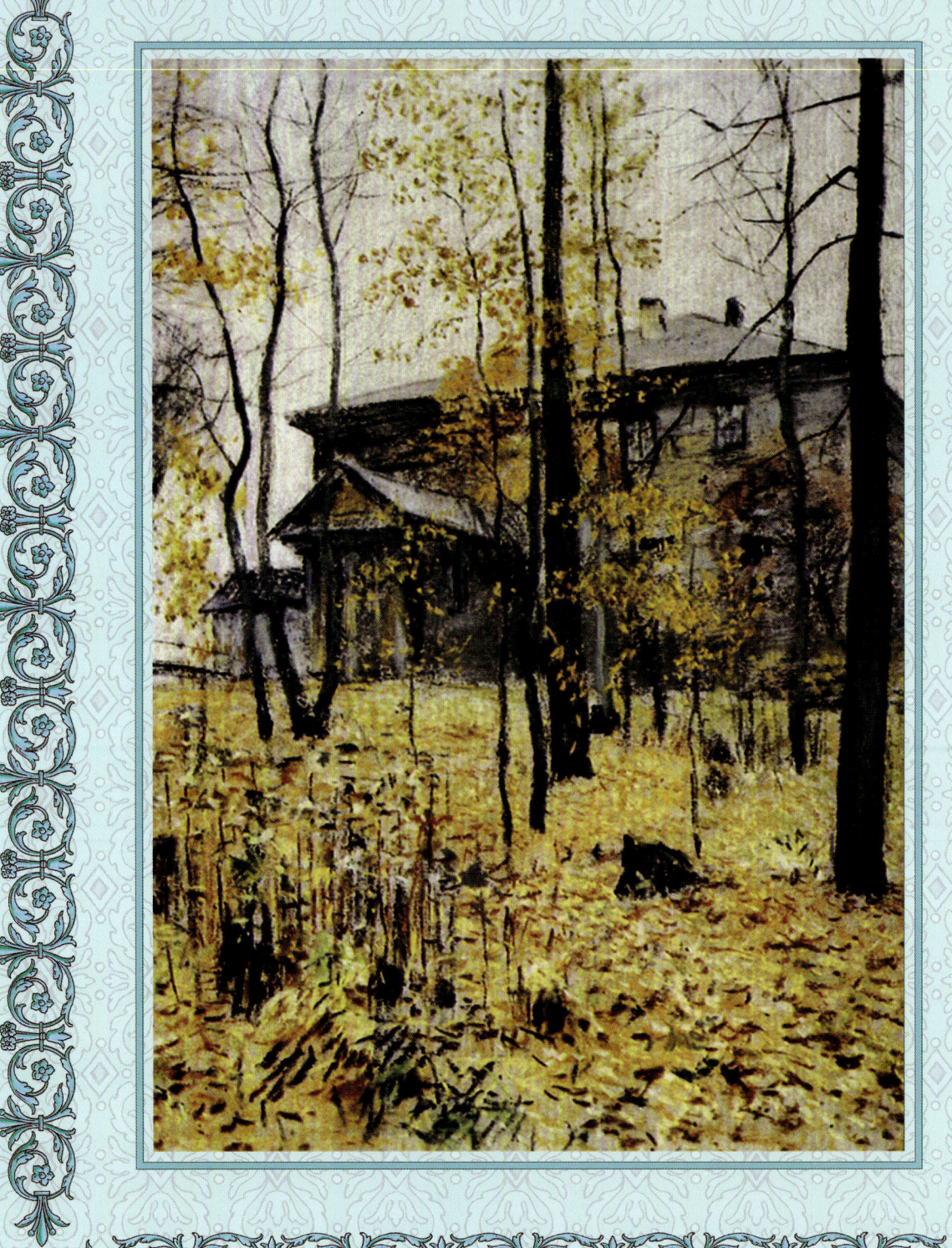

Я идиот, так как я страдаю, недоволен и удивляюсь человеческой подлости.

Иван Дмитриевич Громов

Если вы почаще будете вдумываться, то вы поймете, как ничтожно всё то внешнее, что волнует нас. Нужно стремиться к уразумению жизни, а в нем — истинное благо.

Андрей Ефимович Рагин

Органическая ткань, если она жизнеспособна, должна реагировать на всякое раздражение. И я реагирую! На боль я отвечаю криком и слезами, на подлость — негодованием, на мерзость — отвращением. По-моему, это собственно и называется жизнью.

Иван Дмитриевич Громов

Учение, проповедующее равнодушие к богатству, к удобствам жизни, презрение к страданиям и смерти, совсем непонятно для громадного большинства, так как это большинство никогда не знало ни богатства, ни удобств в жизни; а презирать страдания значило бы для него презирать самую жизнь, так как всё существо человека состоит из ощущений голода, холода, обид, потерь и гамлетовского страха перед смертью. В этих ощущениях вся жизнь: ею можно тяготиться, ненавидеть ее, но не презирать.

Андрей Ефимович Рагин

Видите вы, например, как мужик бьет жену. Зачем вступаться? Пускай бьет, всё равно оба помрут рано или поздно; и бьющий к тому же оскорбляет побоями не того, кого бьет, а самого себя. Пьянствовать глупо, неприлично, но пить — умирать и не пить — умирать. Приходит, баба, зубы болят... Ну, что ж? Боль есть представление о боли и к тому же без болезней не проживешь на этом свете, все помрем, а потому ступай баба прочь, не мешай мне мыслить и водку пить. Молодой человек просит совета, что делать, как жить; прежде чем ответить, другой бы задумался, а тут уж готов ответ: стремись к уразумению или к истинному благу. А что такое это фантастическое «истинное благо»? Ответа нет, конечно. Нас держат здесь за решеткой, гноят, истязуют, но это прекрасно и разумно, потому что между этою палатой и теплым, уютным кабинетом нет никакой разницы. Удобная философия: и делать нечего, и совесть чиста, и мудрецом себя чувствуешь...

Иван Дмитриевич Громов

Суета сует, внешнее и внутреннее, презрение к жизни, страданиям и смерти, уразумение, истинное благо, — всё это философия, самая подходящая для российского лежебока.

Иван Дмитриевич Громов

Страдания презираете, а небось прищеми вам дверью палец, так заорете во все горло!

Иван Дмитриевич Громов

Дело не в том, что вы страдали, а я нет. Страдания и радости преходящи; оставим их, бог с ними. А дело в том, что мы с вами мыслим; мы видим друг в друге людей, которые способны мыслить и рассуждать, и это делает нас солидарными, как бы различны ни были наши взгляды.

Андрей Ефимович Рагин

Хоть и не веришь, но оно как-то покойнее, когда помолишься.

Михаил Аверьянович

Истинное счастие невозможно без одиночества. Падший ангел изменил богу, вероятно, потому, что захотел одиночества, которого не знают ангелы.

Андрей Ефимович Рагин

Современная справедливость и заключается именно в том, что чинами, орденами и пенсиями награждаются не нравственные качества и способности, а вообще служба, какая бы она ни была.

Андрей Ефимович Рагин

Болезнь моя только в том, что за двадцать лет я нашел во всем городе одного только умного человека, да и тот сумасшедший.

Андрей Ефимович Рагин

Умному, образованному, гордому, свободолюбивому человеку, подобию божию, нет другого выхода, как идти лекарем в грязный, глупый городишко, и всю жизнь банки, пиявки, горчишники! Шарлатанство, узость, пошлость!

Иван Дмитриевич Громов

Когда вам скажут, что у вас что-нибудь вроде плохих почек и увеличенного сердца, и вы станете лечиться, или скажут, что вы сумасшедший или преступник, то есть, одним словом, когда люди вдруг обратят на вас внимание, то знайте, что вы попали

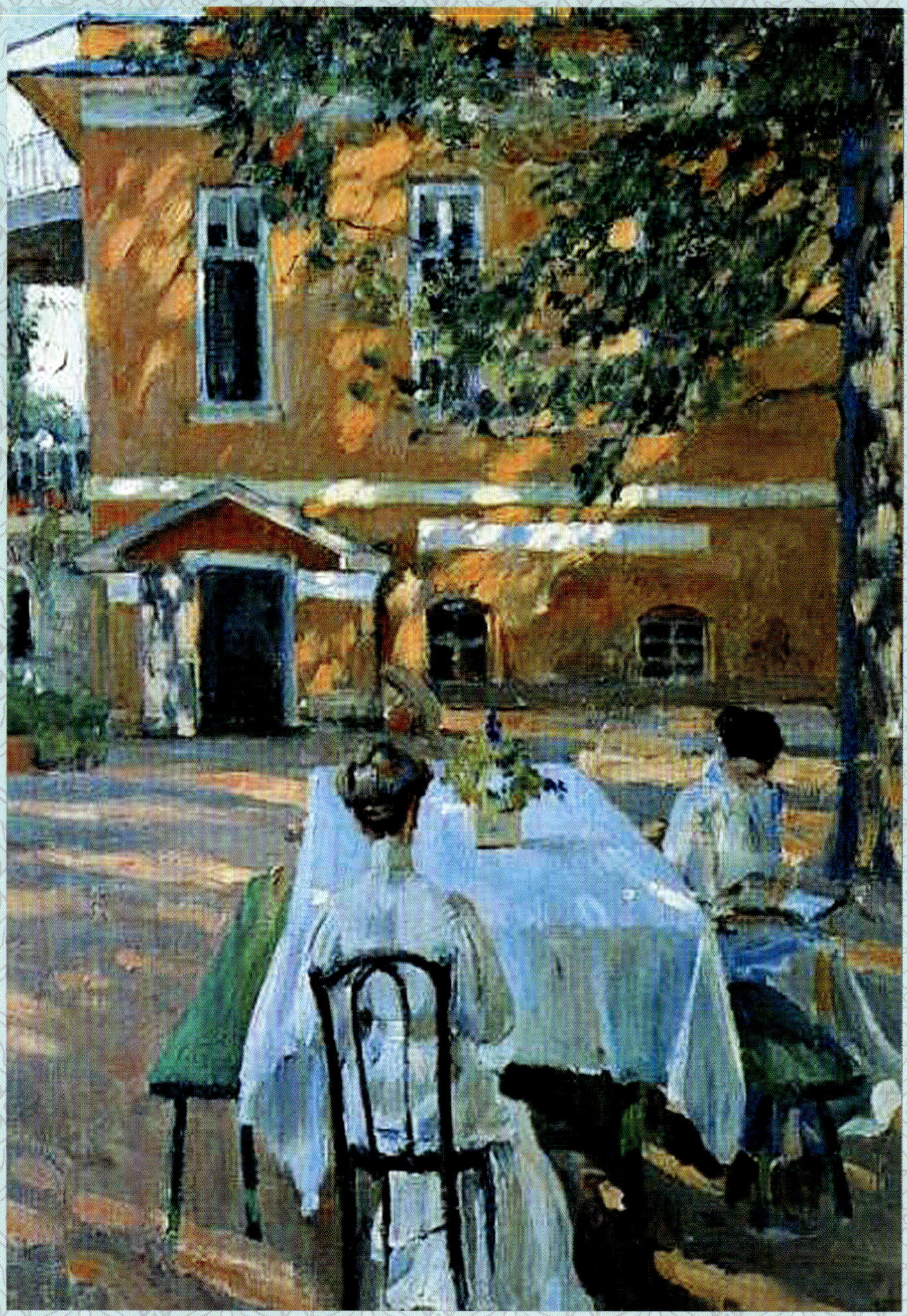

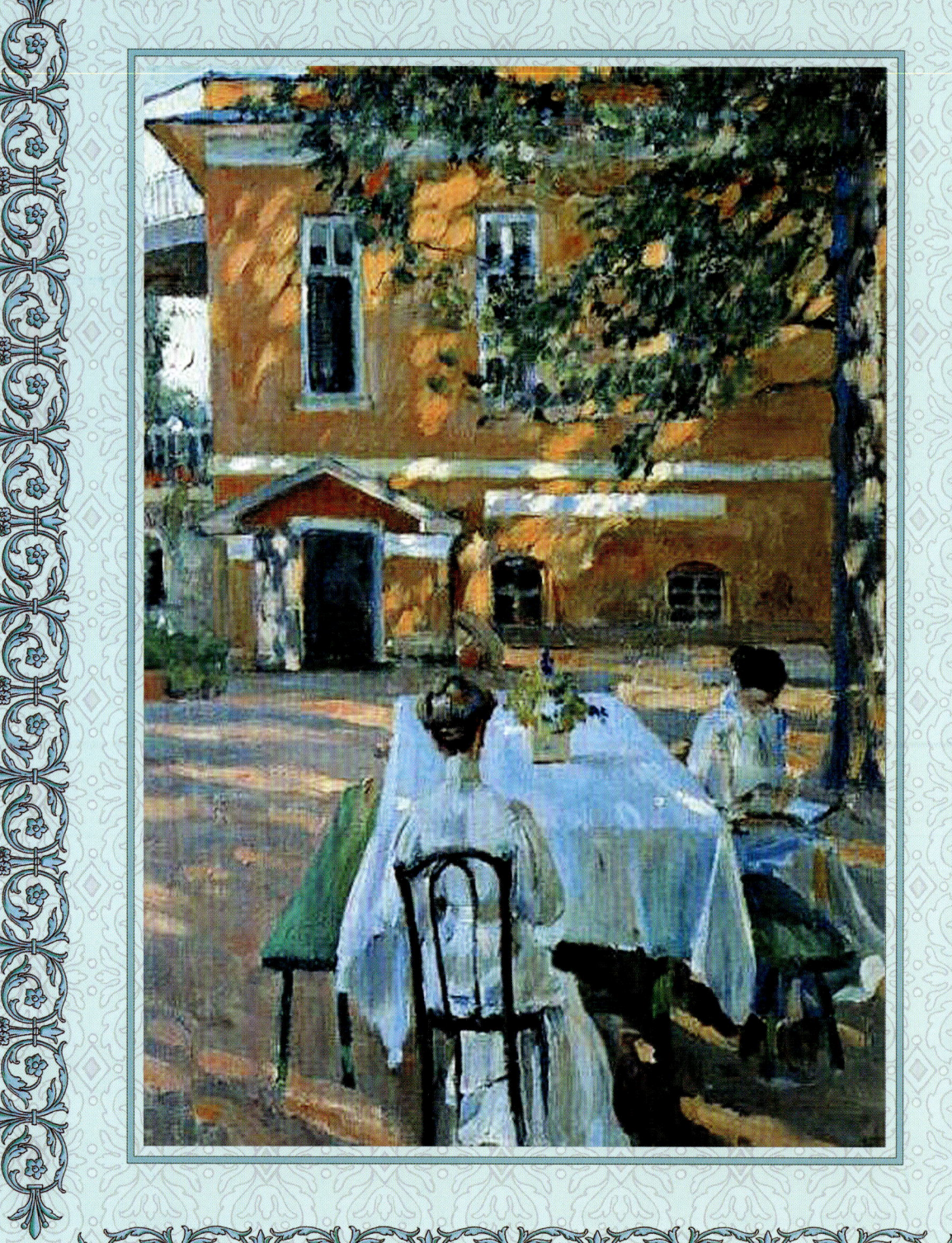

в заколдованный круг, из которого уже не выйдете. Будете стараться выйти и еще больше заблудитесь. Сдавайтесь, потому что никакие человеческие усилия уже не спасут вас.

Андрей Ефимович Рагин

«Вишневый сад» (1903)

Не надо принимать медикаменты, милейшая... от них ни вреда, ни пользы...

Пищик

Если против какой-нибудь болезни предлагается очень много средств, то это значит, что болезнь неизлечима. Я думаю, напрягаю мозги, у меня много средств, очень много и, значит, в сущности ни одного.

Гаев

Эти умники все такие глупые.

Шарлотта

По-моему, так: ежели девушка кого любит, то она, значит, безнравственная.

Яша

Я, Ермолай Алексеич, так понимаю: вы богатый человек, будете скоро миллионером. Вот как в смысле обмена веществ нужен хищный зверь, который съедает все, что попадается ему на пути, так и ты нужен.

Трофимов

Вам не пьесы смотреть, а смотреть бы почаще на самих себя. Как вы все серо живете, как много говорите ненужного.

Любовь Андреевна

Надо прямо говорить, жизнь у нас дурацкая...

Лопахин

Какая там гордость, есть ли в ней смысл, если человек физиологически устроен неважно, если в своем громадном большинстве он груб, неумен, глубоко несчастлив.

Трофимов

Надо перестать восхищаться собой. Надо бы только работать.

Трофимов

И что значит — умрешь? Быть может, у человека сто чувств и со смертью погибают только пять, известных нам, а остальные девяносто пять остаются живы.

Трофимов

Человечество идет вперед, совершенствуя свои силы. Все, что недосягаемо для него теперь, когда-нибудь станет близким, понятным, только вот надо работать, помогать всеми силами тем, кто ищет истину.

Трофимов

Очевидно, все хорошие разговоры у нас для того только, чтобы отвести глаза себе и другим. Укажите мне, где у нас ясли, о которых говорят так много и часто, где читальни?

О них только в романах пишут, на деле же их нет совсем. Есть только грязь, пошлость, азиатчина...

Трофимов

Я боюсь и не люблю очень серьезных физиономий, боюсь серьезных разговоров. Лучше помолчим!

Трофимов

Надо только начать делать что-нибудь, чтобы понять, как мало честных, порядочных людей.

Лопахин

Всякому безобразию есть свое приличие!

Лопахин

Мы выше любви. Обойти то мелкое и призрачное, что мешает быть свободным и счастливым, — вот цель и смысл нашей жизни.

Трофимов

Вся Россия наш сад. Земля велика и прекрасна, есть на ней много чудесных мест.

Трофимов

Владеть живыми душами — ведь это переродило всех вас, живших раньше и теперь живущих, так что ваша мать, вы, дядя уже не замечаете, что вы живете в долг, на чужой счет, на счет тех людей, которых вы не пускаете дальше передней...

Трофимов

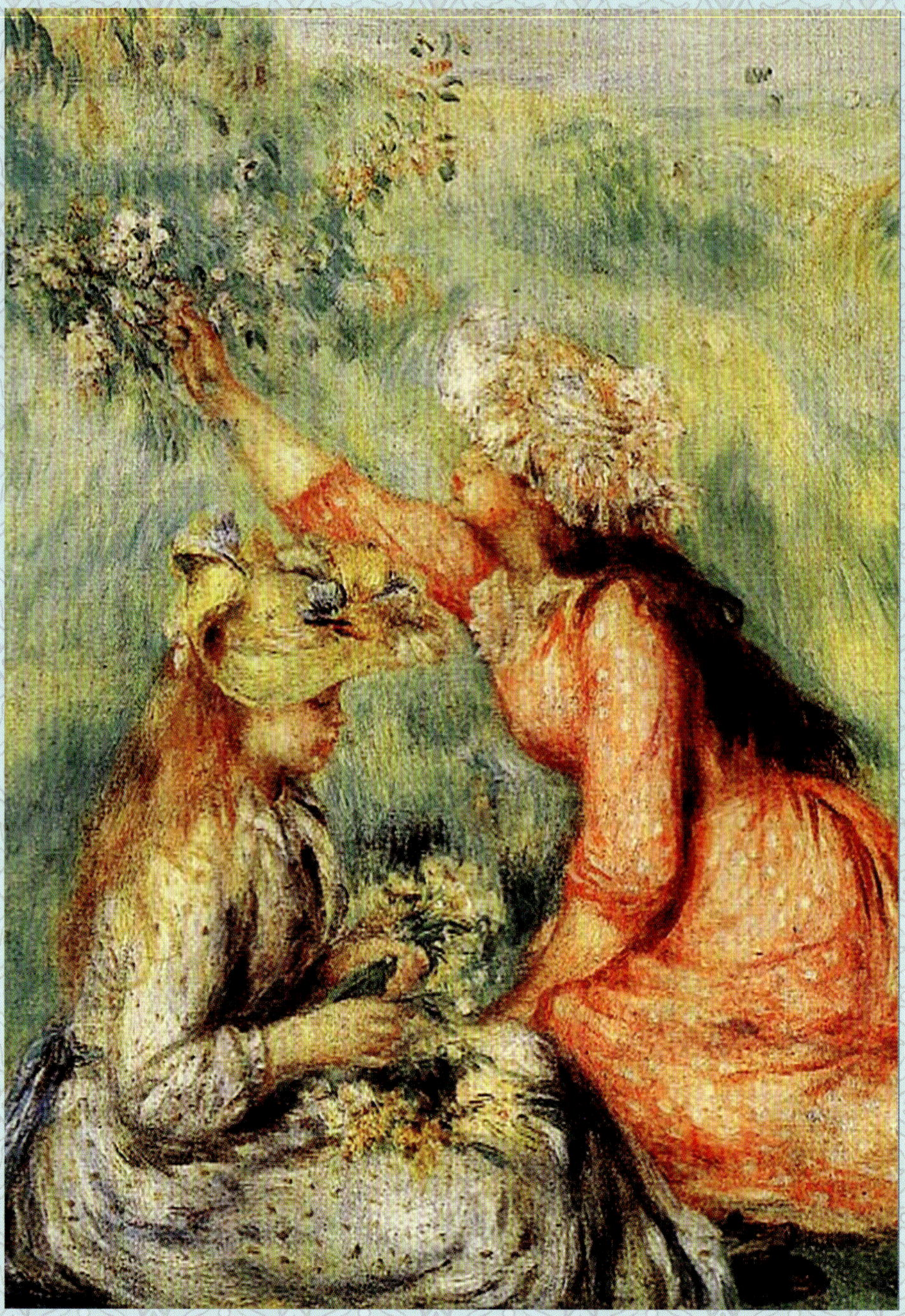

Мы только философствуем, жалуемся на тоску или пьем водку.

Трофимов

Чтобы начать жить в настоящем, надо сначала искупить наше прошлое, покончить с ним, а искупить его можно только страданием, только необычайным, непрерывным трудом.

Трофимов

Если у вас есть ключи от хозяйства, то бросьте их в колодец и уходите. Будьте свободны, как ветер.

Трофимов

Вот оно счастье, вот оно идет, подходит все ближе и ближе, я уже слышу его шаги. И если мы не увидим, не узнаем его, то что за беда? Его увидят другие!

Трофимов

Голодная собака верует только в мясо...

Пищик

Если бы энергия, которую вы в течение всей вашей жизни затратили на поиски денег для уплаты процентов, пошла у вас на что-нибудь другое, то, вероятно, в конце концов вы могли бы перевернуть землю.

Трофимов

Вы смело решаете все важные вопросы, но скажите, голубчик, не потому ли это, что вы молоды, что вы не успели перестрадать ни одного вашего вопроса? Вы смело смотрите вперед, и не потому ли, что не видите и не ждете ничего страшного, так как жизнь еще скрыта от ваших молодых глаз?

Любовь Андреевна

Без вишневого сада я не понимаю своей жизни, и если уж так нужно продавать, то продавайте и меня вместе с садом...

Любовь Андреевна

Надо быть мужчиной, в ваши годы надо понимать тех, кто любит. И надо самому любить... надо влюбляться!

Любовь Андреевна

Работаю ли я, хожу ли, кушаю ли, играю ли на биллиарде, про то могут рассуждать только люди понимающие и старшие.

Епиходов

Мы насадим новый сад, роскошнее этого, ты увидишь его, поймешь, и радость, тихая, глубокая радость опустится на твою душу, как солнце в вечерний час.

Аня

Твой отец был мужик, мой — аптекарь, и из этого не следует решительно ничего.

Трофимов

Мы друг перед другом нос дерем, а жизнь знай себе проходит.

Лопахин

Когда я работаю подолгу, без устали, тогда мысли полегче, и кажется, будто мне тоже известно, для чего я существую. А сколько, брат, в России людей, которые существуют неизвестно для чего.

Лопахин

Жизнь-то прошла, словно и не жил...

Фирс

До сих пор в деревне были только господа и мужики, а теперь появились еще дачники. Все города, даже самые небольшие, окружены теперь дачами. И можно сказать, дачник лет через двадцать размножится до необычайности.

Лопахин

Зачем так много пить, Леня? Зачем так много есть? Зачем так много говорить?

Любовь Андреевна

Ницше... философ... величайший, знаменитейший... громадного ума человек, говорит в своих сочинениях, будто фальшивые бумажки делать можно.

Пищик

О мой милый, мой нежный, прекрасный сад!.. Моя жизнь, моя молодость, счастье мое, прощай!..

Любовь Андреевна

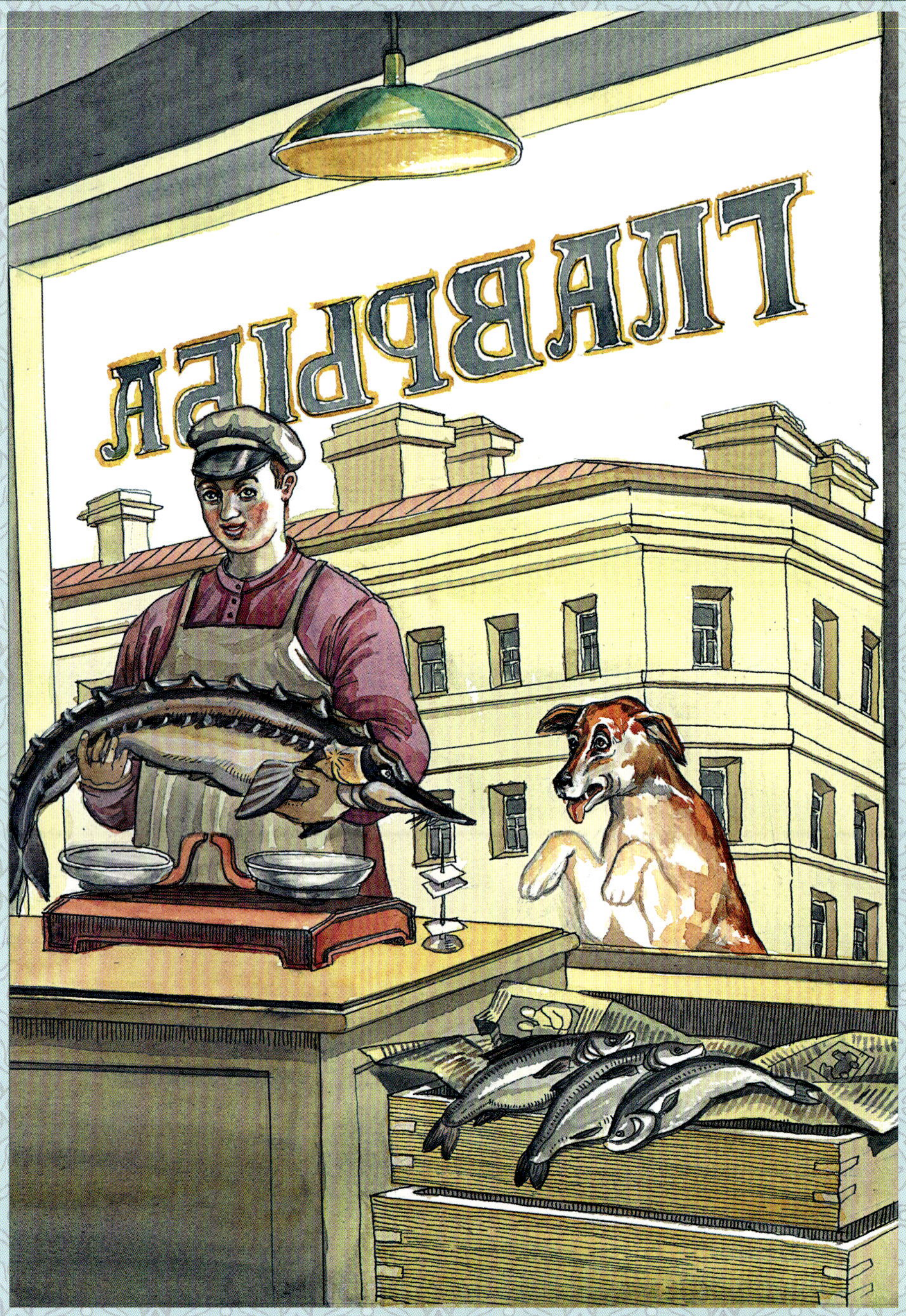
ГЛАВРЫБА

Михаил Афанасьевич Булгаков
(1891–1940)

«Собачье сердце» (1925)

Живуч собачий дух.

Шарик

Дворники из всех пролетариев — самая гнусная мразь. Человечьи очистки — самая низшая категория.

Шарик

Сволочи эти французы, между нами говоря. Хоть и лопают богато, и всё с красным вином.

Шарик

Кинематограф у женщины единственное утешение в жизни.

Шарик

Глаза — значительная вещь! Вроде барометра. Все видно — у кого великая сушь в душе, кто ни за что ни про что может ткнуть носком сапога в ребра, а кто сам всякого боится.

Шарик

Учиться читать совершенно не к чему, когда мясо и так пахнет за версту. Тем не менее, ежели вы проживаете в Москве, и хоть какие-нибудь мозги у вас в голове имеются, вы волей-неволей научитесь грамоте, и притом безо всяких курсов. Из сорока тысяч московских псов разве уж какой-нибудь совершенный идиот не умеет сложить из букв слово «колбаса».

Шарик

Вот последнего холуя именно и приятно бывает тяпнуть за лодыжку. Боишься — получай! Раз боишься, значит, стоишь…

Шарик

Террором ничего поделать нельзя с животным, на какой бы ступени развития оно ни стояло. Это я утверждал, утверждаю и буду утверждать. Они напрасно думают, что террор им поможет. Нет-с, нет-с, не поможет, какой бы он ни был: белый, красный и даже коричневый! Террор совершенно парализует нервную систему.

Преображенский

Холодными закусками и супом закусывают только недорезанные большевиками помещики. Мало-мальски уважающий себя человек оперирует закусками горячими.

Преображенский

Пациенты, не читающие газет, чувствовали себя превосходно. Те же, которых я специально заставлял читать «Правду», теряли в весе.

Преображенский

Статистика — жестокая вещь.

Преображенский

Еда... штука хитрая. Есть нужно уметь, и представьте, большинство людей вовсе есть не умеют. Нужно не только знать что съесть, но и когда и как... И что при этом говорить, да-с!

Преображенский

Если вы заботитесь о своем пищеварении, вот добрый совет: не говорите за обедом о большевизме и о медицине. И, боже вас сохрани, не читайте до обеда советских газет.

Преображенский

Что такое эта ваша разруха? Старуха с клюкой? Ведьма, которая выбила все стекла, потушила все лампы? Да ее вовсе и не существует! Что вы подразумеваете под этим словом?.. Это вот что: если я, вместо того чтобы оперировать, каждый вечер начну у себя в квартире петь хором, у меня настанет разруха! Если я, ходя в уборную, начну, извините меня за выражение, мочиться мимо унитаза и то же самое будут делать Зина и Дарья Петровна, в уборной начнётся разруха. Следовательно, разруха не в клозетах, а в головах!

Преображенский

Успевает всюду тот, кто никуда не торопится.

Преображенский

Ошейник все равно, что портфель.

Шарик

Двум богам нельзя служить! Невозможно в одно и то же время подметать трамвайные пути и устраивать судьбы каких-

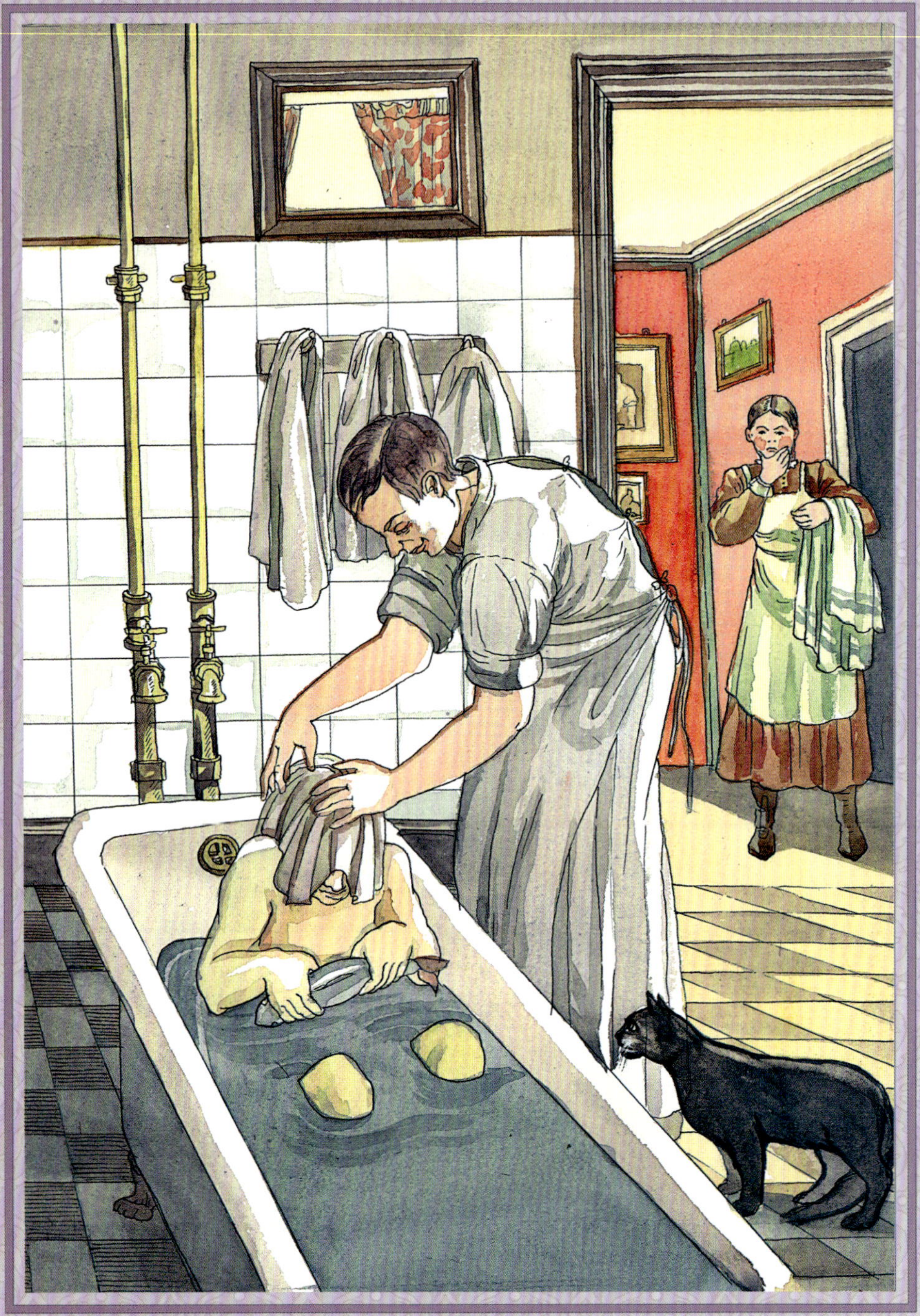

то испанских оборванцев! Это никому не удастся... и тем более людям, которые, вообще отстав в развитии от европейцев лет на двести, до сих пор еще не совсем уверенно застегивают собственные штаны!

Преображенский

- Я сторонник разделения труда. В Большом пусть поют, а я буду оперировать. Вот и хорошо — и никаких разрух...

Преображенский

Да и что такое воля? Так, дым, мираж, фикция... Бред этих злосчастных демократов...

Шарик

Обыкновенная прислуга, а форсу как у комиссарши!

Шариков

То не плевать, то не кури... туда не ходи... Что же это, на самом деле, чисто как в трамвае?

Шариков

- Человеку без документа строго воспрещается существовать.

Шариков

Документ — самая важная вещь на свете.

Швондер

- На преступление не идите никогда, против кого бы оно ни было направлено. Доживите до старости с чистыми руками.

Преображенский

Вот все у вас как на параде... салфетку туда, галстук — сюда, да «извините», да «пожалуйста», «мерси», а так, чтобы по-настоящему, — это нет. Мучаете себя, как при царском режиме.

Шариков

Взять все да и поделить...

Шариков

Кот — другое дело, а слоны — животные полезные.

Шариков

Я не господин, господа все в Париже.

Шариков

Вот, доктор, что получается, когда исследователь вместо того, чтобы идти ощупью и параллельно с природой, форсирует вопрос и приподнимает завесу! На, получай Шарикова и ешь его с кашей!

Преображенский

Объясните мне, пожалуйста, зачем нужно искусственно фабриковать Спиноз, когда любая баба может его родить когда угодно!.. Ведь родила же в Холмогорах мадам Ломоносова этого своего знаменитого. Доктор, человечество само заботится об этом и, в эволюционном порядке каждый год упорно выделяя из массы всякой мрази, создает десятками выдающихся гениев, украшающих земной шар.

Преображенский

«Мастер и Маргарита» (1929—1940)

Для того, чтобы управлять, нужно, как-никак, иметь точный план на некоторый, хоть сколько-нибудь приличный срок. Позвольте же вас спросить, как же может управлять человек, если он не только лишен возможности составить какой-нибудь план хотя бы на смехотворно короткий срок, ну, лет, скажем, в тысячу, но не может ручаться даже за свой собственный завтрашний день?

Воланд

Да, человек смертен, но это было бы еще полбеды. Плохо то, что он иногда внезапно смертен, вот в чем фокус!

Воланд

Кирпич ни с того ни с сего... никому и никогда на голову не свалится.

Воланд

Злых людей нет на свете.

Иешуа

Правду говорить легко и приятно.

Иешуа

Я говорил... что всякая власть является насилием над людьми и что настанет время, когда не будет власти ни кесарей, ни какой-либо иной власти. Человек перейдет в царство истины и справедливости, где вообще не будет надобна никакая власть.

Иешуа

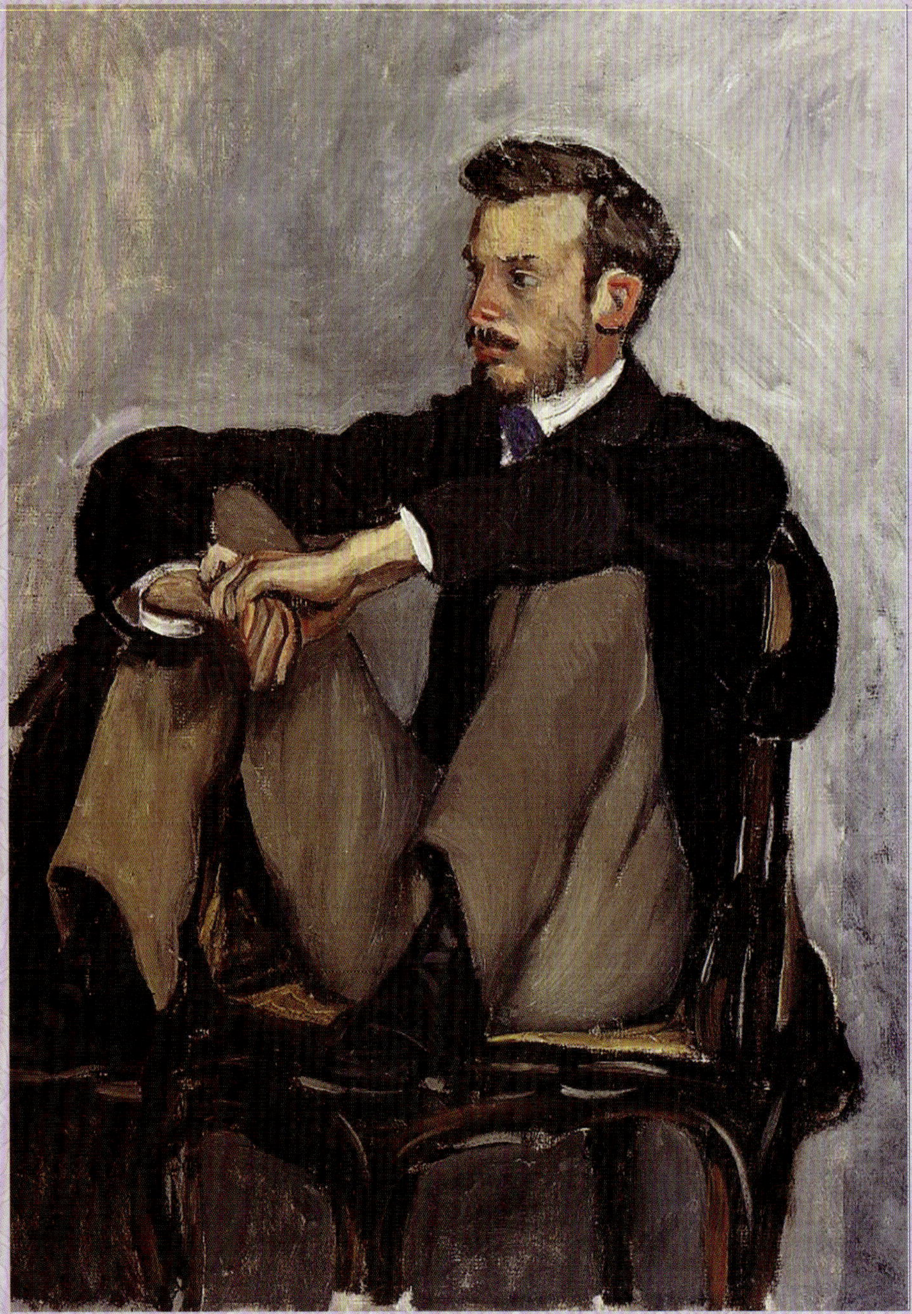

Перерезать волосок уж наверно может лишь тот, кто подвесил.

Иешуа

Что же это у вас, чего ни хватишься, ничего нет!

Воланд

Никогда слава не придет к тому, кто сочиняет дурные стихи.

Рюхин

Что такое официальное лицо или неофициальное? Все это зависит от того, с какой точки зрения смотреть на предмет. Все это.. зыбко и условно. Сегодня я неофициальное лицо, а завтра, глядишь, официальное! А бывает и наоборот, и еще как бывает!

Коровьев

Ребенка, анонимное письмо, прокламацию, адскую машину, мало ли что еще, но четыреста долларов никто не станет подбрасывать, ибо такого идиота в природе не имеется...

Конферансье

Вторая свежесть — вот что вздор! Свежесть бывает только одна — первая, она же и последняя. А если осетрина второй свежести, то это означает, что она тухлая!

Воланд

Люди как люди. Любят деньги, но ведь это всегда было... Человечество любит деньги, из чего бы те ни были сделаны, из кожи ли, из бумаги ли, из бронзы или из золота. Ну, легкомысленны... ну, что ж... и милосердие иногда стучится в их сердца... обыкновенные люди... В общем, напоминают прежних... квартирный вопрос только испортил их...

Воланд

Я люблю сидеть низко... с низкого не так опасно падать.

Воланд

Свежесть, свежесть и свежесть, вот что должно быть девизом всякого буфетчика.

Воланд

Что-то, воля ваша, недоброе таится в мужчинах, избегающих вина, игр, общества прелестных женщин, застольной беседы. Такие люди или тяжко больны, или втайне ненавидят окружающих. Правда, возможны исключения. Среди лиц, садившихся со мною за пиршественный стол, попадались иногда удивительные подлецы!

Воланд

Вопросы крови — самые сложные вопросы в мире! И если бы расспросить некоторых прабабушек и в особенности тех из них, что пользовались репутацией смиренниц, удивительнейшие тайны открылись бы...

Коровьев

Есть вещи, в которых совершенно недействительны ни сословные перегородки, ни даже границы между государствами. Намекну: одна из французских королев, жившая в шестнадцатом веке, надо полагать, очень изумилась бы, если бы кто-нибудь сказал ей, что ее прелестную прапрапраправнучку я по прошествии многих лет буду вести под руку в Москве по бальным залам.

Коровьев

Каждый украшает себя, чем может.

Бегемот

Кровь — великое дело.

Воланд

Факт — самая упрямая в мире вещь.

Воланд

Все теории стоят одна другой. Есть среди них и такая, согласно которой каждому будет дано по его вере. Да сбудется же это! Вы уходите в небытие, а мне радостно будет из чаши, в которую вы превращаетесь, выпить за бытие!

Воланд

Разве я позволил бы себе налить даме водки? Это — чистый спирт!

Бегемот

• Никогда и ничего не просите! Никогда и ничего, и в особенности у тех, кто сильнее вас. Сами предложат и сами всё дадут.

Воланд

• Рукописи не горят.

Воланд

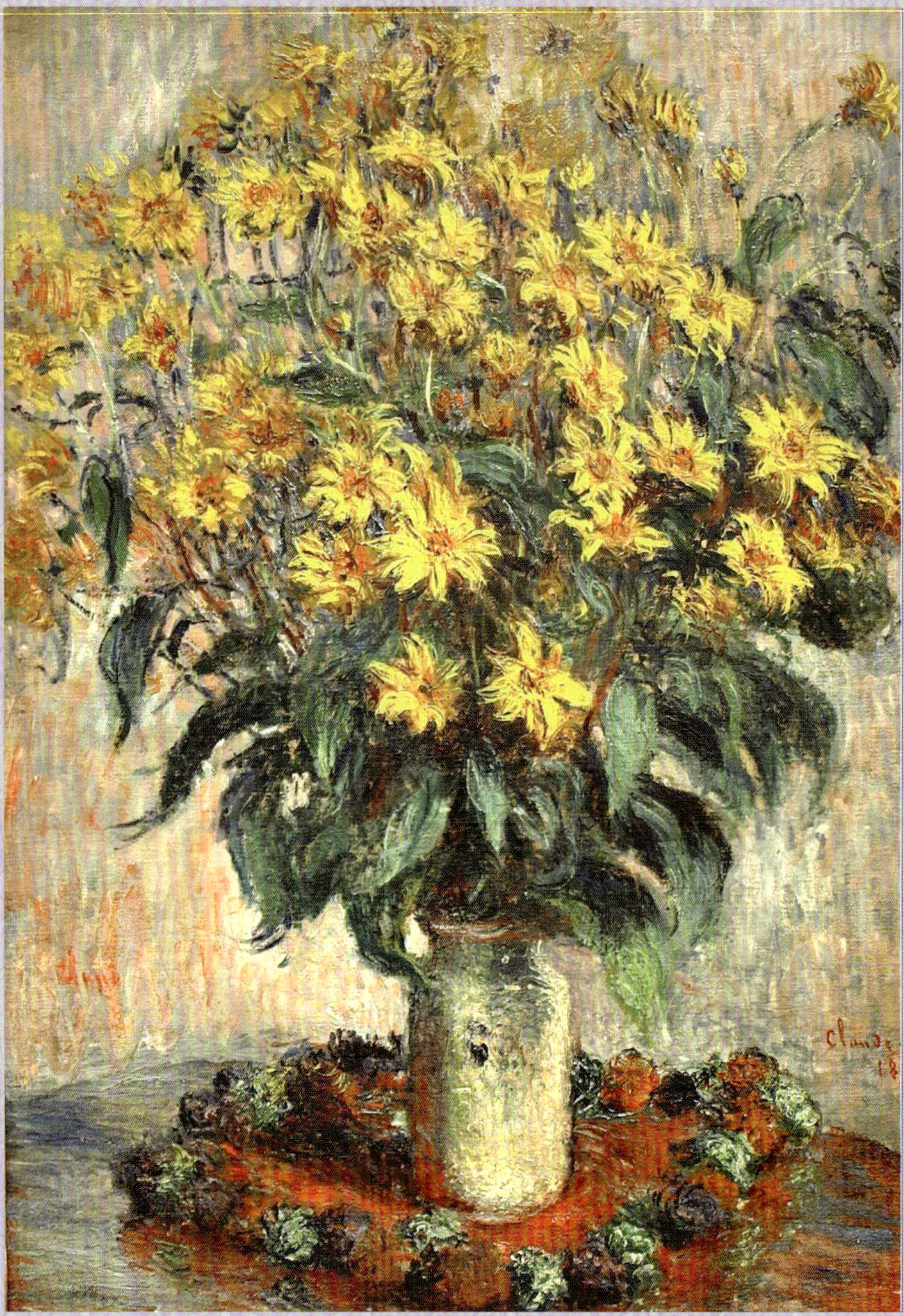

- Нет документа, нет и человека.

  Коровьев

  Домработницы все знают... это ошибка думать, что они слепые.

  Бегемот

- Трусость, несомненно, один из самых страшных пороков. Так говорил Иешуа Га-Ноцри. Нет, философ, я тебе возражаю: это самый страшный порок.

  Пилат

- Чтобы жениться, прокуратор, требуются деньги, чтобы произвести на свет человека, нужны они же, но чтобы зарезать человека при помощи женщины, нужны очень большие деньги...

  Афраний

  Не шалю, никого не трогаю, починяю примус... и еще считаю долгом предупредить, что кот древнее и неприкосновенное животное.

  Бегемот

  Вы судите по костюму? Никогда не делайте этого!.. Вы можете ошибиться, и притом весьма крупно. Перечтите еще раз хотя бы историю знаменитого калифа Гарун-аль-Рашида.

  Коровьев

  Чтобы убедиться в том, что Достоевский — писатель, неужели же нужно спрашивать у него удостоверение? Да возьмите вы любых пять страниц из любого его романа, и без всякого удостоверения вы убедитесь, что имеете дело с писателем. Да я полагаю, что у него и удостоверения-то никакого не было!

Коровьев

- Вовсе не удостоверением определяется писатель, а тем, что он пишет!

Коровьев

- Ты произнес свои слова так, как будто ты не признаешь теней, а также и зла. Не будешь ли ты так добр подумать над вопросом: что бы делало твое добро, если бы не существовало зла, и как бы выглядела земля, если бы с нее исчезли тени? Ведь тени получаются от предметов и людей. Вот тень от моей шпаги. Но бывают тени от деревьев и от живых существ. Не хочешь ли ты ободрать весь земной шар, снеся с него прочь все деревья и все живое из-за твоей фантазии наслаждаться голым светом?

Воланд

Мы говорим с тобой на разных языках, как всегда... но вещи, о которых мы говорим, от этого не меняются.

Воланд

- Когда люди совершенно ограблены, как мы с тобой, они ищут спасения у потусторонней силы!

Мастер

Все будет правильно, на этом построен мир.

Воланд

- Рухнет храм старой веры и создастся новый храм истины.

  Иешуа

Вино какой страны вы предпочитаете в это время дня?

Воланд

Вы мыслите, как же вы можете быть мертвы? Разве для того, чтобы считать себя живым, нужно непременно сидеть в подвале, имея на себе рубашку и больничные кальсоны?

Азазелло

- Тот, кто любит, должен разделять участь того, кого он любит.

  Воланд

Все кончилось и все кончается... И я вас поцелую в лоб, и все у вас будет так, как надо.

Маргарита

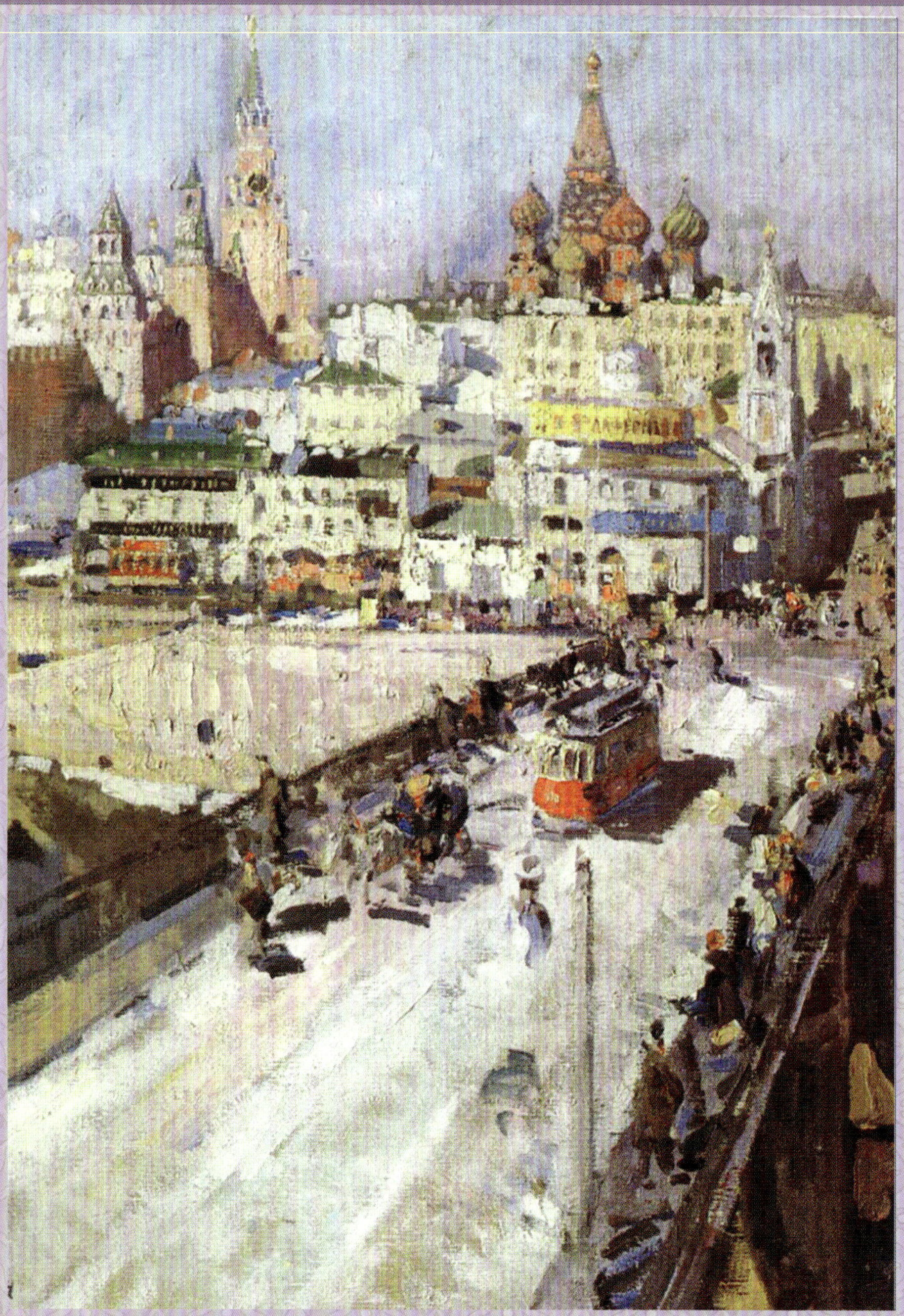

Илья Ильф
(Иехиел-Лейб Арьевич Файнзильберг)
(1897–1937)
Евгений Петров
(Евгений Петрович Катаев)
(1903–1942)

«Двенадцать стульев» (1928)

Гроб — он работу любит.

Безенчук

Кому и кобыла невеста.

Тихон

При современном развитии печатного дела на Западе напечатать советский паспорт — это такой пустяк, что об этом смешно говорить...

О. Бендер

А может быть, вы хотите, чтобы я работал даром да еще дал вам ключ от квартиры, где деньги лежат?

О. Бендер

У меня есть не меньше основания, как говорил Энди Таккер, предполагать, что я и один могу справиться с вашим делом.

О. Бендер

Вы довольно пошлый человек, вы любите деньги больше, чем надо.

О. Бендер

Ваш дворник довольно-таки большой пошляк. Разве можно так напиваться на рубль?

О. Бендер

Ведь это же лавочничество! Начинать полуторастотысячное дело и ссориться из-за восьми рублей!

О. Бендер

Учитесь жить широко!

О. Бендер

Всю контрабанду делают в Одессе, на малой Арнаутской улице.

О. Бендер

Жить с такими ультрафиолетовыми волосами в Советской России не рекомендуется.

О. Бендер

Набил бы я тебе рыло, только Заратустра не позволяет.

О. Бендер

Какие теперь магазины! Теперь только очереди, а магазинов нет.

Елена Станиславовна Боур

А вот это — алфавитная книга, зеркало жизни!

Коробейников

Берете? Есть еще от жилетки рукава, круг от бублика и мертвого осла уши. Оптом всю партию — дешевле будет.

О. Бендер

Почем опиум для народа?

О. Бендер

Это типичное пижонство — грабить бедную вдову.

О. Бендер

Скоро только кошки родятся.

О. Бендер

Жизнь! Жертва! Что вы знаете о жизни и о жертвах? Вы думаете, что, если вас выселили из особняка, вы знаете жизнь? И если у вас реквизировали поддельную китайскую вазу, то это жертва?

О. Бендер

Знойная женщина — мечта поэта. Провинциальная непосредственность. В центре таких субтропиков давно уже нет, но на периферии, на местах — еще встречаются.

О. Бендер

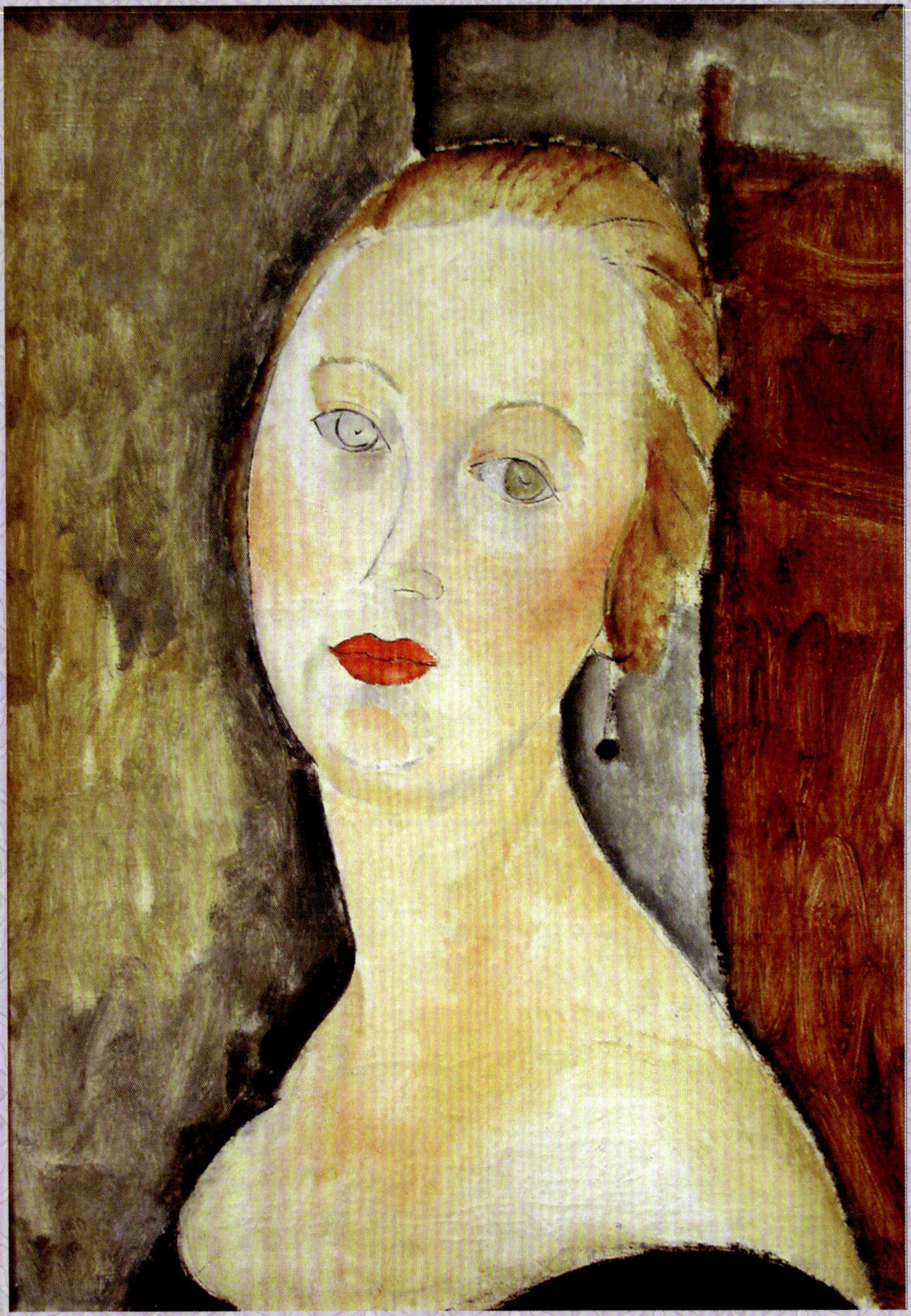

Жизнь, господа присяжные заседатели, это сложная штука, но, господа присяжные заседатели, эта сложная штука открывается просто, как ящик. Надо только уметь его открыть. Кто не может открыть, тот пропадает.

О. Бендер

Будем выписывать ешаков или трамвай построим?

Гаврилин

Трамвай построить — это не ешака купить.

Гаврилин

Дышите глубже. Вы взволнованы.

Бородатый

Запад нам поможет. Крепитесь. Полная тайна вкладов, то есть организации.

О. Бендер

Жизнь диктует свои законы, свои жестокие законы.

О. Бендер

Вы можете уйти, но у нас, предупреждаю, длинные руки!

О. Бендер

Мы должны протянуть руку помощи, и мы ее протянем.

О. Бендер

Одни лишь маленькие дети, беспризорные дети, находятся без призора. Эти цветы улицы, или, как выражаются пролетарии умственного труда, цветы на асфальте, заслуживают лучшей участи.

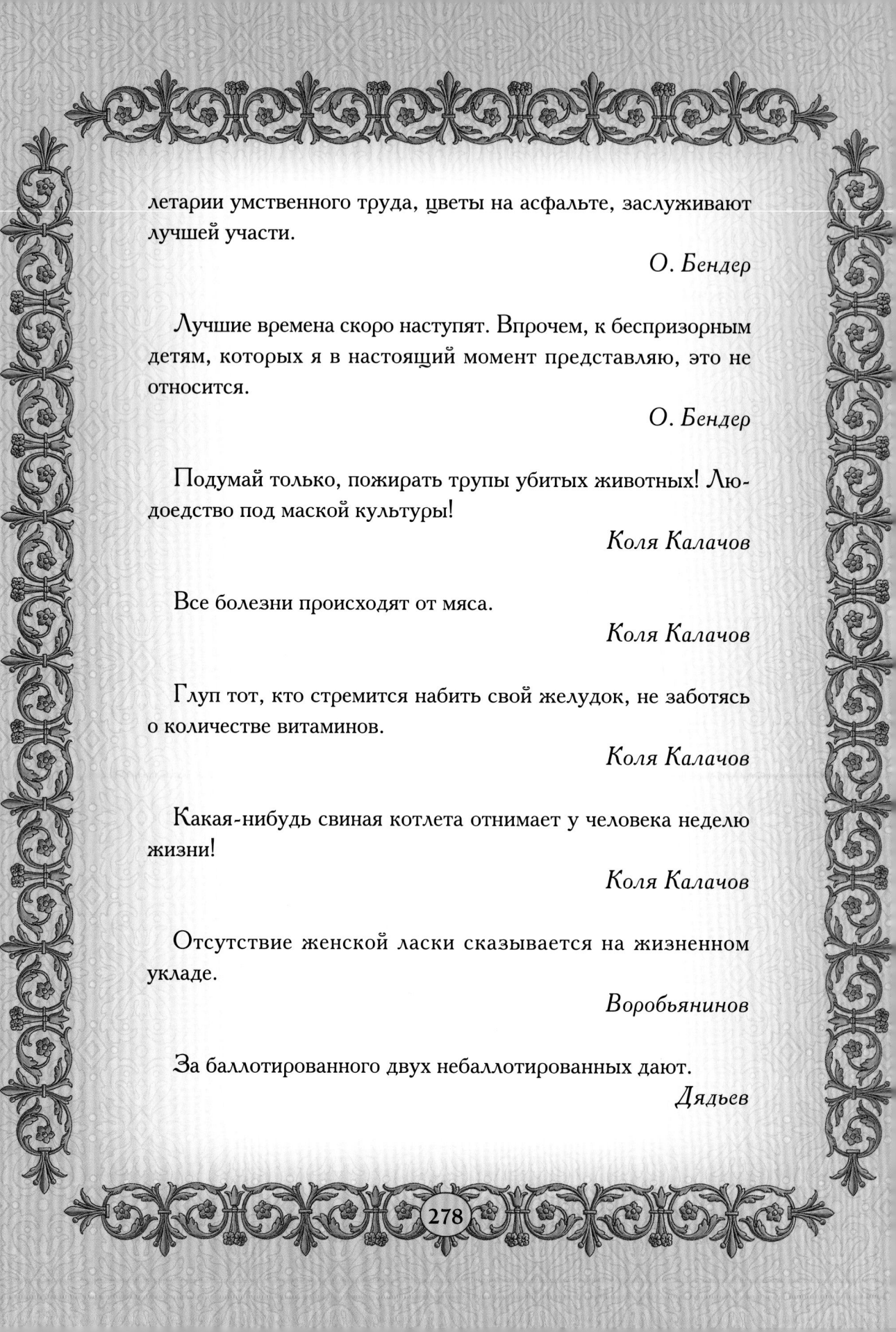

О. Бендер

Лучшие времена скоро наступят. Впрочем, к беспризорным детям, которых я в настоящий момент представляю, это не относится.

О. Бендер

Подумай только, пожирать трупы убитых животных! Людоедство под маской культуры!

Коля Калачов

Все болезни происходят от мяса.

Коля Калачов

Глуп тот, кто стремится набить свой желудок, не заботясь о количестве витаминов.

Коля Калачов

Какая-нибудь свиная котлета отнимает у человека неделю жизни!

Коля Калачов

Отсутствие женской ласки сказывается на жизненном укладе.

Воробьянинов

За баллотированного двух небаллотированных дают.

Дядьев

Приятно все-таки иметь собственный паровоз.

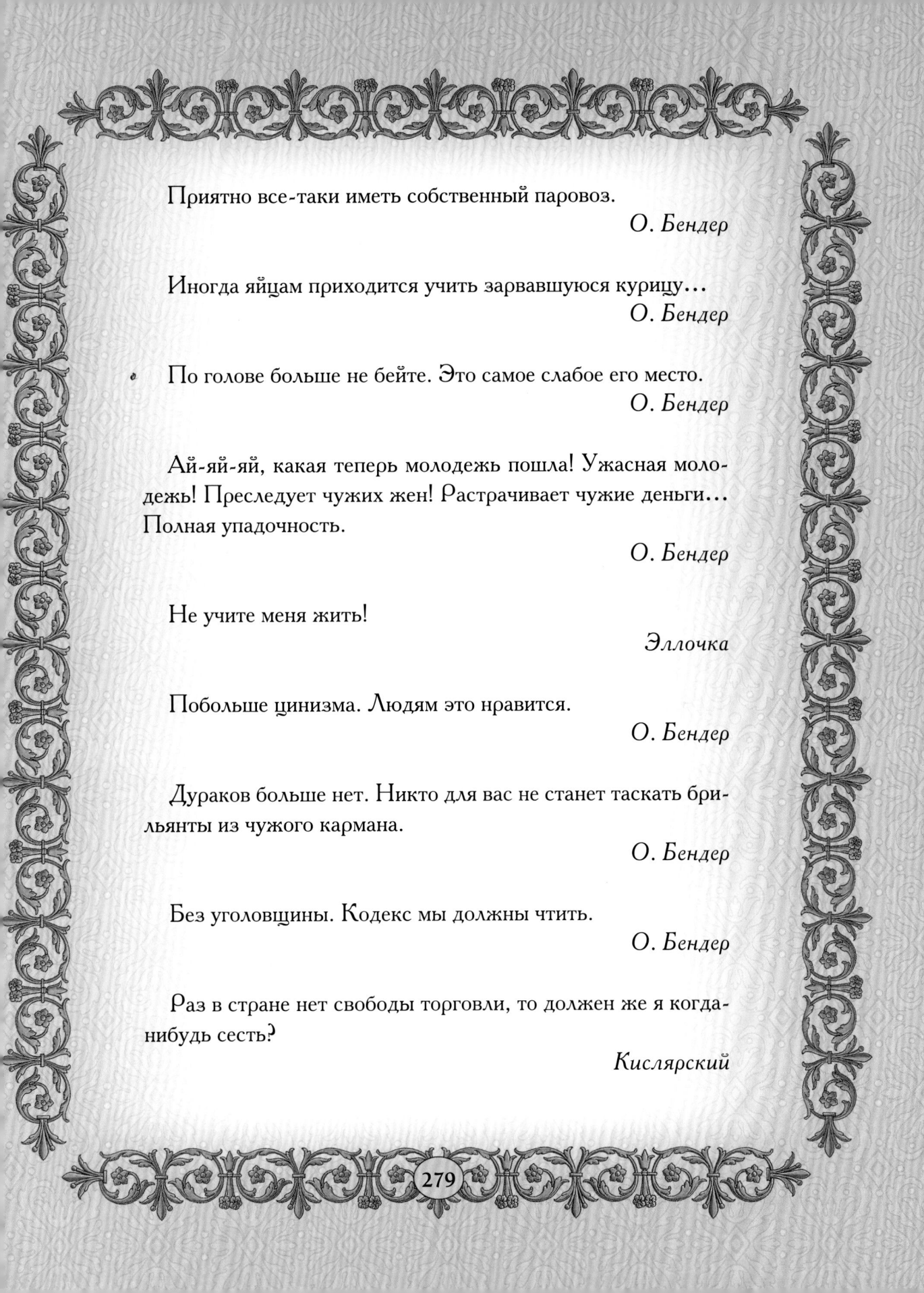

О. Бендер

Иногда яйцам приходится учить зарвавшуюся курицу...

О. Бендер

По голове больше не бейте. Это самое слабое его место.

О. Бендер

Ай-яй-яй, какая теперь молодежь пошла! Ужасная молодежь! Преследует чужих жен! Растрачивает чужие деньги... Полная упадочность.

О. Бендер

Не учите меня жить!

Эллочка

Побольше цинизма. Людям это нравится.

О. Бендер

Дураков больше нет. Никто для вас не станет таскать бриллянты из чужого кармана.

О. Бендер

Без уголовщины. Кодекс мы должны чтить.

О. Бендер

Раз в стране нет свободы торговли, то должен же я когда-нибудь сесть?

Кислярский

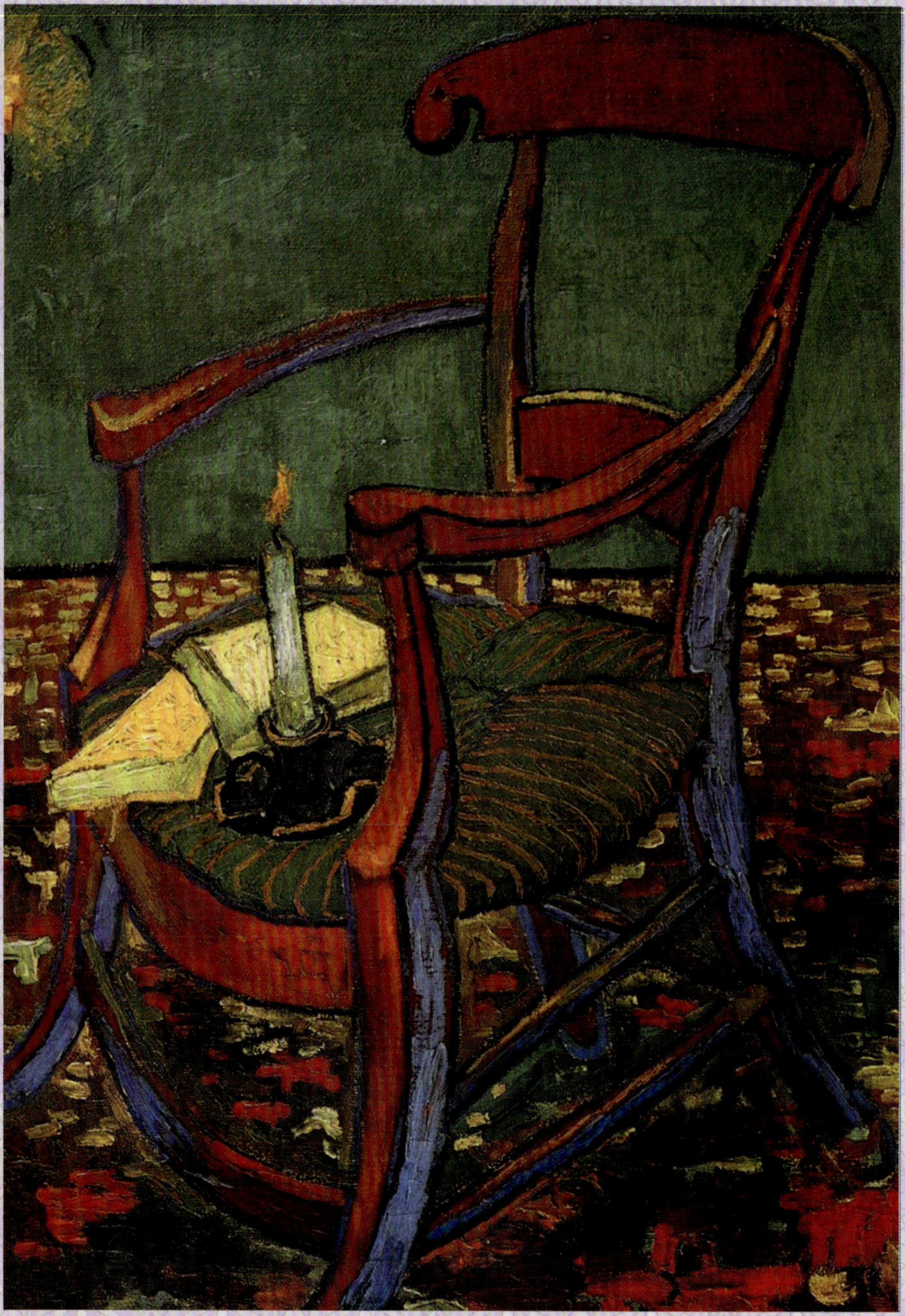

Сейчас в Европе и в лучших домах Филадельфии возобновили старинную моду — разливать чай через ситечко. Необычайно эффектно и очень элегантно.

О. Бендер

Утрите ваши глазки, гражданка. Каждая ваша слезинка — это молекула в космосе.

О. Бендер

Мальчик. Разве плох? Кто скажет, что это девочка, пусть первый бросит в меня камень!

О. Бендер

Все учтено могучим ураганом.

О. Бендер

На голодный желудок нельзя говорить такие глупые вещи. Это отрицательно влияет на мозг.

О. Бендер

Витамины, дорогой товарищ предводитель, даром никому не даются.

О. Бендер

Когда будут бить, будете плакать.

О. Бендер

Время, которое мы имеем, — это деньги, которых мы не имеем.

О. Бендер

Что такое, товарищи, дебют и что такое, товарищи, идея? Дебют, товарищи, — это «Quasi una Fantasia». А что такое, товарищи, значит идея? Идея, товарищи, — это человеческая мысль, облеченная в логическую шахматную форму.

О. Бендер

Мы тоже плывем по течению. Нас топят, мы выплываем, хотя, кажется, никого этим не радуем. Нас никто не любит, если не считать Уголовного розыска, который тоже нас не любит. Никому нет до нас дела.

О. Бендер

Мы чужие на этом празднике жизни.

О. Бендер

Согласие есть продукт при полном непротивлении сторон.

Мечников

Не надо брезговать никакими средствами. Пан или пропал. Выбираю пана, хотя он и явный поляк.

О. Бендер

Ну и гусики теперь пошли.

Брунс

Дикая красота. Воображение идиота. Никчемная вещь.

О. Бендер

Птицы, покайтесь в своих грехах публично!

Отец Федор

Прежде всего система, — каждая общественная копейка должна быть учтена.

О. Бендер

Нищим быть не так-то уж плохо, особенно при умеренном образовании и слабой постановке голоса.

О. Бендер

И дикий же народ! Дети гор!

Экскурсанты

Я думаю, что торг здесь неуместен!

Воробьянинов

У меня есть деньги. Но я великодушен.

О. Бендер

Мне моя жизнь дорога как память!

О. Бендер

«Золотой теленок» (1931)

Нет, это не Рио-де-Жанейро, это гораздо хуже.

О. Бендер

Да-а, теперь многие не знают имен героев. Угар НЭПа. Нет того энтузиазма.

О. Бендер

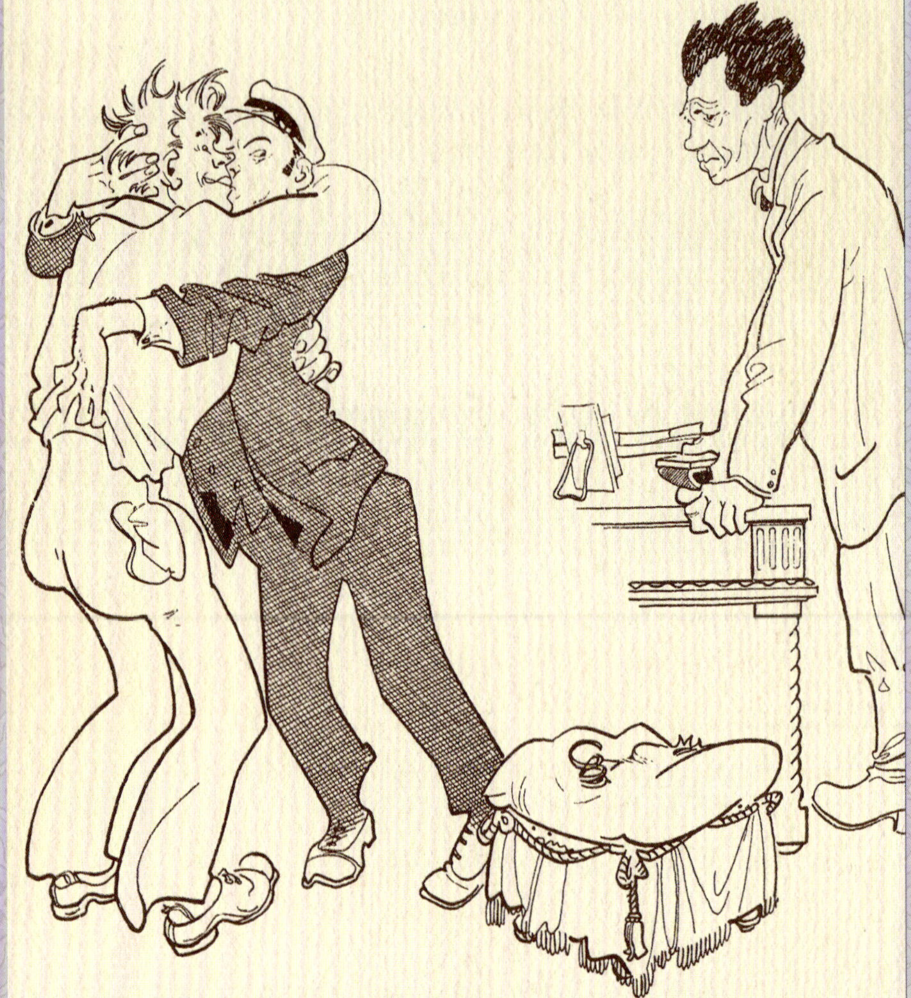

Кстати, о детстве, в детстве таких, как вы, я убивал на месте. Из рогатки.

О. Бендер

Таковы суровые законы жизни. Или, короче выражаясь, — жизнь диктует нам свои суровые законы.

О. Бендер

Ах, вы думали? Вы, значит, иногда думаете? Вы — мыслитель? Как ваша фамилия, мыслитель? Спиноза? Жан-Жак Руссо? Марк Аврелий?

О. Бендер

Воровать грешно, — мама, наверно, познакомила вас в детстве с такой доктриной, — это к тому же бесцельная трата сил и энергии.

О. Бендер

У лейтенанта было три сына, — два умных, а третий — дурак.

О. Бендер

Финансовая пропасть — самая глубокая из всех пропастей, в нее можно падать всю жизнь.

О. Бендер

Мулаты, бухта, экспорт кофе, так сказать, кофейный демпинг, чарльстон «У моей девочки есть одна маленькая штучка» и... о чем говорить!

О. Бендер

• Надо мыслить. Меня, например, кормят идеи.

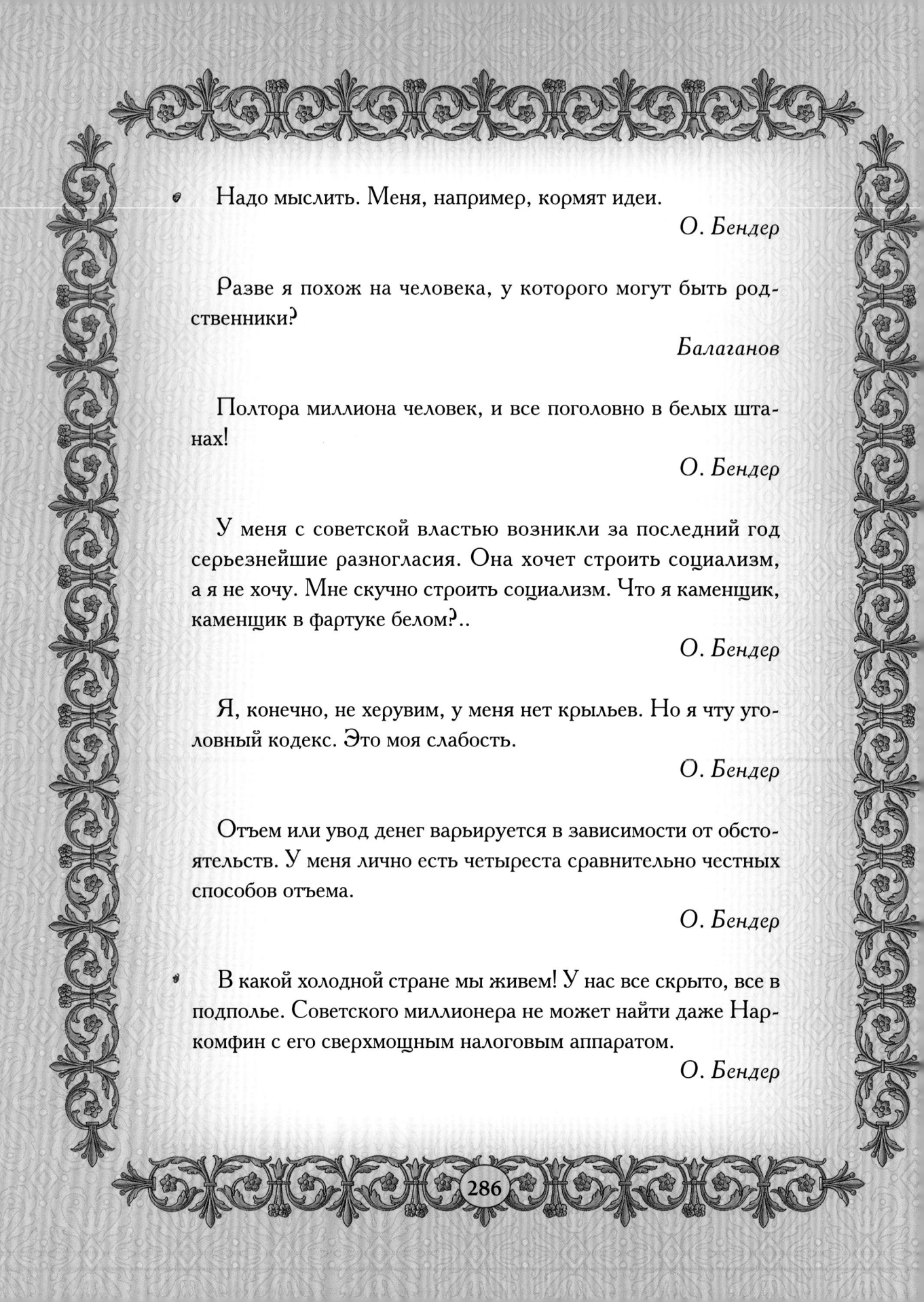

О. Бендер

Разве я похож на человека, у которого могут быть родственники?

Балаганов

Полтора миллиона человек, и все поголовно в белых штанах!

О. Бендер

У меня с советской властью возникли за последний год серьезнейшие разногласия. Она хочет строить социализм, а я не хочу. Мне скучно строить социализм. Что я каменщик, каменщик в фартуке белом?..

О. Бендер

Я, конечно, не херувим, у меня нет крыльев. Но я чту уголовный кодекс. Это моя слабость.

О. Бендер

Отъем или увод денег варьируется в зависимости от обстоятельств. У меня лично есть четыреста сравнительно честных способов отъема.

О. Бендер

• В какой холодной стране мы живем! У нас все скрыто, все в подполье. Советского миллионера не может найти даже Наркомфин с его сверхмощным налоговым аппаратом.

О. Бендер

Раз в стране бродят какие-то денежные знаки, то должны же быть люди, у которых их много.

О. Бендер

Миллионное дело приходится начинать при ощутительной нехватке денежных знаков.

О. Бендер

Рио-де-Жанейро, — это хрупкая мечта моего детства, не касайтесь ее своими лапами.

О. Бендер

У вас есть автомобиль — и вы не знаете, куда ехать! У нас дела похуже — у нас автомобиля нет. И все-таки мы знаем, куда ехать.

О. Бендер

В Арбатове вам терять нечего, кроме запасных цепей.

О. Бендер

Бензин ваш — идеи наши!

О. Бендер

Людей, которые не читают газет, надо морально убивать на месте. Они никому не нужны.

О. Бендер

Машина, как военный корабль, должна иметь собственное имя.

О. Бендер

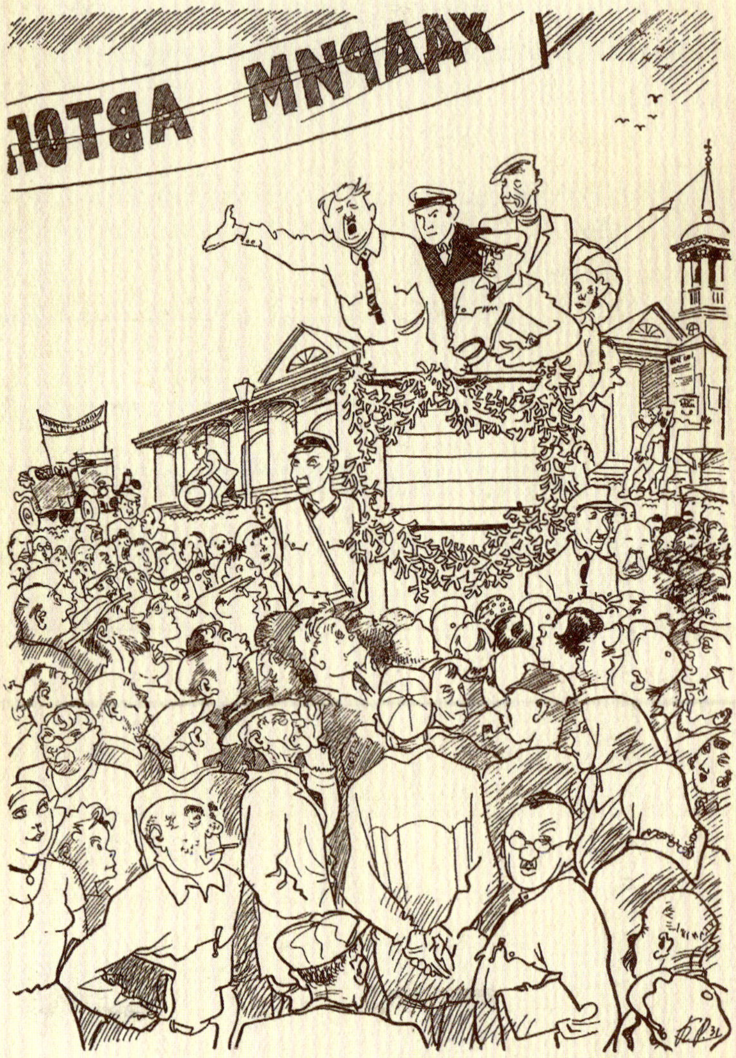

Если вам, как истому джентльмену, взбредет на мысль делать записи на манжетах, вам придется писать мелом.

О. Бендер

Нам грубиянов не надо. Мы сами грубияны.

О. Бендер

Железный конь идет на смену крестьянской лошадке.

Безбородый

Автомобиль — не роскошь, а средство передвижения.

Безбородый

Не делайте из еды культа.

О. Бендер

Я не хирург. Я невропатолог, я психиатр. Я изучаю души своих пациентов. И мне почему-то всегда попадаются очень глупые души.

О. Бендер

Знатоки! Убивать надо таких знатоков!

О. Бендер

О карманных деньгах не надо думать, они валяются на дороге, и мы будем их подбирать по мере надобности.

О. Бендер

Даже из обыкновенной табуретки можно гнать самогон.

О. Бендер

Всегда думаешь: «Это я еще успею. Еще много будет в моей жизни молока и сена». А на самом деле никогда этого больше не будет.

О. Бендер

Хорошо жить на свете! Вот мы едем, мы сыты! Может быть, нас ожидает счастье...

Балаганов

Счастье никого не поджидает. Оно бродит по стране в длинных белых одеждах, распевая детскую песенку: «Ах, Америка — это страна, там гуляют и пьют без закуски». Но эту наивную детку надо ловить, ей нужно понравиться, за ней нужно ухаживать.

О. Бендер

Не понимаю, как можно любить самогон, когда в нашем отечестве имеется большой выбор благородных крепких напитков.

О. Бендер

Чем меньше город, тем длиннее приветственные речи.

О. Бендер

Есть такая сфера, куда большевикам не проникнуть. Это сны, ниспосланные человеку богом.

Федор Никитич Хворобьев

В Рио-де-Жанейро, например, краденые автомобили перекрашивают в другой цвет. Делается это из чисто гуманных побуждений — дабы прежний хозяин не огорчался, видя, что на его машине разъезжает посторонний человек.

О. Бендер

Люблю стариков, — с ними никогда не соскучишься.

О. Бендер

Раз вы живете в советской стране, то и сны у вас должны быть советские.

О. Бендер

Сон — это пустяки. Главное — это устранить причину сна. Основной причиной является самое существование советской власти. Но в данный момент я устранить ее не могу. У меня просто нет времени.

О. Бендер

А овес-то нынче, — не укупишь. Он дорог, овес-то!

Феофан Копытто

Проклятая страна! Страна, в которой миллионер не может повести свою невесту в кино.

Корейко

Самое главное — это внести смятение в лагерь противника. Враг должен потерять душевное равновесие.

О. Бендер

Люди больше всего пугаются непонятного.

О. Бендер

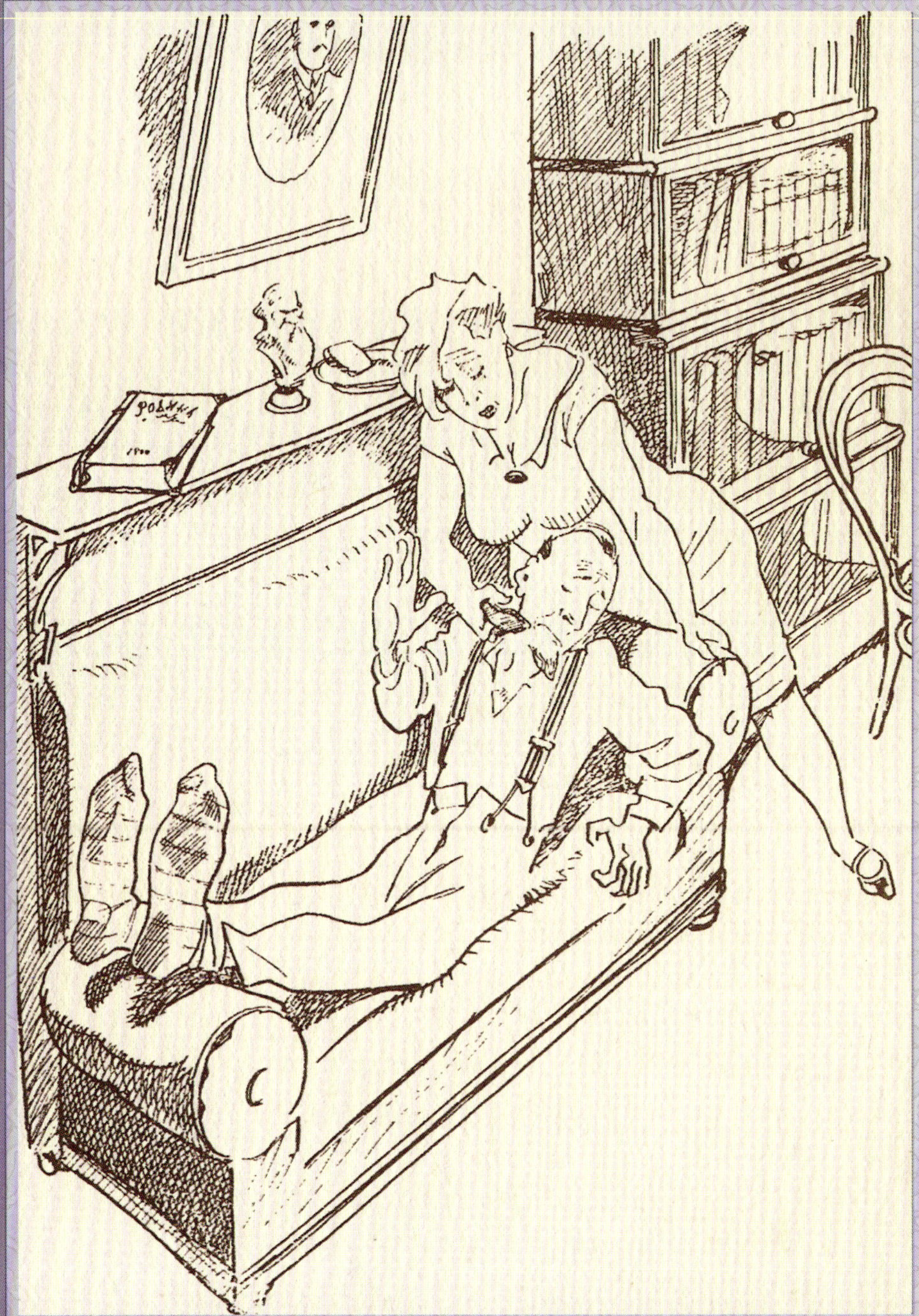

Клиента надо приучить к мысли, что ему придется отдать деньги. Его надо морально разоружить, подавить в нем реакционные собственнические инстинкты.

О. Бендер

Вы не в церкви, вас не обманут.

О. Бендер

За что вас любить? Таких, как вы, девушки не любят. Они любят молодых, длинноногих, политически грамотных.

О. Бендер

Вы не знаете Паниковского. Паниковский вас всех продаст и купит.

Паниковский

Не ешьте на ночь сырых помидоров, чтоб не причинить вреда желудку.

О. Бендер

Интересный вы человек. Все у вас в порядке. С таким счастьем — и на свободе!

О. Бендер

Я — зицпредседатель Фунт. Я всегда сидел. При Александре втором — Освободителе, когда Черноморск был еще вольным городом, при Александре третьем — миротворце, при Николае втором — кровавом. При Керенском я сидел тоже. При военном коммунизме я, правда, совсем не сидел, исчезла чистая коммерция, не было работы. Но зато как я сидел при НЭПе! Как я сидел при НЭПе! Это были лучшие дни моей жизни!

Фунт

Сразу видно человека с раньшего времени! Таких теперь уже нету и скоро совсем не будет!

Паниковский

Сумасшедшему все можно.

Шурин Берлаги

Вице-король для хорошего сумасшедшего — это слабо, слабо, слабо.

Михаил Александрович

Сумасшедший не может менять свои мании, как носки. Теперь вы всю жизнь будете в дурацком положении короля.

И. Н. Старохамский

В Советской России сумасшедший дом — это единственное место, где может жить нормальный человек. Все остальное — это сверх-бедлам.

И. Н. Старохамский

Где нет любви, там о деньгах говорить не принято.

О. Бендер

Полное спокойствие может дать человеку только страховой полис.

О. Бендер

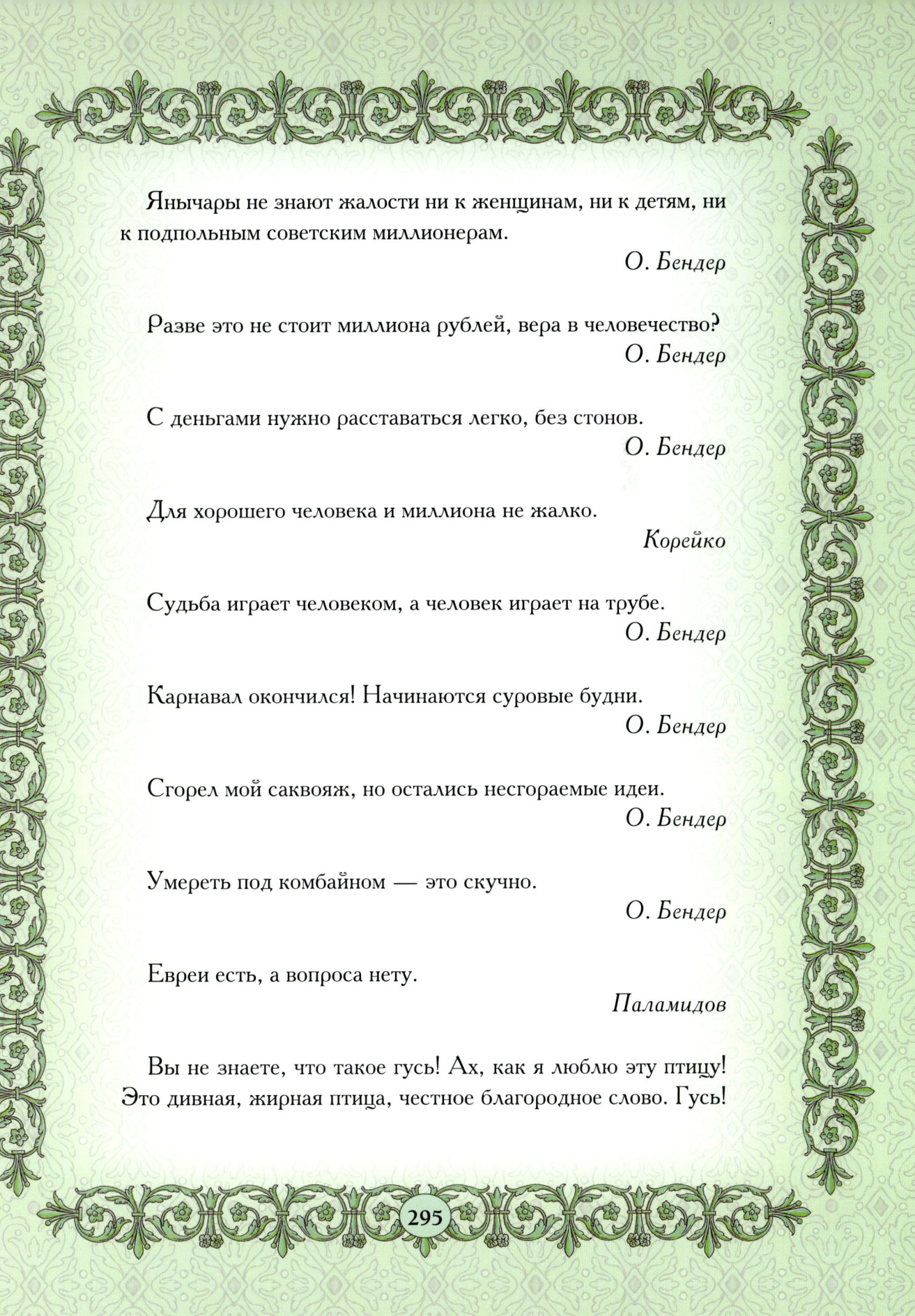

Янычары не знают жалости ни к женщинам, ни к детям, ни к подпольным советским миллионерам.

О. Бендер

Разве это не стоит миллиона рублей, вера в человечество?

О. Бендер

С деньгами нужно расставаться легко, без стонов.

О. Бендер

Для хорошего человека и миллиона не жалко.

Корейко

Судьба играет человеком, а человек играет на трубе.

О. Бендер

Карнавал окончился! Начинаются суровые будни.

О. Бендер

Сгорел мой саквояж, но остались несгораемые идеи.

О. Бендер

Умереть под комбайном — это скучно.

О. Бендер

Евреи есть, а вопроса нету.

Паламидов

Вы не знаете, что такое гусь! Ах, как я люблю эту птицу! Это дивная, жирная птица, честное благородное слово. Гусь!

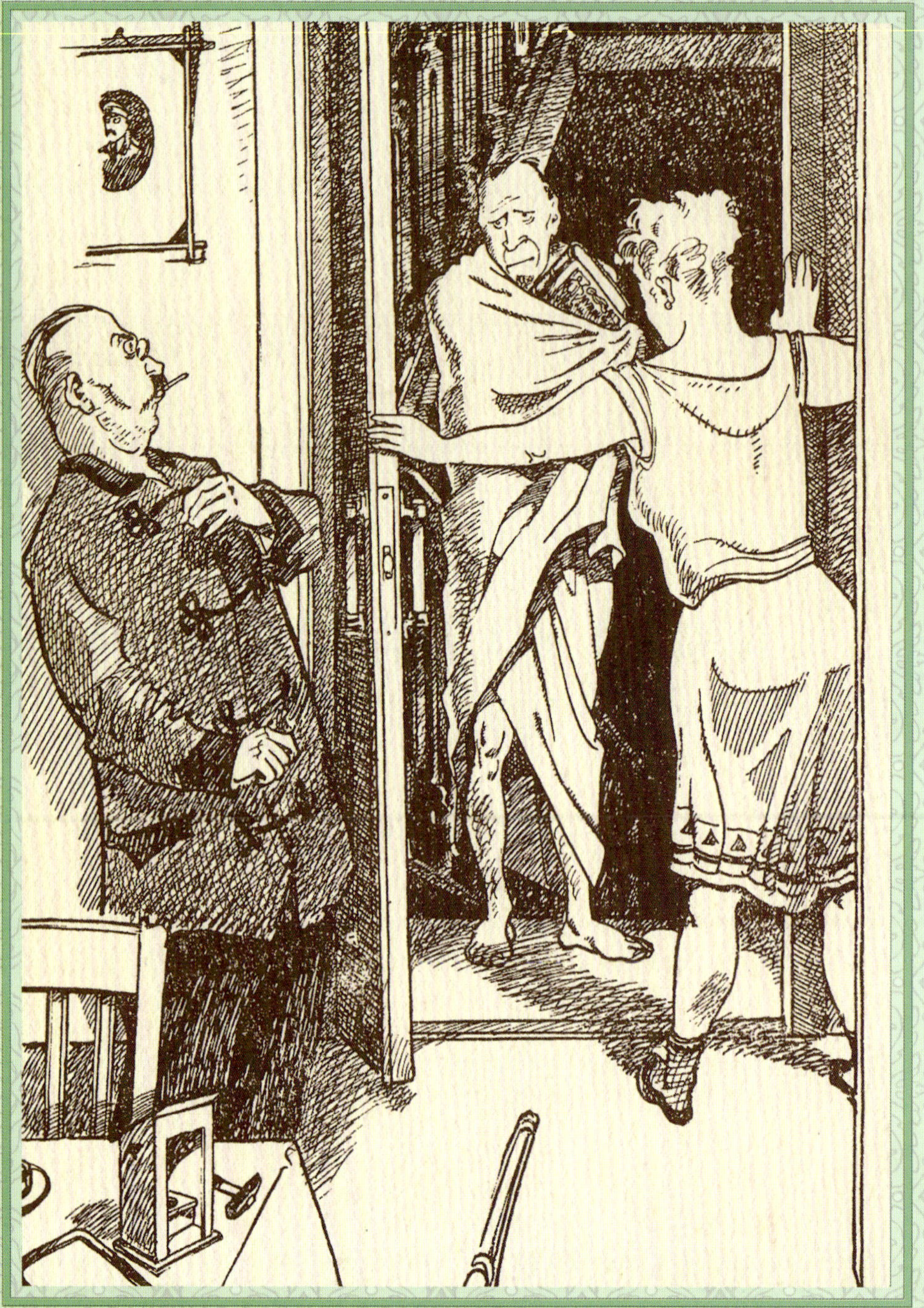

Бендер! Крылышко! Шейка! Ножка! Вы знаете, Бендер, как я ловлю гуся? Я убиваю его, как тореадор — одним ударом. Это опера, когда я иду на гуся! «Кармен»!..

Паниковский

Раз яйца существуют, то должен же кто-нибудь их есть?

Гаргантюа

Пустыня — это бездарно. Но она существует. И с этим приходится считаться.

Гаргантюа

Все повторится! Будет и тридцатилетняя война, и столетняя война, и опять будут сжигать людей, которые посмеют сказать, что земля круглая. И опять обманут бедного Якова, заставив его работать семь лет бесплатно и подсунув ему некрасивую близорукую жену Лию взамен полногрудой Ребекки. Все, все повторится! И Вечный жид по-прежнему будет скитаться по земле...

Гейнрих

Вот я и миллионер! Сбылись мечты идиота!

О. Бендер

Не пробуждайте во мне зверя.

О. Бендер

Заграница — это миф о загробной жизни, кто туда попадает, тот не возвращается.

О. Бендер

Бросьте отшельничество. Спешите выпить вашу долю спиртных напитков, съесть ваши двадцать тысяч котлет. Не то налетят посторонние лица и сожрут вашу порцию в жизни.

О. Бендер

Я покупаю самолет! Заверните в бумажку.

О. Бендер

Все это выдумка. Нет никакого Рио-де-Жанейро, и Америки нет, и Европы нет, ничего нет. И вообще последний город — это Шепетовка, о которую разбиваются волны Атлантического океана.

О. Бендер

Материальные ценности я уже накопил, надо прикапливать помаленьку ценности духовные.

О. Бендер

Надо немедленно выяснить, в чем заключается смысл жизни.

О. Бендер

Мне не нужна вечная игла, я не хочу жить вечно.

О. Бендер

Довольно психологических эксцессов, переживаний и самокопания. Пора начать трудовую буржуазную жизнь. В Рио-де-Жанейро!

О. Бендер

Жечь деньги — пижонство! Гусарство!

О. Бендер

На каждого человека, даже партийного, давит атмосферный столб весом в 214 кило. Вы этого не замечали?

О. Бендер

Не надо оваций! Графа Монте-Кристо из меня не вышло. Придется переквалифицироваться в управдомы.

О. Бендер

Пить не будете? Голые танцевать не будете при луне?

Козлевич

Все ваши беды происходят оттого, что вы правдоискатель. Вы просто ягненок, неудавшийся баптист. Печально наблюдать в среде шоферов такие упадочнические настроения.

О. Бендер

Почему вы не читаете газет? Их нужно читать. Они довольно часто сеют разумное, доброе, вечное.

О. Бендер

Честный советский паломник-пилигрим, вроде меня, не может обойтись без докторского халата.

О. Бендер

Кто такой Студебеккер? Это ваш родственник Студебеккер? Папа ваш Студебеккер?

О. Бендер

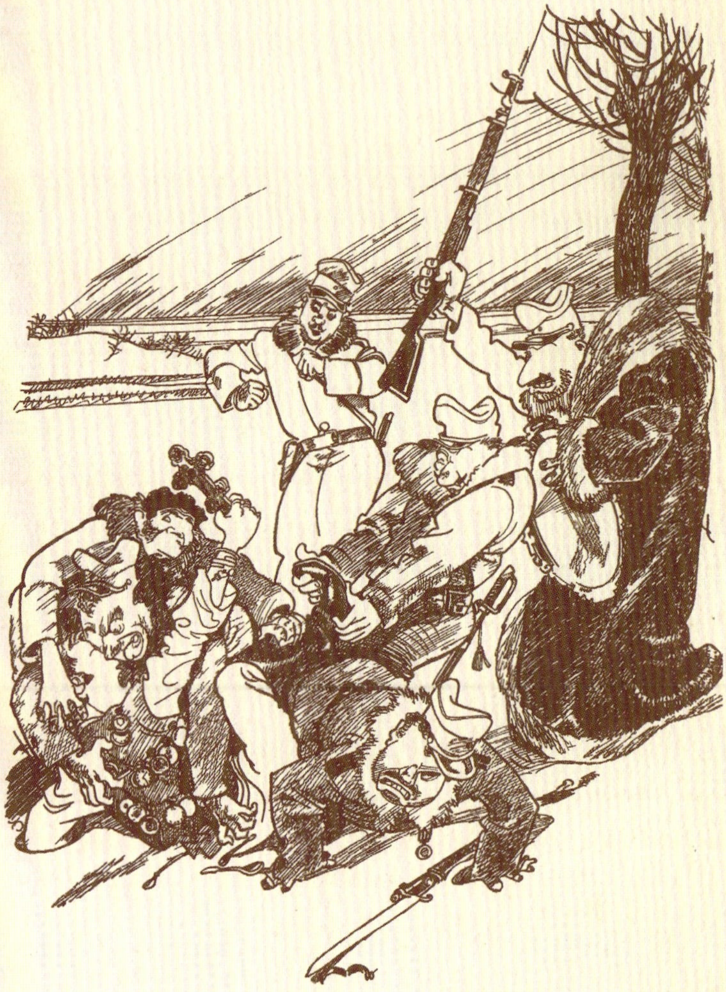

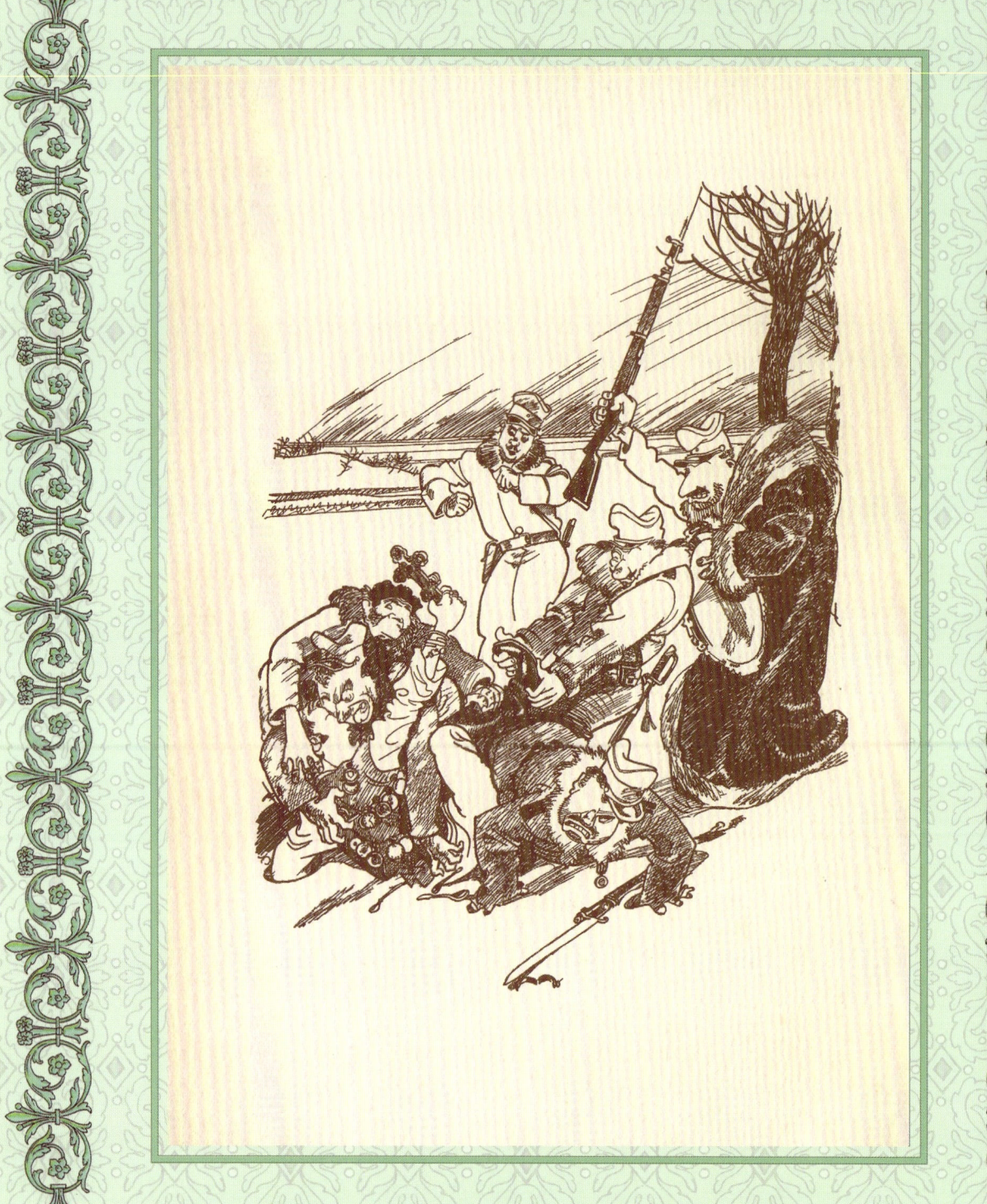

Ударим автопробегом по бездорожью и разгильдяйству.

О. Бендер

Я беспартийный монархист. Слуга царю, отец солдатам. В общем, взвейтесь, соколы, орлами, полно горе горевать...

О. Бендер

Идеология заела, а какая в ребусном деле может быть идеология? Ребусное дело...

Синицкий

И ты, Брут, продался ответственным работникам!

И. Н. Старохамский

Я это сделал не в интересах истины, а в интересах правды.

Берлага

Я, знаете, не финансист. Я — свободный художник и холодный философ.

О. Бендер

Слушайте, что я накропал вчера ночью при колеблющемся свете электрической лампы: «Я помню чудное мгновенье, передо мной явилась ты, как мимолетное виденье, как гений чистой красоты». Правда, хорошо? Талантливо? И только на рассвете, когда дописаны были последние строки, я вспомнил, что этот стих уже написал А. Пушкин. Такой удар со стороны классика!

О. Бендер

СПИСОК ИЛЛЮСТРАЦИЙ

стр. 2 Лесной ручей. *Мясоедов Г.*
стр. 8 Ахтырка. Вид усадьбы (*фрагмент*). *Васнецов В.*
стр. 12 Портрет мальчика. *Кипренский О.*
стр. 16 Перед объяснением (*фрагмент*). *Маковский В.*
стр. 20 Портрет А. В. Бутурлиной. *Антропов А.*
стр. 24 Портрет Марии Ивановны Лопухиной. *Боровиковский В.*
стр. 28 Иллюстрация к роману А. С. Пушкина «Евгений Онегин». *Самокиш-Судковская Е.*
стр. 32 Красная площадь во второй половине XVII века (*фрагмент*). *Васнецов В.*
стр. 36 Последние минуты Дмитрия Самозванца (*фрагмент*). *Вениг К.*
стр. 40 Портрет Вольфганга Амадея Моцарта. *Неизвестный художник.*
стр. 44 Суд Пугачева (*фрагмент*). *Перов В.*
стр. 48 Вид Тифлиса (*фрагмент*). *Айвазовский И.*
стр. 52 На Кавказе (*фрагмент*). *Лагорио Л.*
стр. 56 В горах Кавказа. *Лагорио Л.*
стр. 60 Кавказский вид. *Лагорио Л.*
стр. 64 Нападение. *Лермонтов М.*
стр. 68 Портрет грузинки. *Тропинин В.*
стр. 72 Портрет чиновника. *Венецианов А.*
стр. 76 Литературное чтение (*фрагмент*). *Маковский В.*
стр. 80 Смотрины (*фрагмент*). *Неврев Н.*
стр. 84 Плюшкин. *Маковский В.*
стр. 88 Сплетница. *Перов В.*
стр. 92 Преферанс (*фрагмент*). *Васнецов В.*
стр. 96 На миру (*фрагмент*). *Коровин С.*
стр. 100 Портрет композитора М. П. Мусоргского. *Репин И.*
стр. 104 Портрет Н. Ф. Матвеевой. *Суриков В.*
стр. 108 Дуб, раздробленный молнией (*фрагмент*). *Воробьев М.*
стр. 112 Весенние лучи. Интерьер (*фрагмент*). *Жуковский С.*
стр. 116 Портрет Н. П. Жданович за клавесином. *Федотов П.*
стр. 120 Летнее утро. Усадьба Рождествено (*фрагмент*). *Жуковский С.*
стр. 124 В парке. *Шильдер А.*
стр. 128 Старики-родители на могиле сына. *Перов В.*
стр. 132 Студент. *Ярошенко Н.*
стр. 136 Портрет душевнобольной (патологическая зависть). *Жерико Т.*
стр. 140 Невский проспект у Гостиного двора (*фрагмент*). *Паттерсен Б.*
стр. 144 Вдовушка. *Федотов П.*
стр. 148 Ночлежный дом (*фрагмент*). *Маковский В.*

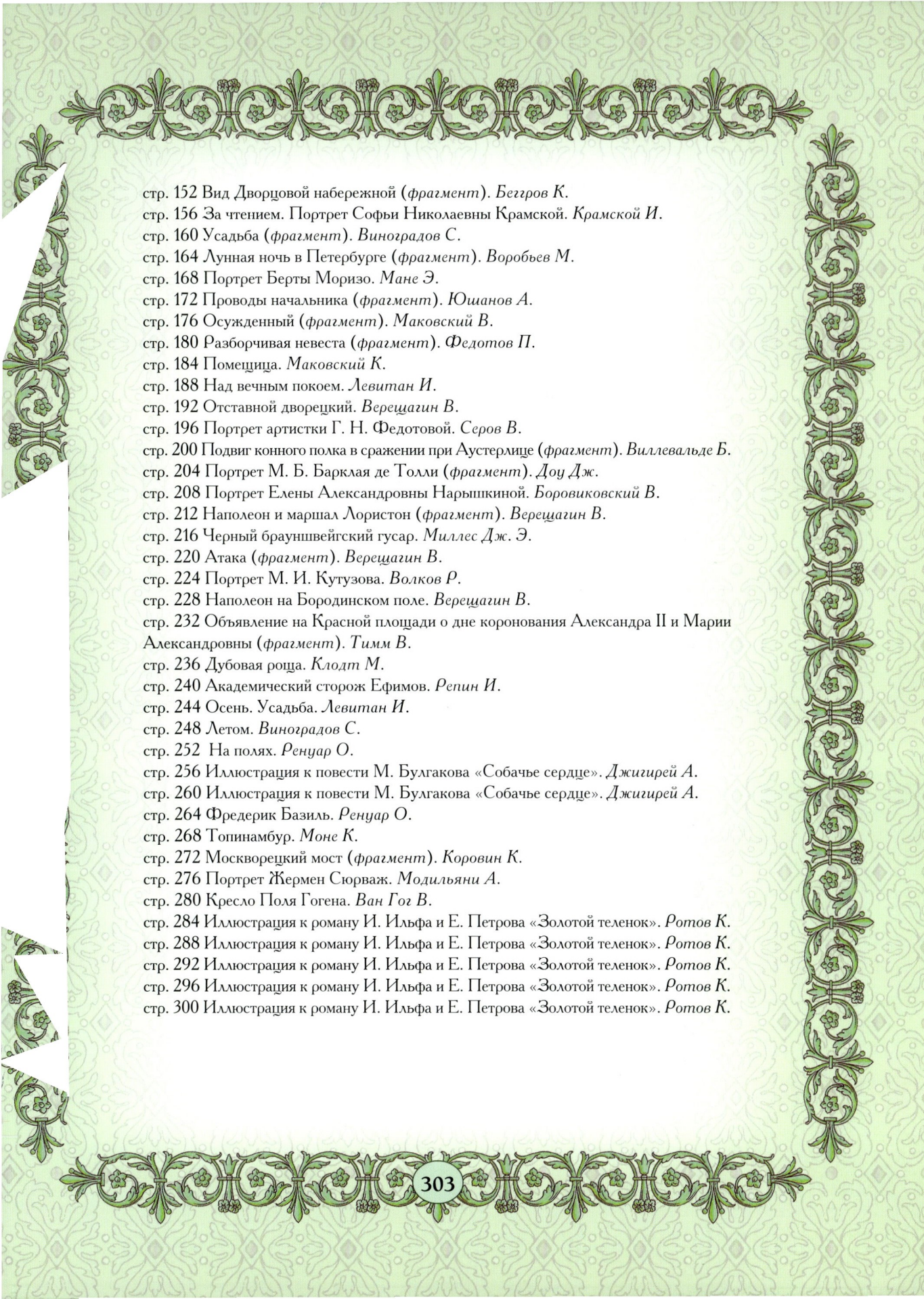

стр. 152 Вид Дворцовой набережной (*фрагмент*). *Беггров К.*
стр. 156 За чтением. Портрет Софьи Николаевны Крамской. *Крамской И.*
стр. 160 Усадьба (*фрагмент*). *Виноградов С.*
стр. 164 Лунная ночь в Петербурге (*фрагмент*). *Воробьев М.*
стр. 168 Портрет Берты Моризо. *Мане Э.*
стр. 172 Проводы начальника (*фрагмент*). *Юшанов А.*
стр. 176 Осужденный (*фрагмент*). *Маковский В.*
стр. 180 Разборчивая невеста (*фрагмент*). *Федотов П.*
стр. 184 Помещица. *Маковский К.*
стр. 188 Над вечным покоем. *Левитан И.*
стр. 192 Отставной дворецкий. *Верещагин В.*
стр. 196 Портрет артистки Г. Н. Федотовой. *Серов В.*
стр. 200 Подвиг конного полка в сражении при Аустерлице (*фрагмент*). *Виллевальде Б.*
стр. 204 Портрет М. Б. Барклая де Толли (*фрагмент*). *Доу Дж.*
стр. 208 Портрет Елены Александровны Нарышкиной. *Боровиковский В.*
стр. 212 Наполеон и маршал Лористон (*фрагмент*). *Верещагин В.*
стр. 216 Черный брауншвейгский гусар. *Миллес Дж. Э.*
стр. 220 Атака (*фрагмент*). *Верещагин В.*
стр. 224 Портрет М. И. Кутузова. *Волков Р.*
стр. 228 Наполеон на Бородинском поле. *Верещагин В.*
стр. 232 Объявление на Красной площади о дне коронования Александра II и Марии Александровны (*фрагмент*). *Тимм В.*
стр. 236 Дубовая роща. *Клодт М.*
стр. 240 Академический сторож Ефимов. *Репин И.*
стр. 244 Осень. Усадьба. *Левитан И.*
стр. 248 Летом. *Виноградов С.*
стр. 252 На полях. *Ренуар О.*
стр. 256 Иллюстрация к повести М. Булгакова «Собачье сердце». *Джигирей А.*
стр. 260 Иллюстрация к повести М. Булгакова «Собачье сердце». *Джигирей А.*
стр. 264 Фредерик Базиль. *Ренуар О.*
стр. 268 Топинамбур. *Моне К.*
стр. 272 Москворецкий мост (*фрагмент*). *Коровин К.*
стр. 276 Портрет Жермен Сюрваж. *Модильяни А.*
стр. 280 Кресло Поля Гогена. *Ван Гог В.*
стр. 284 Иллюстрация к роману И. Ильфа и Е. Петрова «Золотой теленок». *Ротов К.*
стр. 288 Иллюстрация к роману И. Ильфа и Е. Петрова «Золотой теленок». *Ротов К.*
стр. 292 Иллюстрация к роману И. Ильфа и Е. Петрова «Золотой теленок». *Ротов К.*
стр. 296 Иллюстрация к роману И. Ильфа и Е. Петрова «Золотой теленок». *Ротов К.*
стр. 300 Иллюстрация к роману И. Ильфа и Е. Петрова «Золотой теленок». *Ротов К.*

Авторы-составители: А. Ю. Кожевников, Т. Б. Линдберг

КРЫЛАТЫЕ ФРАЗЫ И АФОРИЗМЫ ЛИТЕРАТУРНЫХ ГЕРОЕВ

Ответственный за выпуск С. Н. Абовская, С. З. Кодзова
Редактор Е. В. Демина
Внутреннее оформление А. В. Татарко
Оформление обложки А. Ф. Шавелев
Компьютерная верстка Е. Егорова
Корректор О. В. Афанасьева

Подписано в печать 15.08.11.
Формат 84 108/16. Гарнитура «AcademyC».
Бумага мелованная. Печать офсетная.
Усл. печ. л. 31,92. Тираж 10 000 экз.
Изд. № ОП-12-1033-ПИК. Заказ № к0920.

ЗАО «ОЛМА Медиа Групп»
129085, Москва, Звездный бульвар, д. 21, стр. 3, пом. I, комн.5
Почтовый адрес: 143421, Московская область,
Красногорский район, 26 км автодороги «Балтия»,
Бизнес-парк «Рига Лэнд», стр. 3.
www.olmamedia.ru

Отпечатано в Китае